Das Erste Japanische Lesebuch für Anfänger

Miku Ono

Das Erste Japanische Lesebuch für Anfänger

Stufen A1 A2
Zweisprachig mit Japanisch-deutscher Übersetzung

LANGUAGE
PRACTICE
PUBLISHING

Das Erste Japanische Lesebuch für Anfänger

von Miku Ono

Audiodateien www.audiolego.com/Japanese/FJR/

Homepage www.lppbooks.com

Umschlaggestaltung: Audiolego Design

Umschlagfoto: Canstockphoto

Copyright © 2015 2018 2020 2021 Language Practice Publishing

Copyright © 2015 2018 2020 2021 Audiolego

Alle Rechte vorbehalten. Das Werk ist urheberrechtlich geschützt.

目次
Inhaltsverzeichnis

Aussprache 7

So steuern Sie die Geschwindigkeit der Audiodateien 10

Anfänger Stufe 1A 11

Kapitel 1 Robert hat einen Hund 12

Kapitel 2 Sie wohnen in San Francisco (USA) 18

Kapitel 3 Sind sie Deutsche? 24

Kapitel 4 Können Sie mir bitte helfen? 32

Kapitel 5 Robert wohnt jetzt in den USA 40

Kapitel 6 Robert hat viele Freunde 48

Kapitel 7 David kauft ein Fahrrad 55

Kapitel 8 Linda will eine neue DVD kaufen 60

Kapitel 9 Paul hört deutsche Musik 66

Kapitel 10 Paul kauft Fachbücher über Design 74

Kapitel 11 Robert will ein bisschen Geld verdienen (Teil 1) 82

Kapitel 12 Robert will ein bisschen Geld verdienen (Teil 2) 90

Fortgeschrittene Anfänger Stufe A2 97

Kapitel 13 ホテルの名前 98

Kapitel 14 アスピリン（鎮痛剤） 104

Kapitel 15 ナンシーとカンガルー 112

Kapitel 16 パラシュート 121

Kapitel 17 ガスを消して！！ 134

Kapitel 18 職業紹介所 143

Kapitel 19 デイビッドとロバートはトラックを洗います（パート１） 153

Kapitel 20 デイビッドとロバートはトラックを洗います（パート２） 162

Kapitel 21 授業 172

Kapitel 22 ポールは出版社で働きます 179

Kapitel 23 猫のルール 190

Kapitel 24 チームワーク 198

Kapitel 25 ロバートとデイビッドは新しい仕事を探しています 208

Kapitel 26 サンフランシスコニュースへ応募 221

Kapitel 27 警察パトロール（パート１） 232

Kapitel 28 警察パトロール（パート２） 248

Kapitel 29 留学生の学校とオペア 262

日独辞書 Wörterbuch Japanisch-Deutsch 273

独日辞書 Wörterbuch Deutsch-Japanish 295

Buchtipps 316

Aussprache

Hiragana	Katakana	Rômaji	Hiragana	Katakana	Rômaji
あ	ア	a	しょ	ショ	sho
い	イ	i	た	タ	ta
う	ウ	u	ち	チ	chi
え	エ	e	つ	ツ	tsu
お	オ	o	て	テ	te
や	ヤ	ya	と	ト	to
ゆ	ユ	yu	ちゃ	チャ	cha
よ	ヨ	yo	ちゅ	チュ	chu
か	カ	ka	ちょ	チョ	cho
き	キ	ki	な	ナ	na
く	ク	ku	に	ニ	ni
け	ケ	ke	ぬ	ヌ	nu
こ	コ	ko	ね	ネ	ne
きゃ	キャ	kya	の	ノ	no
きゅ	キュ	kyu	にゃ	ニャ	nya
きょ	キョ	kyo	にゅ	ニュ	nyu
さ	サ	sa	にょ	ニョ	nyo
し	シ	shi	は	ハ	ha
す	ス	su	ひ	ヒ	hi
せ	セ	se	ふ	フ	fu
そ	ソ	so	へ	ヘ	he
しゃ	シャ	sha	ほ	ホ	ho
しゅ	シュ	shu	ひゃ	ヒャ	hya

Hiragana	Katakana	Rômaji	Hiragana	Katakana	Rômaji
ひゅ	ヒュ	hyu	を	ヲ	o
ひょ	ヒョ	hyo	ん	ン	n / n'
ま	マ	ma	が	ガ	ga
み	ミ	mi	ぎ	ギ	gi
む	ム	mu	ぐ	グ	gu
め	メ	me	げ	ゲ	ge
も	モ	mo	ご	ゴ	go
みゃ	ミャ	mya	ぎゃ	ギャ	gya
みゅ	ミュ	myu	ぎゅ	ギュ	gyu
みょ	ミョ	myo	ぎょ	ギョ	gyo
や	ヤ	ya	ざ	ザ	za
ゆ	ユ	yu	じ	ジ	ji
よ	ヨ	yo	ず	ズ	zu
ら	ラ	ra	ぜ	ゼ	ze
り	リ	ri	ぞ	ゾ	zo
る	ル	ru	じゃ	ジャ	ja
れ	レ	re	じゅ	ジュ	ju
ろ	ロ	ro	じょ	ジョ	jo
りゃ	リャ	rya	だ	ダ	da
りゅ	リュ	ryu	ぢ	ヂ	ji
りょ	リョ	ryo	づ	ヅ	zu
わ	ワ	wa	で	デ	de
ゐ	ヰ	i	ど	ド	do
ゑ	ヱ	e	ぢゃ	ヂャ	ja

Hiragana	Katakana	Rômaji	Hiragana	Katakana	Rômaji
ぢゅ	ヂュ	ju	びょ	ビョ	byo
ぢょ	ヂョ	jo	ぱ	パ	pa
ば	バ	ba	ぴ	ピ	pi
び	ビ	bi	ぷ	プ	pu
ぶ	ブ	bu	ぺ	ペ	pe
べ	ベ	be	ぽ	ポ	po
ぼ	ボ	bo	ぴゃ	ピャ	pya
びゃ	ビャ	bya	ぴゅ	ピュ	pyu
びゅ	ビュ	byu	ぴょ	ピョ	pyo

So steuern Sie die Geschwindigkeit der Audiodateien

Das Buch ist mit den Audiodateien ausgestattet. Die Adresse der Homepage des Buches, wo Audiodateien zum Anhören und Herunterladen verfügbar sind, ist am Anfang des Buches auf der bibliographischen Beschreibung vor dem Copyright-Hinweis aufgeführt. Mithilfe von QR-Codes kann man im Handumdrehen eine Audiodatei aufrufen, ohne Webadressen manuell eingeben. Öffnen Sie einfach ihre Kamera-App und halten ihr Smartphone über den gedruckten QR-Code. Ihr Smartphone erkennt was sich hinter dem Code verbirgt und bittet Sie dem eingescannten Audiodateilink zu folgen.

Wir empfehlen Ihnen, den kostenlosen VLC-Mediaplayer zu verwenden, die Software, die zur Steuerung der Wiedergabegeschwindigkeit aller Audioformate verwendet werden kann. Die Steuerung der Geschwindigkeit ist auch einfach und erfordert nur wenige Klicks oder Tastatureingaben.

Anfänger Stufe 1A

1

Die Audiodatei

ロバートは犬を飼っています

Robert hat einen Hund

A

単語

Vokabeln

1. ４、４つ、４冊；４冊の本 [yon, yottsu, yon-satsu; yon-satsu no hon] - vier; vier Bücher
2. お店 [omise] - der Laden
3. お店（複数）[omise（fukusû）] - die Läden (Plural)
4. これ、この; この本 [kore, kono; kono hon] – dieser/diese/dieses; dieses Buch
5. あの、あれ [ano, are] – jener/jene/jenes
6. それら、あれら（複数）[sorera, arera（fukusû）] - jene (Plural)

7. たくさんの、多くの [takusan no, ôku no] - viele

8. テーブル、机 [têburu, tsukue] - der Tisch

9. テーブル、机（複数）[têburu, tsukue （fukusû）] - die Tische (Plural)

10. ではない [de wa nai] - nicht

11. と [to] - und

12. ノート [nôto] - das Notizbuch

13. ノート（複数）[nôto （fukusû）] - die Notizbücher (Plural)

14. ひとつ；一冊の本 [hitotsu; is-satsu no hon] - ein; ein Buch

15. ベッド [beddo] - das Bett

16. ベッド（複数）- [beddo （fukusû）] - die Betten (Plural)

17. ペン [pen] - der Stift

18. ペン（複数）[pen （fukusû）] - die Stifte (Plural)

19. ホテル [hoteru] - das Hotel

20. ホテル（複数）[hoteru （fukusû）] - die Hotels (Plural)

21. わたしの、自分の [watashi no, jibun no] - mein/meine/mein/meine

22. わたしは [watashi wa] - ich

23. 公園 [kôen] - der Park

24. 公園（複数）[kôen （fukusû）] - die Parks (Plural)

25. 単語、言葉 [tango, kotoba] - das Wort, die Vokabel

26. 単語、言葉（複数）[tango, kotoba （fukusû）] - die Wörter (Plural)

27. 同じく、も [onajiku, mo] - auch

28. 夢 [yume] - der Traum

29. 大きい [ôkii] - groß

30. 少しの、小さな [sukoshi no, chîsa na] - klein

31. 彼の；彼のベッド [kare no; kare no beddo] - sein/seine/sein/ seine; sein Bett

32. 彼は [kare wa] - er

33. 彼らは [karera wa] - sie

34. 持っている、飼っている、ある；彼／彼女／それは持っている；彼は本を一冊持っている [motte iru, katte iru, aru; kare /kanojo/sore wa motte iru; kare wa hon wo is-satsu motte iru] - haben; er/sie/es hat; Er hat ein Buch.

35. 新しい [atarashii] - neu

36. 星 [hoshi] - der Stern

37. 本 [hon] - das Buch

38. 犬 [inu] - der Hund

39. 猫 [neko] - die Katze

40. 生徒、学生 [seito, gakusei] - der Student

41. 生徒達、学生達（複数）[seitotachi, gakuseitachi （fukusû）] - die Studenten (Plural)

42. 目 [me] - das Auge

43. 目（複数）[me（fukusû）] - die Augen (Plural)

44. 窓 [mado] - das Fenster

45. 窓（複数）[mado（fukusû）] - die Fenster (Plural)

46. 素敵な、素晴らしい [suteki na, subarashii] - schön

47. 緑の [mirodi no] - grün

48. 自転車 [jitensha] - das Fahrrad

49. 通り、道 [tôri, michi] - die Straße

50. 通り、道（複数）[tôri, michi（fukusû）] - die Straßen (Plural)

51. 部屋 [heya] - das Zimmer

52. 部屋（複数）[heya（fukusû）] - die Zimmer (Plural)

53. 青い [aoi] - blau

54. 黒い [kuroi] - schwarz

55. 鼻 [hana] - die Nase

B

ロバートは犬を飼っています
robâto wa inu o katte imasu

Robert hat einen Hund

1. この学生は本を持っています。
2. 彼はぺんも持っています。

ichi. kono gakusei wa hon o motte imasu.
ni. kare wa pen mo motte imasu.

1. Dieser Student hat ein Buch. 2. Er hat auch einen Stift.

3. さんふらんしすこにはたくさんの通りと公園があります。 4. この通りには、新しいほてるとお店があります。

5. このほてるは四つ星です。 6. このほてるには、たくさんの素敵で大きな部屋があります。

san. san sanfuranshisuko niwa takusan no tôri to kôen ga arimasu.

3. San Francisco hat viele Straßen und Parks. 4. Diese Straße hat neue Hotels und Läden. 5. Dieses Hotel hat vier Sterne. 6. Dieses Hotel hat viele schöne, große Zimmer.

yon. kono tôri niwa, atarashii hoteru to omise ga arimasu.

go. kono hoteru wa yotsu-boshi desu.

roku. kono hoteru niwa, takusan no suteki de ôki na heya ga arimasu.

7. あの部屋にはたくさんの窓があります。 8. そしてこれらの部屋には、たくさんの窓はありません。 9. これらの部屋には、4つのべっどがあります。 10. そしてそれらの部屋には、べっどがひとつあります。 11. あの部屋にはてーぶるはたくさんありません。 12. そしてこれらの部屋には、大きなてーぶるがたくさんあります。

7. Jenes Zimmer hat viele Fenster. 8. Und diese Zimmer haben nicht viele Fenster. 9. Diese Zimmer haben vier Betten. 10. Und jene Zimmer haben ein Bett. 11. Jenes Zimmer hat nicht viele Tische. 12. Und diese Zimmer haben viele große Tische.

nana. ano heya niwa takusan no mado ga arimasu. hachi. soshite korera no heya niwa, takusan no mado wa arimasen.

kyû. korera no heya niwa, yottsu no beddo ga arimasu.

jû. soshite sorera no heya niwa, beddo ga hitotsu arimasu.

jû-ichi. ano heya niwa têburu wa takusan arimasen. jû-ni. soshite korera no heya niwa, ôki na têburu ga takusan arimasu.

13. この通りにはほてるがありません。 14. この大きなお店には窓がたくさんあります。

13. In dieser Straße sind keine Hotels. 14. Dieser große Laden hat viele Fenster.

jû-san. kono tôri niwa hoteru ga arimasen.

jû-yon, kono ôki na omise niwa mado ga takusan arimasu.

15. 生徒達はのーとを持っています。 16. 彼らはぺんも持っています。 17. ろばーとは小さな黒いのーとを一冊持っています。 18. ぽーるは新しい緑ののーとを4冊持っています。

| 15.Diese Studenten haben Notizbücher.
| 16.Sie haben auch Stifte.
| 17.Robert hat ein kleines schwarzes Notizbuch.
| 18.Paul hat vier neue grüne Notizbücher.

jû-go. seitotachi wa nôto o motte imasu.

jû-roku. karera wa pen mo motte imasu.

jû-nana. robâto wa chîsa na kuroi nôto o is-satsu motte imasu.

jû-hachi. pôru wa atarashii mirodi no nôto o yonsatsu motte imasu.

19. この生徒は自転車を持っています。 20. 彼は新しい青い自転車を持っています。 21. でいびっども自転車を持っています。 22. 彼は素敵な黒い自転車を持っています。

19.Dieser Student hat ein Fahrrad.
20.Er hat ein neues blaues Fahrrad.
21.David hat auch ein Fahrrad.
22.Er hat ein schönes schwarzes Fahrrad.

jû-kyû. kono seito wa jitensha o motte imasu.

ni-jû. kare wa atarashii aoi jitensha o motte imasu. nijû-ichi. deibiddo mo jitensha o motte imasu.

nijû-ni. kare wa suteki na kuroi jitensha o motte imasu.

23. ぽーるには夢があります。 24. わたしにも夢があります。

23.Paul hat einen Traum.
24.Ich habe auch einen Traum.

nijû-san. pôru niwa yume ga arimasu.

nijû-yon. watashi nimo yume ga arimasu.

25. わたしは 犬を飼っていません。 26. わたしは 猫を飼っています。 27. わたしの 猫には、素敵な 緑の目があります。 28. ろばーとは 猫を飼っていません。 29. 彼は 犬を飼っています。 30. 彼の 犬は 小さな 黒い 鼻があります。

25. Ich habe keinen Hund.
26. Ich habe eine Katze.
27. Meine Katze hat schöne grüne Augen.
28. Robert hat keine Katze.
29. Er hat einen Hund.
30. Sein Hund hat eine kleine schwarze Nase.

nijû-go. watashi wa inu o katte imasen.

nijû-roku. watashi wa neko o katte imasu.

nijû-nana. watashi no neko niwa, suteki na mirodi no me ga arimasu.

nijû-hachi. robâto wa neko o katte imasen.

nijû-kyû. kare wa inu o katte imasu.

san-jû. kare no inu wa chîsa na kuroi hana ga arimasu.

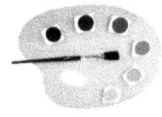

2

Die Audiodatei

彼らはサンフランシスコに住んでいます（アメリカ）

Sie wohnen in San Francisco (USA)

A

単語

Vokabeln

1. に、で [ni, de] - in
2. あなたは [anata wa] - du
3. アメリカ [amerika] - die Vereinigten Staaten, die USA
4. アメリカ人 [amerikajin] - der Amerikaner, die Amerikanerin
5. アメリカ人（複数）[amerikajin (fukusû)] – die Amerikaner (Plural)
6. お腹がすいている；わたしはお腹がすいています [onaka ga suite iru; watashi wa onaka ga suite imasu] – Hunger haben; Ich habe Hunger.
7. カナダ [kanada] - Kanada
8. カナダ人 [kanadajin] - der Kanadier, die Kanadierin
9. カナダ人（複数）[kanadajin (fukusû)] - die Kanadier (Plural)

10. から、出身; アメリカ出身 [kara, shusshin; amerika shusshin] - aus; aus den USA
11. サンドイッチ [sandoicchi] - das Sandwich
12. サンドイッチ（複数）[sandoicchi (fukusû)] - die Sandwichs (Plural)
13. スーパー [sûpâ] - der Supermarkt
14. ドイツ人 [doitsujin] - der Deutscher, die Deutsche
15. ドイツ人（複数）[doitsujin (fukusû)] - die Deutschen (Plural)
16. ふたつ [futatsu] - zwei
17. わたしたちは [watashitachi wa] - wir
18. 今、現在 [ima, genzai] - jetzt, zurzeit, gerade
19. 住んでいる [sunde iru] - leben, wohnen
20. 兄、弟 [ani, otôto] - der Bruder
21. 大きな、大きい [ôki na, ôkii] - groß
22. 姉、妹 [ane, imôto] - die Schwester
23. 彼女は [kanojo wa] - sie
24. 母、お母さん [haha, okâsan] - die Mutter
25. 街、市 [machi, shi] - die Stadt
26. 買う [kau] - kaufen

B

彼らはサンフランシスコに住んでいます (アメリカ)

karera wa san sanfuranshisuko ni sunde imasu (amerika)

Sie wohnen in San Francisco (USA)

1. さんふらんしすこは 大きな 街 です。 2. さんふらんしすこはあめりかにあります。

ichi. san sanfuranshisuko wa ôkina machi desu. ni. san sanfuranshisuko wa amerika ni arimasu.

3. こちらはろばーとです。 4. ろばーとは 学生 です。 5. 彼 は 今 さんふらんしすこにいます。 6. ろばーとはどいつ 出身 です。 7. ろばーとはど

1. San Francisco ist eine große Stadt. 2. San Francisco ist in den USA.

3. Das ist Robert. 4. Robert ist Student. 5. Er ist zurzeit in San Francisco. 6. Robert kommt aus Deutschland. 7. Er ist Deutscher. 8. Robert

いつ人です。 8.ろばーとには、母、父、兄（又は弟）、姉（又は妹）がいます。 9.彼らはどいつに住んでいます。

hat eine Mutter, einen Vater, einen Bruder und eine Schwester. 9.Sie leben in Deutschland.

san. kochira wa robâto desu.

yon. robâto wa gakusei desu.

go. kare ha ima san sanfuranshisuko ni imasu.

roku. robâto ha doitsu shusshin desu.

nana. robâto wa doitsujin desu.

hachi. robâto niwa, haha, chichi, ani（matawa otôto）, ane（matawa imôto）ga imasu.

kyû. karera wa doitsu ni sunde imasu.

10.こちらはぽーるです。 11.ぽーるも学生です。 12.彼はかなだ出身です。 13.彼はかなだ人です。 14.ぽーるには、母、父、そしてふたりの姉（又は妹）がいます。 15.彼らはかなだに住んでいます。

10.Das ist Paul. 11.Paul ist auch Student. 12.Er kommt aus Kanada. 13.Er ist Kanadier. 14.Paul hat eine Mutter, einen Vater und zwei Schwestern. 15.Sie leben in Kanada.

jû. kochira wa pôru desu.

jû-ichi. pôru mo gakusei desu.

jû-ni. kare wa kanada shusshin desu.

jû-san. kare wa kanadajin desu.

jû-yon. pôru niwa, haha, chichi, soshite futari no ane（matawa imôto）ga imasu.

jû-go. karera wa kanada ni sunde imasu.

16.ろばーととぽーるは今、すーぱーにいます。 17.彼らはお腹がすいています。 18.彼らはさ

16.Robert und Paul sind gerade im Supermarkt.

んどいっちを買います。

jû-roku. robâto to pôru wa ima, sûpâ ni imasu.

jû-nana. karera wa onaka ga suite imasu.

jû-hachi. karera wa sandoicchi o kaimasu.

17. Sie haben Hunger.
18. Sie kaufen Sandwiches.

19. こちらはりんだです。 20. りんだはあめりか人です。 21. りんだもさんふらんしすこに住んでいます。 22. 彼女は学生ではありません。

jû-kyû. kochira wa rinda desu.

ni-jû. rinda wa amerikajin desu.

nijû-ichi. rinda mo san sanfuranshisuko ni sunde imasu.

nijû-ni. kanojo wa gakusei de wa arimasen.

19. Das ist Linda. 20. Linda ist Amerikanerin. 21. Linda wohnt auch in San Francisco. 22. Sie ist keine Studentin.

23. わたしは学生です。 24. わたしはどいつ出身です。 25. わたしは今さんふらんしすこにいます。 26. わたしはお腹がすいていません。

nijû-san. watashi wa gakusei desu.

nijû-yon. watashi wa doitsu shusshin desu.

nijû-go. watashi wa ima san sanfuranshisuko ni imasu.

nijû-roku. watashi wa onaka ga suite imasen.

23. Ich bin Student. 24. Ich komme aus Deutschland. 25. Ich bin zurzeit in San Francisco. 26. Ich habe keinen Hunger.

27. あなたは学生です。 28. あなたはどいつ人です。 29. あなたは今どいつにいません。 30. あなたは今あめりかにいます。

nijû-nana. anata wa gakusei desu.

27. Du bist Student. 28. Du bist Deutsche. 29. Du bist zurzeit nicht in Deutschland. 30. Du bist in den USA.

nijû-hachi. anata wa doitsujin desu.

nijû-kyû. anata wa ima doitsu ni imasen.

san-jû. anata wa ima amerika ni imasu.

31. わたしたちは学生です。 32. わたしたちは今あめりかにいます。

31. Wir sind Studenten.
32. Wir sind zurzeit in den USA.

sanjû-ichi. watashitachi wa gakusei desu.

sanjû-ni. watashitachi wa ima amerika ni imasu.

33. これは自転車です。 34. この自転車は青いです。 35. この自転車は新しくありません。

33. Dies ist ein Fahrrad.
34. Das Fahrrad ist blau.
35. Das Fahrrad ist nicht neu.

sanjû-san. kore wa jitensha desu.

sanjû-yon. kono jitensha wa aoi desu.

sanjû-go. kono jitensha wa atarashiku arimasen.

36. これは犬です。 37. この犬は黒いです。
38. この犬は大きくありません。

36. Dies ist ein Hund.
37. Der Hund ist schwarz.
38. Der Hund ist nicht groß.

sanjû-roku. kore wa inu desu.

sanjû-nana. kono inu wa kuroi desu.

sanjû-hak. kono inu wa ôkiku arimasen.

39. これらはお店です。 40. これらのお店は大きくありません。 41. それらは小さいです。 42. あのお店は窓がたくさんあります。 43. あれらの店は窓がたくさんありません。

39. Dies sind Läden. 40. Die Läden sind nicht groß.
41. Sie sind klein. 42. Dieser Laden hat viele Fenster.
43. Jene Läden haben nicht viele Fenster.

sanjû-kyû. korera wa omise desu.

yon-jû. korera no omise wa ôkiku arimasen.

yonjû-ichi. sorera wa chîsai desu.

yonjû-ni. ano omise wa mado ga takusan arimasu.
yonjû-san. arera no mise wa mado ga takusan arimasen.

44. あの猫は部屋にいます。 45. あれらの猫は部屋にいません。

44. Die Katze ist im Zimmer.
45. Diese Katzen sind nicht im Zimmer.

yonjû-yon. ano neko wa heya ni imasu.
yonjû-go. arera no neko wa heya ni imasen.

3

Die Audiodatei

彼らはドイツ人ですか?
Sind sie Deutsche?

A

単語
Vokabeln

1. CD プレーヤー [shîdiî purêyâ] - der CD-Spieler
2. あなた [anata] - du/ihr
3. いいえ、いいえ、ちがいます [iie, chigaimasu] - nein
4. カフェ [kafe] - das Café
5. スペイン人の、スペイン語の [supeinjin no, supeingo no] - spanisch
6. 皆、全員 [minna, zen'in] - alle
7. それ [sore] - er/sie/es
8. のそばに、で、にて [no soba ni, de, nite] - an, bei
9. どう、どういう [dô, dô iu] - wie
10. どれだけ [dore dake] - wie viel
11. どこ、どちら [doko, dochira] - wo
12. の上に、について [no ue ni, ni tsui te] - auf
13. はい、はい、そうです [hai, hai, sô desu] - ja

14. わたしたちの [watashitachi no] - unser/unsere/unser/ unsere

15. 動物 [dôbutsu] - das Tier

16. 地図 [chizu] - die Karte

17. 女性 [josei] - die Frau

18. 家 [ie] - das Haus

19. 彼女の; 彼女の本 [kanojo no; kanojo no hon] - ihr/ihre/ihr; ihr Buch

20. 男の子 [otokonoko] - der Junge

21. 男性、人 [dansei, hito] - der Mann

B

彼らはドイツ人ですか?

karera wa doitsujin desu ka?

1

-ぼくは男の子です。ぼくは部屋にいます。

-あなたはあめりか人ですか。

-いいえ、違います。わたしはどいつ人です。

-あなたは学生ですか。

-はい、わたしは学生です。

ichi

- boku wa otokonoko desu. boku wa heya ni imasu.
- anata wa amerikajin desu ka?
- îe, chigaimasu. watashi wa doitsujin desu.
- anata wa gakusei desu ka?
- hai, watashi wa gakusei desu.

2

-こちらは女性です。女性も部屋にいます。

Sind sie Deutsche?

1

- Ich bin ein Junge. Ich bin im Zimmer.

- Bist du Amerikaner?

- Nein, ich bin nicht Amerikaner. Ich bin Deutscher.

- Bist du Student?

- Ja, ich bin Student.

2

- Das ist eine Frau. Die Frau ist auch im

- 彼女はどいつ人ですか。

-いいえ、違います。彼女はあめりか人です。

- 彼女は学生ですか。

-いいえ、違います。彼女は学生ではありません。

-こちらは男性です。彼はてーぶるについてます。

- 彼はあめりか人ですか。

-はい、そうです。彼はあめりか人です。

Zimmer.

- Ist sie Deutsche?

- Nein, sie ist nicht Deutsche. Sie ist Amerikanerin.

- Ist sie Studentin?

- Nein, sie ist keine Studentin.

- Das ist ein Mann. Er sitzt am Tisch.

- Ist er Amerikaner?

- Ja, er ist Amerikaner.

ni

- kochira wa josei desu. josei mo heya ni imasu.

- kanojo wa doitsujin desu ka?

- îe, chigaimasu. kanojo wa amerikajin desu.

- kanojo wa gakusei desu ka?

- îe, chigaimasu. kanojo wa gakusei de wa arimase n.

- kochira wa dansei desu. kare wa têburu ni tsuite imasu.

- kare wa amerikajin desu ka?

- hai, sô desu. kare wa amerikajin desu.

3

-あちらは学生です。彼らは公園にいます。

- 彼らは全員あめりか人ですか。

-いいえ、違います。彼らは全員あめりか人ではありません。彼らは、どいつ、あめりか、そして

3

- Das sind Studenten. Sie sind im Park.

- Sind sie alle Amerikaner?

- Nein, sie sind nicht alle Amerikaner. Sie kommen aus Deutschland, den USA

かなだ 出身です。

san

- achira wa gakusei desu. karera wa kôen ni imasu.
- karera wa zen'in amerikajin desu ka?
- îe, chigaimasu. karera wa zen'in amerikajin de wa arimasen. karera wa, doitsu, amerika, soshite kanada shusshin desu.

und Kanada.

4

-これはてーぶるです。それは大きいです。

-それは新しいですか。

-はい、そうです。それは新しいです。

yon

- kore wa têburu desu. sore wa ôkii desu.
- sore wa atarashii desu ka?
- hai, sô desu. sore wa atarashii desu.

4

- Das ist ein Tisch. Er ist groß.
- Ist er neu?
- Ja, er ist neu.

5

-これは猫です。部屋の中にいます。

-その猫は黒いですか。

-はい、そうです。その猫は黒く、素敵です。

go

- kore wa neko desu. heya no naka ni imasu.
- sono neko wa kuroi desu ka?
- hai, sô desu. sono neko wa kuroku, suteki desu.

5

- Das ist eine Katze. Sie ist im Zimmer.
- Ist sie schwarz?
- Ja, das ist sie. Sie ist schwarz und schön.

6

-これらは自転車です。それらは家にあります。

6

- Das sind Fahrräder. Sie stehen beim Haus.

-それらは黒いですか。

-はい、そうです。それらは黒いです。

roku

- korera wa jitensha desu. sorera wa ie ni arimasu.
- sorera wa kuroi desu ka?
- hai, sô desu. sorera wa kuroi desu.

7

-あなたはのーとを持っていますか。

-はい、持っています。

-あなたはのーとを何冊持っていますか。

-わたしは2冊ののーとを持っています。

nana

- anata wa nôto o motte imasu ka?
- hai, motte imasu.
- anata wa nôto o nan satsu motte imasu ka?
- watashi wa ni-satsu no nôto o motte imasu.

8

- 彼はぺんを持っていますか。

-はい、持っています。

- 彼はぺんを何本持っていますか。

- 彼は1本のぺんを持っています。

hachi

- kare wa pen o motte imasu ka?

- Sind sie schwarz?
- Ja, sie sind schwarz.

7

- Hast du ein Notizbuch?
- Ja.
- Wie viele Notizbücher hast du?
- Ich habe zwei Notizbücher.

8

- Hat er einen Stift?
- Ja.
- Wie viele Stifte hat er?
- Er hat einen Stift.

- hai, motte imasu.

- kare wa pen o nan hon motte imasu ka?

- kare wa ippon no pen o motte imasu.

9

-彼女は自転車を持っていますか。

-はい、持っています。

-彼女の自転車は青いですか。

-いいえ、違います。彼女の自転車は青くないです。緑です。

kyû

- kanojo wa jitensha o motte imasu ka?

- hai, motte imasu.

- kanojo no jitensha wa aoi desu ka?

- îe, chigaimasu. kanojo no jitensha wa aoku nai desu. midori desu.

9

- Hat sie ein Fahrrad?

- Ja.

- Ist ihr Fahrrad blau?

- Nein, es ist nicht blau. Es ist grün.

10

-あなたはすぺいん語の本を持っていますか。

-いいえ。わたしはすぺいん語の本を持っていません。本は全く持っていません。

jû

- anata wa supeingo no hon o motte imasu ka?

- îe. watashi wa supeingo no hon o motte imasen. hon wa mattaku motte imasen.

10

- Hast du ein spanisches Buch?

- Nein, ich habe kein spanisches Buch. Ich habe keine Bücher.

11

-彼女は猫を飼っていますか。

11

- Hat sie eine Katze?

-いいえ。彼女は猫を飼っていません。彼女は動物を全く飼っていません。

- Nein, sie hat keine Katze. Sie hat kein Tier.

jû-ichi

- kanojo wa neko o katte imasu ka?
- îe . kanojo wa neko o katte imasen. kanojo wa dôbutsu o mattaku katte imasen.

12

-あなたたちはCDぷれーやーを持っていますか？

-いいえ。私たちはCDぷれーやーを持っていません。

- Habt ihr einen CD-Spieler?
- Nein, wir haben keinen CD-Spieler.

jû-ni

- anatatachi wa shîdiî purêyâ o motte imasu ka?
- îe. watashitachi wa shîdiî purêyâ o motte imasen.

13

-わたしたちの地図はどこですか。

-わたしたちの地図は部屋にあります。

-それはてーぶるの上に置いてありますか。

-はい、そうです。それはてーぶるの上に置いてあります。

- Wo ist unsere Karte?
- Unsere Karte ist im Zimmer.
- Liegt sie auf dem Tisch?
- Ja, sie liegt auf dem Tisch.

jû-san

- watashitachi no chizu wa doko desu ka?
- watashitachi no chizu wa heya ni arimasu.
- sore wa têburu no ue ni oite arimasu ka?
- hai, sô desu. sore ha têburu no ue ni oite arimasu.

14

14

- Wo sind die Jungs?
- Sie sind im Café.
- Wo sind die Fahrräder?
- Sie stehen vor dem Café.
- Wo ist Paul?
- Er ist auch im Café.

- 男の子達はどこですか。
- 彼らはかふぇにいます。
- 自転車はどこですか。
- それらはかふぇの前にあります。
- ぽーるはどこですか。
- 彼もかふぇにいます。

jû-yon

- otokonoko tachi wa doko desu ka?
- karera wa kafe ni imasu.
- jitensha wa doko desu ka?
- sorera wa kafe no mae ni arimasu.
- pôru wa doko desu ka?
- kare mo kafe ni imasu.

4

Die Audiodatei

助けてもらえませんか、お願いします?

Können Sie mir bitte helfen?

A

単語

Vokabeln

1. 住所 [jûsho] - die Adresse
2. どうか、お願いします [dô ka, onegai shimasu] - bitte
3. してもよい、することが許可されている；私は彼女のベッドに座ってもいいですか。 [shite mo yoi, suru koto ga kyoka sarete iru; watasi wa kanojo no beddo ni suwatte mo ii desu ka?] - dürfen; Darf ich mich auf Ihr Bett sitzen?
4. してはいけない [shite wa ikenai] - nicht dürfen
5. しなければならない；わたしは行かなければなりません。 [shinakereba naranai; watashi wa ikanakereba narimasen.] - müssen. Ich muss gehen.
6. する必要はない [suru hitsuyô ha nai] - nicht müssen
7. してもよい、することができる；わたしは読むことができる。

[shite mo yoi, suru koto ga dekiru; watashi wa yomu koto ga dekiru.] - können; Ich kann lesen.

8. ために [tame ni] - für

9. でも、しかし [de mo, shikashi] - aber

10. とる、使う、持って行く、食べる、飲む [toru, tsukau, motte iku, taberu, nomu] - nehmen

11. 手伝い、助け；助ける、手伝う [tetsudai, tasuke; tasukeru, tetsudau] - die Hilfe; helfen

12. 学ぶ、習う [manabu, narau] - lernen

13. 座る [suwaru] - sitzen, sich setzen

14. 感謝する；ありがとうございます、ありがとう [kansha suru; arigatô gozaimasu, arigatô] - danken; Danke schön, Danke

15. 書く [kaku] - schreiben

16. 置く；場所 [oku; basho] - legen; der Platz

17. 行く；私は銀行へ行きます。 [iku; watashi wa ginkô e ikimasu.] - gehen, fahren; Ich gehe zur Bank.

18. 話す [hanasu] - sprechen

19. 読む [yomu] - lesen

20. 遊ぶ、する [asobu, suru] - spielen

21. 銀行 [ginkô] - die Bank

B

助けてもらえませんか、お願いします?

tasukete moraemasen ka, onegai shimasu?

1

- 手伝ってもらえませんか、お願いします。
- はい、いいですよ。
- わたしは英語で住所を書くことができません。わたしのために書いてもらえませんか。
- はい、いいですよ。
- ありがとうございます。

ichi

- tetsudatte moraemasen ka, onegai shimasu.
- hai, ii desu yo.

Können Sie mir bitte helfen?

1

- Können Sie mir bitte helfen?

- Ja, das kann ich.

- Ich kann die Adresse nicht auf Englisch schreiben. Können Sie sie für mich schreiben?

- Ja, das kann ich.

- Danke.

- watashi wa eigo de jûsho o kaku koto ga dekimasen. watashi no tame ni kaite moraemasen ka?

- hai, ii desu yo.

- arigatô gozaimasu.

2

−あなたはてにすができますか。

−いいえ、できません。でも、習(なら)えます。習(なら)うのを手伝(てつだ)ってもらえませんか。 −はい、いいですよ。あなたがてにすを学(まな)ぶのを手伝(てつだ)えます。

−ありがとうございます。

ni

- anata wa tenisu ga dekimasu ka?

- îe, dekimasen. demo, naraemasu. narau no o tetsudatte moraemasen ka?

- hai, ii desu yo. anata ga tenisu o manabu no o tetsudaemasu.

- arigatô gozaimasu.

3

−あなたは英語(えいご)を話(はな)すことができますか。

−わたしは英語(えいご)を話(はな)すことと、読(よ)むことができますが、書(か)くことができません。

−あなたはどいつ語(ご)を話(はな)しますか。

−私(わたし)はどいつ語(ご)を話(はな)すこと、読(よ)むこと、そして書(か)くことができます。

−りんだもどいつ語(ご)を話(はな)すことができますか?

2

- Kannst du Tennis spielen?

- Nein. Aber ich kann es lernen. Kannst du mir dabei helfen?

- Ja, ich kann dir helfen, Tennis spielen zu lernen.

- Danke.

3

- Sprichst du Englisch?

- Ich kann Englisch sprechen und lesen, aber nicht schreiben.

- Sprichst du Deutsch?

- Ich kann Deutsch sprechen, lesen und schreiben.

- Kann Linda auch Deutsch?

－いいえ、話せません。りんだはあめりか人です。

－彼らは英語を話すしますか。

－はい、少し話せます。彼らは学生で、英語を学んでいます。この男の子は英語が話を話しません。

san

- anata wa eigo o hanasu koto ga dekimasu ka?

- watashi wa eigo o hanasu koto to, yomu koto ga dekimasu ga, kaku koto ga dekimasen.

- anata wa doitsugo o hanasimasu ka?

- watashi wa doitsugo o hanasu koto, yomu koto, soshite kaku koto ga dekimasu.

- rinda mo doitsugo o hanasu koto ga dekimasu ka?

- îe, hanasemasen. rinda wa amerikajin desu.

- karera wa eigo o hanaimasu ka?

- hai, sukoshi hanasemasu. karera wa gakusei de, eigo o manande imasu. kono otokonoko wa eigo wo hanasimasen.

- Nein, sie kann kein Deutsch. Sie ist Amerikanerin.

- Sprechen sie Englisch?

- Ja, ein bisschen. Sie sind Studenten und lernen Englisch. Dieser Junge spricht kein Englisch.

4

－彼らはどこにいますか。

－彼らは今てにすをしています。

－わたしたちもてにすをしてもいいですか。

－はい、いいですよ。

yon

- karera wa doko ni imasu ka?

- karera wa ima tenisu o shite imasu.

- watashitachi mo tenisu o shite mo ii desu ka?

4

- Wo sind sie?

- Sie spielen gerade Tennis.

- Können wir auch spielen?

- Ja, das können wir.

- hai, ii desu yo.

5

- 彼(かれ)－ろばーとはどこにいますか。
- 彼(かれ)はかふぇにいるかもしれません。

go
- robâto wa doko ni imasu ka?
- kare wa kafe ni iru ka mo shiremasen.

6

-このてーぶるについてください。

-ありがとうございます。てーぶるの上(うえ)にわたしの本(ほん)を置(お)いてもいいですか。

-はい、いいですよ。

-ぽーるは彼(かれ)のてーぶるについてもいいですか。

-はい、いいですよ。

roku
- kono têburu ni tuite kudasai.
- arigatô gozaimasu. têburu no ue ni watashi no hon o oite mo ii desu ka?
- hai, ii desu yo.
- pôru wa kare no têburu ni tuite mo ii desu ka?
- hai, ii desu yo.

7

-わたしは彼女(かのじょ)のべっどに座(すわ)ってもいいですか。

-いいえ、座(すわ)ってはいけません。

-りんだは彼(かれ)のCDぷれーやーを使(つか)ってもいいです

5
- Wo ist Robert?
- Er ist vielleicht im Café.

6
- Setzen Sie sich an diesen Tisch, bitte.
- Danke. Kann ich meine Bücher auf diesen Tisch legen?
- Ja.
- Darf Paul sich an seinen Tisch setzen?
- Ja, das darf er.

7
- Darf ich mich auf ihr Bett setzen?
- Nein, das darfst du nicht.
- Darf Linda seinen CD-

か。

-いいえ。彼女は彼のCDぷれーやーを使ってはいけません。

nana

- watashi wa kanojo no beddo ni suwatte mo ii desu ka?
- îe, suwatte wa ikemasen.
- rinda wa kare no shîdiî purêyâ o tsukatte mo ii desu ka?
- îe. kanojo wa kare no shîdiî purêyâ o tsukatte wa ikemasen.

8

- 彼らは彼女の地図を使ってもいいですか。

-いいえ、使ってはいけません。

hachi

- karera wa kanojo no chizu o tsukatte mo ii desu ka?
- îe, tsukatte wa ikemasen.

9

-あなたは彼女のべっどの上に座ってはいけません。

- 彼女は彼のCDぷれーやーを使ってはいけません。

- 彼らはこれらののーとを使ってはいけません。

kyû

- anata wa kanojo no beddo no ue ni suwatte wa ikemasen.
- kanojo wa kare no shîdiî purêyâ o tsukatte wa ikemasen.
- karera wa korera no nôto o tsukatte wa ikemasen.

Spieler nehmen?

- Nein, sie darf seinen CD-Spieler nicht nehmen.

8

- Dürfen sie ihre Karte nehmen?

- Nein, das dürfen sie nicht.

9

- Du darfst dich nicht auf ihr Bett setzen.

- Sie darf seinen CD-Spieler nicht nehmen.

- Sie dürfen diese Notizbücher nicht nehmen.

10

- わたしは銀行に行かなければいけません。
- あなたは今行かなければいけませんか。
- はい、そうです。

jû

- watashi wa ginkô ni ikanakereba ikemasen.
- anata wa ima ikanakereba ikemasen ka?
- hai, sô desu.

- Ich muss zur Bank gehen.
- Musst du jetzt gehen?
- Ja.

11

- あなたはどいつ語を学ばなければいけませんか。
- わたしはどいつ語は学ぶ必要がありません。英語を学ばなければいけません。

jû-ichi

- anata wa doitsugo o manabanakereba ikemasen ka?
- watashi wa doitsugo wa manabu hitsuyô ga arimasen. eigo o manabanakereba ikemasen.

- Musst du Deutsch lernen?
- Ich muss nicht Deutsch lernen. Ich muss Englisch lernen.

12

- 彼女は銀行に行かなければいけませんか。
- いいえ。彼女は銀行に行く必要はありません。
- この自転車を使ってもいいですか。
- いいえ、この自転車は使ってはいけません。
- わたしたちはこれらののーとを彼女のべっどの

- Muss sie zur Bank gehen?
- Nein, sie muss nicht zur Bank gehen.
- Darf ich dieses Fahrrad nehmen?
- Nein, du darfst dieses Fahrrad nicht nehmen.
- Dürfen wir diese

うえ　　お
上 に置いてもいいですか。

-いいえ。あなたたちはのーとを 彼女(かのじょ) のべっどの
うえ　　お
上 に置いてはいけません。

Notizbücher auf ihr Bett legen?

- Nein, ihr dürft die Notizbücher nicht auf ihr Bett legen.

jû-ni

- kanojo wa ginkô ni ikanakereba ikemasen ka?
- îe. kanojo wa ginkô ni iku hitsuyô wa arimasen.
- kono jitensha o tsukatte mo ii desu ka?
- îe, kono jitensha wa tsukatte wa ikemasen.
- watashitachi wa korera no nôto o kanojo no beddo no ue ni oite mo ii desu ka?
- îe. anatatachi wa nôto o kanojo no beddo no ue ni oite wa ikemasen.

5

Die Audiodatei

ロバートは今、アメリカに住んでいます
Robert wohnt jetzt in den USA

 A

単語
Vokabeln

1. 朝食 [chôshoku] - das Frühstück
2. ３、３人；３人の女の子 [san, san-nin, san-nin no onnanoko] - drei; drei Mädchen
3. ５、５つ；５つの銀行 [go, itsutsu; itsutsu no ginkô] - fünf; fünf Banken
4. ６、６冊、６つ；６冊のノート [roku, roku-satsu, muttsu; roku-satsu no nôtô] - sechs; sechs Notizbücher
5. ７、７冊；７冊のノート [nana, nana-satsu; nana-satsu no nôtô] - sieben; sieben Notizbücher
6. ８、８冊；８冊のノート [hachi, has-satsu; has-satsu no nôtô] - acht; acht Notizbücher
7. いくつかの、何人かの；何人かの人々 [ikutsuka no, nan-nin ka no; nan-nin ka no hitobito] - ein paar, einige; ein paar Menschen
8. 何か [nani ka] - etwas
9. いす [isu] - der Stuhl

10. お茶 [ocha] - der Tee
11. そこ [soko] - dort
12. よい、おいしい、上手に [yoi, oishii, jôzu ni] - gut
13. わたしは音楽を聞きます。[watashi wa ongaku o kikimasu.] - Ich höre Musik.
14. 人、人々 [hito, hitobito] - die Menschen
15. 女の子 [onnanoko] - das Mädchen
16. 好き；彼女は緑茶が好きです。[suki; kanojo wa ryokucha ga sukidesu.] - mögen; sie mag grünen Tee.
17. 大好き [daisuki] - lieben
18. 家具 [kagu] - die Möbel
19. 広場 [hiroba] - der Platz
20. 必要である、必要とする [hitsuyô de aru, hitsuyô to suru] - brauchen
21. 新聞 [shinbun] - die Zeitung
22. 朝食をとる [chôshoku o toru] - frühstücken
23. したい；サラは何か飲みたいです。[shitai; sara wa nani ka nomitai desu.] - wollen; Sara will etwas trinken.
24. 聞く、聴く [kiku, kiku] - hören
25. 農場 [nôjô] - der Bauernhof
26. 音楽 [ongaku] - die Musik
27. 食べる [taberu] - essen
28. の前に [no mae ni] - vor
29. 飲む [nomu] - trinken

B

ロバートは今、アメリカに住んでいます

robâto wa ima, amerika ni sunde imasu

Robert wohnt jetzt in den USA

1

りんだは英語を上手に読みます。私も英語を読みます。生徒達は公園へいきます。彼女も公園へいきます。

ichi

rinda wa eigo o jôzu ni yomimasu. watashi mo eigo o yomimasu. seitotachi wa kôen e ikimasu. kanojo mo kôen e ikimasu.

1

Linda liest gut Englisch. Ich lese auch Englisch. Die Studenten gehen in den Park. Sie geht auch in den Park.

2

わたしたちはさんふらんしすこに住んでいます。ぽーるも今はさんふらんしすこに住んでいます。彼の父と母はかなだに住んでいます。ろばーとは今、さんふらんしすこに住んでいます。彼の父と母はどいつに住んでいます。

watashitachi wa san sanfuranshisuko ni sunde imasu. pôru mo ima wa san sanfuranshisuko ni sunde imasu. kare no chichi to haha wa kanada ni sunde imasu. robâto wa ima, san sanfuranshisuko ni sunde imasu. kare no chichi to haha wa doitsu ni sunde imasu.

Wir wohnen in San Francisco. Paul wohnt jetzt auch in San Francisco. Sein Vater und seine Mutter leben in Kanada. Robert wohnt jetzt in San Francisco. Sein Vater und seine Mutter leben in Deutschland.

3

生徒達はてにすをします。ぽーるはてにすが上手です。ろばーとは上手ではありません。

seitotachi wa tenisu o shimasu. pôru wa tenisu ga jôzu desu. robâto wa jôzu de wa arimasen.

Die Studenten spielen Tennis. Paul spielt gut. Robert spielt nicht gut.

4

わたしたちはお茶を飲みます。りんだは緑茶を飲みます。でいびっどは紅茶を飲みます。わたしも紅茶を飲みます。

Wir trinken Tee. Linda trinkt grünen Tee. David trinkt schwarzen Tee. Ich trinke auch schwarzen Tee.

yon

watashitachi wa ocha o nomimasu. rinda wa ryokucha o nomimasu. deibiddo wa kôcha o nomimasu. watashi mo kôcha o nomimasu.

5

わたしは音楽を聞きます。さらも音楽を聞きます。彼女はよい音楽を聞くのが好きです。

5

Ich höre Musik. Sarah hört auch Musik. Sie hört gerne gute Musik.

go

watashi wa ongaku o kikimasu. sara mo ongaku o kikimasu. kanojo wa yoi ongaku o kiku no ga suki desu.

6

わたしは6冊ののーとが必要です。でいびっどは7冊ののーとが必要です。りんだは8冊ののーとが必要です。

6

Ich brauche sechs Notizbücher. David braucht sieben Notizbücher. Linda braucht acht Notizbücher.

roku

watashi wa roku-satsu no nôto ga hitsuyô desu. deibiddo wa nana-satsu no nôto ga hitsuyô desu. rinda wa has-satsu no nôto ga hitsuyô desu.

7

さらは何か飲みたいです。私も飲みたいです。ぽーるは何か食べたいです。

7

Sarah will etwas trinken. Ich will auch etwas trinken. Paul will etwas essen.

nana

sara wa nani ka nomitai desu. watashi mo nomitai desu. pôru wa nani ka tabetai desu.

8

新聞がてーぶるの上にあります。ぽーるがそれをとり、読みます。彼は新聞を読むのが好きです。

hachi

shinbun ga têburu no ue ni arimasu. pôru ga sore o tori, yomimasu. kare wa shinbun o yomu no ga suki desu.

8

Dort liegt eine Zeitung auf dem Tisch. Paul nimmt sie und liest. Er liest gerne Zeitung.

9

部屋の中にいくつかの家具があります。そこには、6つのてーぶると、6つのいすあります。

kyû

heya no naka ni ikutsu ka no kagu ga arimasu. soko niwa, muttsu no têburu to, muttsu no isu ga arimasu.

9

Im Zimmer gibt es Möbel. Es gibt dort sechs Tische und sechs Stühle.

10

部屋の中には女の子が3人います。彼女達は朝食をとっています。

jû

heya no naka niwa onnanoko ga sannin imasu. kanojotachi wa chôshoku o totte imasu.

10

Es sind drei Mädchen im Zimmer. Sie frühstücken.

11

さらはぱんを食べて、お茶を飲んでいます。彼女は緑茶が好きです。

jû-ichi

sara wa pan o tabete, ocha o nonde imasu. kanojo wa ryokucha ga suki desu.

11

Sarah isst Brot und trinkt Tee. Sie mag grünen Tee.

12

てーぶるの上に何冊かの本があります。それらは新しくありません。古いです。

jû-ni

têburu no ue ni nan-satsu ka no hon ga arimasu. sorera wa atarashiku arimasen. furui desu.

12

Auf dem Tisch liegen ein paar Bücher. Sie sind nicht neu. Sie sind alt.

13

-この通りに銀行はありますか。
-はい、あります。この通りには、5つの銀行があります。それらは大きくありません。

jû-san

- kono tôri ni ginkô wa arimasu ka?
- hai, arimasu. kono tôri niwa, itsutsu no ginkô ga arimasu. sorera wa ôkiku arimasen.

13

- Ist in dieser Straße eine Bank?
- Ja. Es gibt fünf Banken in dieser Straße. Sie sind nicht groß.

14

- 広場には人がいますか。

- はい、います。何人かの人が広場にいます。

jû-yon

- hiroba niwa hito ga imasu ka?

- hai, imasu. nan-nin ka no hito ga hiroba ni imasu.

15

- かふぇの前に自転車はありますか。

- はい、あります。かふぇの前には自転車が4台あります。それらは新しくないです。

jû-go

- kafe no mae ni jitensha wa arimasu ka?

- hai, arimasu. kafe no mae niwa jitensha ga yon-dai arimasu. sorera wa atarashiku nai desu.

16

- この通りにほてるはありますか。

- いいえ。この通りにはほてるはありません。

jû-roku

- kono tôri ni hoteru wa arimasu ka?

- îe. kono tôri niwa hoteru wa arimasen.

14

- Sind Menschen auf dem Platz?

- Ja, auf dem Platz sind ein paar Menschen.

15

- Stehen Fahrräder vor dem Café?

- Ja, es stehen vier Fahrräder vor dem Café. Sie sind nicht neu.

16

- Gibt es in dieser Straße ein Hotel?

- Nein, es gibt keine Hotels in dieser Straße.

17

-この通(とお)りに何(なに)か大(おお)きなお店(みせ)はありますか。

-いいえ。この通(とお)りには大(おお)きなお店(みせ)はありません。

jû-nana

- kono tôri ni nani ka ôki na omise wa arimasu ka?

- îe. kono tôri niwa ôki na omise wa arimasen.

18

-あめりかには農場(のうじょう)がありますか。 -はい。あめりかにはたくさんの農場(のうじょう)があります。

jû-hachi

- amerika niwa nôjô ga arimasu ka?

- hai. amerika niwa takusan no nôjô ga arimasu.

19

-この部屋(へや)には何(なに)か家具(かぐ)がありますか。 -はい。そこには、てーぶるが4つと、いくつかのいすがあります。

jû-kyû

- kono heya niwa nani ka kagu ga arimasu ka?

- hai. soko niwa, têburu ga yottsu to, ikutsuka no isu ga arimasu.

- Gibt es in dieser Straße große Läden?

- Nein, es gibt keine großen Läden in dieser Straße.

- Gibt es in den USA Bauernhöfe?

- Ja, es gibt viele Bauernhöfe in den USA.

- Sind Möbel in diesem Zimmer?

- Ja, es sind dort vier Tische und einige Stühle.

6

Die Audiodatei

ロバートにはたくさんの友達がいます

Robert hat viele Freunde

A

単語

Vokabeln

1. CD [shîdî] - die CD
2. 来る / 行く [kuru/iku] - kommen / gehen
3. コーヒー [kôhî] - der Kaffee
4. コンピューター [konpyûtâ] - der Computer
5. たくさんの、多くの [takusan no, ôku no] - viel / viele
6. デイビッドの本 [deibiddo no hon] - Davids Buch
7. ドア [doa] - die Tür
8. の下に [no shita ni] - unter
9. パパ、お父さん [papa, otôsan] - der Vater
10. の中に [no naka ni] - in
11. 仕事; 職業紹介所 [shigoto; shokugyô shôkaijo] - die Arbeit; die Arbeitsvermittlung
12. 仕事がたくさんある [shigoto ga takusan aru] - viel zu tun haben
13. 友達 [tomodachi] - der Freund, die Freundin

14. 同様に、同じく [dôyô ni, onajiku] - auch

15. 知る、知っている [shiru, shitte iru] - kennen, wissen

16. 空いている [aite iru] - frei

17. 空き時間 [akijikan] - die Freizeit, freie Zeit

18. 紹介所、代理店 [shôkaijo, dairiten] - die Agentur

19. 綺麗な、清潔な [kirei na, seiketsu na] - sauber

20. レンジ、かまど [renji, kamado] - der Herd

21. 車 [kuruma] - das Auto

B

ロバートにはたくさんの友達がいます

robâto niwa takusan no tomodachi ga imasu

Robert hat viele Freunde

1

ろばーとにはたくさんの友達がいます。ろばーとの友達はかふぇに行きます。彼らはこーひーを飲むのが好きです。ろばーとの友達はたくさんのこーひーを飲みます。

ichi

robâto niwa takusan no tomodachi ga imasu. robâto no tomodachi wa kafe ni ikimasu. karera wa kôhî o nomu no ga suki desu. robâto no tomodachi wa takusan no kôhî o nomimasu.

1

Robert hat viele Freunde. Roberts Freunde gehen ins Café. Sie trinken gerne Kaffee. Roberts Freunde trinken viel Kaffee.

2

ぽーるのお父さんは車を持っています。お父さんの車は綺麗ですが、古いです。ぽーるのお

2

Pauls Vater hat ein Auto. Das Auto seines Vaters ist sauber, aber alt. Pauls Vater fährt viel

父さんはたくさん運転します。彼は良い仕事をしていて、仕事がたくさんあります。

ni

pôru no otôsan wa kuruma o motte imasu. otôsan no kuruma wa kirei desu ga, furui desu. pôru no otôsan wa takusan unten shimasu. kare wa yoi shigoto o shite ite, shigoto ga takusan arimasu.

Auto. Er hat eine gute Arbeit und im Moment viel zu tun.

3

でいびっどはたくさんのCDを持っています。でいびっどのCDは彼のべっどの上にあります。でいびっどのCDぷれーやーも、同様に彼のべっどの上にあります。

san

deibiddo wa takusan no shîdî o motte imasu. deibiddo no shîdî wa kare no beddo no ue ni arimasu. deibiddo no shîdiî purêyâ mo, dôyô ni kare no beddo no ue ni arimasu.

3

David hat viele CDs. Davids CDs liegen auf seinem Bett. Davids CD-Spieler ist auch auf seinem Bett.

4

ろばーとはあめりかの新聞を読みます。ろばーとの部屋のてーぶるの上にはたくさんの新聞があります。

yon

robâto wa amerika no shinbun o yomimasu. robâto no heya no têburu no ue niwa takusan no shinbun ga arimasu.

4

Robert liest amerikanische Zeitungen. Auf dem Tisch in Roberts Zimmer liegen viele Zeitungen.

5

なんしーは猫と犬を飼っています。なんしーの猫

5

Nancy hat eine Katze und einen Hund. Nancys

なんしーは猫と犬を飼っています。なんしーの猫は部屋のべっどの下にいます。なんしーの犬も部屋の中にいます。

Katze ist im Zimmer unter dem Bett. Nancys Hund ist auch im Zimmer.

go

nanshî wa neko to inu o katte imasu. nanshî no neko wa heya no beddo no shita ni imasu. nanshî no inu mo heya no naka ni imasu.

6

この車の中に男性がいます。この男性は地図を持っています。男性の地図は大きいです。この男性はたくさん運転します。

roku

kono kuruma no naka ni dansei ga imasu. kono dansei wa chizu o motte imasu. dansei no chizu wa ôkii desu. kono dansei wa takusan unten shimasu.

6

In dem Auto ist ein Mann. Der Mann hat eine Karte. Die Karte des Mannes ist groß. Dieser Mann fährt viel Auto.

7

わたしは学生です。わたしにはたくさんの空き時間があります。わたしは職業紹介所に行きます。わたしには良い仕事が必要です。

nana

watashi wa gakusei desu. watashi niwa takusan no akijikan ga arimasu. watashi wa shokugyô shôkaijo ni ikimasu. watashi niwa yoi shigoto ga hitsuyô desu.

7

Ich bin Student. Ich habe viel Freizeit. Ich gehe zu einer Arbeitsvermittlung. Ich brauche einen guten Job.

8

ぽーるとろばーとは空き時間が少ししかありません。彼らも職業紹介所に行きます。ぽーるはこんぴゅーたを持っています。職業紹介所はぽーるに良い仕事を紹介するかも知れません。

hachi

pôru to robâto wa akijikan ga sukoshi shika arimasen. karera mo shokugyô shôkaijo ni ikimasu. pôru wa konpyûta o motte imasu. shokugyô shôkaijo wa pôru ni yoi shigoto o shôkai suru ka mo shiremasen.

8

Paul und Robert haben ein bisschen freie Zeit. Sie gehen auch zu der Arbeitsvermittlung. Paul hat einen Computer. Die Agentur wird ihm vielleicht eine gute Arbeit geben.

9

りんだは新しいれんじを持っています。りんだのれんじは良いもので、綺麗です。りんだは子供達の朝食をつくります。なんしーとでいびっどはりんだの子供達です。りんだの子供達はたくさんのお茶を飲みます。母はこーひーを少し飲みます。なんしーの母は、どいつ語の単語をほんの少しだけ話せます。彼女はどいつ語をほんの少しだけ話します。りんだは仕事をしています。彼女は自由時間が少しだけあります。

9

Linda hat einen neuen Herd. Lindas Herd ist gut und sauber. Linda macht Frühstück für ihre Kinder. Nancy und David sind Lindas Kinder. Lindas Kinder trinken viel Tee. Die Mutter trinkt ein bisschen Kaffee. Nancys Mutter kann nur ein paar Wörter auf Deutsch. Sie spricht sehr wenig Deutsch. Linda hat Arbeit. Sie hat wenig Freizeit.

kyû

rinda wa atarashii renji o motte imasu. rinda no renji wa yoi mono de, kirei desu. rinda wa kodomotachi no chôshoku o tsukurimasu. nanshî to deibiddo wa rinda no kodomotachi desu. rinda no kodomotachi wa takusan no ocha o nomimasu. haha wa kôhî o sukoshi nomimasu. nanshî no haha wa, doitsugo no tango o honno sukoshi dake hanase masu. kanojo wa doitsugo o honno sukoshi dake hanashimasu. rinda wa shigoto o shite imasu. kanojo wa jiyûjikan ga sukoshi dake arimasu.

10

ろばーとは少しだけ英語を話します。ろばーとは英単語をかなり少しだけ知っています。わたしはたくさんの英単語を知っています。わたしは少しだけ英語を話します。この女性はたくさんの英単語を知っています。彼女は英語を上手に話します。

Robert spricht wenig Englisch. Er kennt nur sehr wenige englische Wörter. Ich kenne viele englische Wörter. Ich spreche ein bisschen Englisch. Diese Frau kennt viele englische Wörter. Sie spricht gut Englisch.

jû

robâto wa sukoshi dake eigo o hanasimasu. robâto wa eitango o kanari sukoshi dake shitte imasu. watashi wa takusan no eitango o shitte imasu. watashi wa sukoshi dake eigo o hanasimasu. kono josei wa takusan no eitango o shitte imasu. kanojo wa eigo o jôzu ni hanasimasu.

11

じょーじは職業紹介所で働いています。この職業紹介所はさんふらんしすこにあります。じょーじは車を持っています。じ

George arbeitet in einer Arbeitsvermittlung. Diese Arbeitsvermittlung ist in San Francisco. George

ょーじの　車　は　通　りにあります。じょーじにはたくさんの　仕事　があります。　彼　は　紹　介　所　に行かなければなりません。　彼　はそこへ　運　転　してきます。じょーじは　紹　介　所　にきます。そこにはたくさんの　学　生　がいます。　彼　らには　仕事　が　必　要　です。じょーじの　仕事　は　学　生　を　助　けることです。

hat ein Auto. Georges Auto steht an der Straße. George hat viel Arbeit. Er muss in die Agentur gehen. Er fährt mit dem Auto dorthin. George kommt in die Agentur. Dort sind viele Studenten. Sie brauchen Arbeit. Georges Arbeit ist, den Studenten zu helfen.

jû-ichi

jôji wa shokugyô shôkaijo de hataraite imasu. kono shokugyô shôkaijo wa san sanfuranshisuko ni arimasu. jôji wa kuruma o motte imasu. jôji no kuruma wa tôri ni arimasu. jôji niwa takusan no shigoto ga arimasu. kare wa shôkaijo ni ikanakereba narimasen. kare wa soko e unten shite kimasu. jôji wa shôkaijo ni kimasu. soko niwa takusan no gakusei ga imasu. karera niwa shigoto ga hitsuyô desu. jôji no shigoto wa gakusei o tasukeru koto desu.

12

ほてるに　車　があります。　車　のどあは　綺　麗　ではありません。たくさんの　学　生　達　がこのほてるに　住　んでいます。ほてるの　部屋　は　小　さいですが、　清　潔　です。これはろばーとの　部屋　です。　部屋　の　窓　は　大　きくて　清　潔　です。

12

Vor dem Hotel steht ein Auto. Die Türen des Autos sind nicht sauber. In diesem Hotel wohnen viele Studenten. Die Zimmer des Hotels sind klein, aber sauber. Das ist Roberts Zimmer. Das Fenster des Zimmers ist groß und sauber.

jû-ni

hoteru ni kuruma ga arimasu. kuruma no doa wa kirei de wa arimasen. takusan no gakuseitachi ga kono hoteru ni sunde imasu. hoteru no heya wa chîsai desu ga, seiketsu desu. kore wa robâto no heya desu. heya no mado wa ôkiku te seiketsu desu.

7

Die Audiodatei

デイビッドは自転車を買います
David kauft ein Fahrrad

A

単語
Vokabeln

1. オフィス [ofisu] - das Büro
2. おやつ、スナック [oyatsu, sunakku] - der Imbiss
3. お風呂、浴室；バスタブ [ofuro, yokushitsu; basutabu] - das Bad; das Badezimmer; die Badewanne
4. 浴室テーブル [yokushitsu têburu] - der Badezimmertisch
5. 台所、キッチン [daidokoro, kicchin] - die Küche
6. スポーツ；スポーツ店 [supôtsu; supôtsuten] - der Sport; das Sportgeschäft
7. スポーツバイク [supôtsu baiku] - das Sportfahrrad
8. そして、その後 [soshite, sono go] - dann
9. その後 [sono go] - danach
10. と一緒に、で [to issho ni, de] - mit
11. バス；バスで行く [basu; basu de iku] - der Bus; mit dem Bus fahren

12. ひとりずつ [hitori zutsu] - einer nach dem anderen
13. コーヒーメーカー [kôhî mêkâ] - die Kaffeemaschine
14. やかん [yakan] - der Teekessel
15. 中心; 中心街 [chûshin; chûshingai] - das Zentrum; das Stadtzentrum
16. 今日、本日 [kyô, honjitsu] - heute
17. 企業、会社 [kigyô, kaisha] - die Firma
18. 企業、会社（複数） [kigyô, kaisha (fukusû)] - die Firmen (Plural)
19. 作る、料理をする [tsukuru, ryôri o suru] - machen
20. 列 [retsu] - die Schlange
21. 土曜日 [doyôbi] - der Samstag
22. 家、家庭; 帰宅する、家に帰る [ie, katei; kitaku suru, ie ni kaeru] - das Zuhause; nach Hause gehen
23. 従業員、労働者 [jûgyôin, rôdôsha] - der Arbeiter
24. 時間 [jikan] - die Zeit
25. 朝 [asa] - der Morgen
26. 洗う [arau] - waschen
27. 洗濯機 [sentakuki] - die Waschmaschine
28. 自転車で行く [jitensha de iku] - Fahrrad fahren, mit dem Fahrrad fahren
29. 顔 [kao] - das Gesicht

B

デイビッドは自転車を買います

deibiddo wa jitensha o kaimasu

土曜日の朝です。でいびっどは浴室に行きます。浴室は大きくありません。そこにはばすたぶ、洗濯機、そして浴室てーぶるがあります。でいびっどは顔を洗います。そして彼は台所へ行きます。台所のてーぶるの上にはやかんがあります。でいびっどは

David kauft ein Fahrrad

Es ist Samstagmorgen. David geht ins Bad. Das Badezimmer ist nicht groß. Dort gibt es eine Badewanne, eine Waschmaschine und einen Badezimmertisch. David wäscht sich das Gesicht. Dann geht er in die Küche. Auf dem Küchentisch steht ein Teekessel. David

朝食を食べます。でいびっどの朝食は大きくはありません。そして彼はこーひーめーかーでこーひーを作ってそれを飲みます。彼は今日はすぽーつ店に行きたいのです。でいびっどは通りに出ます。彼は7番のばすに乗ります。ばすでお店まで行くのにはそんなに長く時間がかかりません。

doyôbi no asa desu. deibiddo wa yokushitsu ni ikimasu. yokushitsu wa ôkiku arimasen. soko niwa basutabu, sentakuki, soshite yokushitsu têburu ga arimasu. deibiddo wa kao o araimasu. soshite kare wa daidokoro e ikimasu. daidokoro no têburu no ue niwa yakan ga arimasu. deibiddo wa chôshoku o tabemasu. deibiddo no chôshoku wa ôkiku wa arimasen. soshite kare wa kôhî mêkâ de kôhî o tsukutte sore o nomimasu. kare wa kyô wa supôtsuten ni ikitai no desu. deibiddo wa tôri ni demasu. kare wa nana ban no basu ni norimasu. basu de omise made iku no niwa sonna ni nagaku jikan ga kakarimasen.

でいびっどがすぽーつ店に入ります。彼は新しいすぽーつ自転車を買いたいのです。そこにはたくさんのすぽーつ自転車があります。黒、青そして緑色の自転車です。でいびっどは青い自転車が好きです。

frühstückt. Davids Frühstück ist nicht groß. Dann macht er Kaffee mit der Kaffeemaschine und trinkt ihn. Er will heute in ein Sportgeschäft. David geht auf die Straße. Er nimmt den Bus 7. David braucht nicht lange, um mit dem Bus zum Laden zu fahren.

David geht in das Sportgeschäft. Er will sich ein neues Sportfahrrad kaufen. Es gibt viele Sportfahrräder. Sie sind schwarz, blau und grün. David mag blaue Fahrräder. Er will ein blaues kaufen.

彼は青いのが買いたいのです。お店には列ができています。でいびっどが自転車を買うのには長い時間がかかります。その後、彼は通りへ出て、自転車に乗ります。彼は中心街まで自転車をこぎます。そして、彼は中心街から公園までばいくをこぎます。新しいすぽーつ自転車に乗るのは本当に素晴らしい。

deibiddo ga supôtsuten ni hairimasu. kare wa atarashii supôtsu jitensha o kaitai no desu. soko niwa takusan no supôtsu jitensha ga arimasu. kuro, ao soshite midoriiro no jitensha desu. deibiddo wa aoi jitensha ga suki desu. kare wa aoi no ga kaitai no desu. omise niwa retsu ga dekite imasu. deibiddo ga jitensha o kau no niwa nagai jikan ga kakarimasu. sono go, kare wa tôri e dete, jidensha ni norimasu. kare wa chûshingai made jidensha o kogimasu. soshite, kare wa chûshingai kara kôen made baiku o kogimasu. atarashii supôtsu jitensha ni noru no wa hontô ni subarashii!

Im Laden ist eine Schlange. David braucht lange, um das Fahrrad zu kaufen. Dann geht er auf die Straße und fährt mit dem Fahrrad. Er fährt ins Stadtzentrum. Dann fährt er vom Zentrum in den Stadtpark. Es ist so schön, mit einem neuen Sportfahrrad zu fahren!

土曜日の朝ですが、じょーじはおふぃすにいます。彼は、今日はたくさんの仕事があります。じょーじのおふぃすの前に列ができています。たくさんの学生達と労働者が列に並んでいます。彼らは仕事を必要とし

Es ist Samstagmorgen, aber George ist in seinem Büro. Er hat heute viel zu tun. Vor Georges Büro ist eine Schlange. In der Schlange stehen viele Studenten und Arbeiter. Sie brauchen Arbeit. Sie gehen einer nach

ています。彼らはひとりずつじょーじの部屋へ行きます。彼らはじょーじと話をします。そして彼は企業の住所を渡します。

doyôbi no asa desu ga, jôji wa ofisu ni imasu. kare wa, kyô wa takusan no shigoto ga arimasu. jôji no ofisu no mae ni retsu ga dekite imasu. takusan no gakuseitachi to rôdôsha ga retsu ni narande imasu. karera wa shigoto o hitsuyô to shite imasu. karera wa hitori zutsu jôji no heya e ikimasu. karera wa jôji to hanashi o shimasu. soshite kare wa kigyô no jûsho o watashimasu.

おやつの時間です。じょーじはこーひーめーかーでこーひーを湧かします。彼はおやつを食べ、こーひーを飲みます。今、彼のおふぃすの前に列はありません。じょーじは家に帰ることができます。彼は通りに出ます。今日はとても素晴らしい日だ。じょーじは帰宅します。彼はこどもたちをつれて街の公園へ行きます。彼らはそこで良い時間を過ごします。

oyatsu no jikan desu. jôji wa kôhî mêkâ de kôhî o wakashimasu. kare wa oyatsu o tabe, kôhî o nomimasu. ima, kare no ofisu no mae ni retsu wa arimasen. jôji wa ie ni kaeru koto ga dekimasu. kare wa tôri ni demasu. kyô wa totemo subarashii hi da! jôji wa kitaku shimasu. kare wa kodomotachi o tsurete machi no kôen e ikimasu. karera wa soko de yoi jikan o sugoshimasu.

dem anderen in Georges Büro. Sie sprechen mit George. Dann gibt er ihnen Adressen von Firmen.

Jetzt ist Zeit für einen Imbiss. George macht Kaffee mit der Kaffeemaschine. Er isst seinen Imbiss und trinkt Kaffee. Jetzt ist keine Schlange mehr vor seinem Büro. George kann nach Hause gehen. Er geht auf die Straße. Es ist heute so ein schöner Tag! George geht nach Hause. Er holt seine Kinder ab und geht in den Stadtpark. Dort haben sie eine schöne Zeit.

8

Die Audiodatei

リンダは新しい DVD が買いたいです
Linda will eine neue DVD kaufen

A

単語

Vokabeln

1. １５；１５歳 [jû-go; jû-go-sai] - fünfzehn; fünfzehn Jahre alt
2. ２０；２０歳 [ni-jû; ni-jus-sai, hatachi] - zwanzig; zwanzig Jahre alt
3. DVD [dîbuidî] - die DVD
4. アドベンチャー、冒険 [adobenchâ, bôken] - das Abenteuer
5. いなくなる、消える [i naku naru, kieru] - weg sein, verschwinden
6. お気に入りの、好きな [okiniiri no, suki na] - Lieblings-
7. お気に入りの映画 [okiniiri no eiga] - der Lieblingsfilm
8. カップ [kappu] - die Tasse
9. さらに、もっと、より [sarani, motto, yori] - mehr
10. ビデオカセット [bideo kasetto] - die Videokassette

11. ビデオショップ [bideoshoppu] - die Videothek
12. フレンドリーな [furendorî na] - freundlich
13. みせる、しめす [miseru, shimesu] - zeigen
14. より；ジョージはリンダより年上です [yori; jôji wa rinda yori toshiue desu] - als; George ist älter als Linda.
15. 与える、渡す [ataeru, watasu] - geben
16. 大きい／より大きな／一番大きい [ôkii/yori ôki na/ichiban ôkii] - groß/größer/am größten
17. 店員 [ten'in] - der Verkäufer, die Verkäuferin
18. （という）こと；わたしはこの本が面白いことを知っています [(to iu) koto; watashi wa kono hon ga omoshiroi koto o shitte imasu] - dass; Ich weiß, dass dieses Buch interessant ist.
19. 映画 [eiga] - der Film
20. 時間 [jikan] - die Stunde
21. 箱、ダンボール [hako, danbôru] - die Kiste
22. 続く、かかる；映画は3時間以上かかります [tsuzuku, kakaru; eiga wa san-jikan ijô kakarimasu] - dauern; Der Film dauert mehr als 3 Stunden.
23. 興味深い、おもしろい [kyômibukai, omoshiroi] - interessant
24. 若い、年下の [wakai, toshishita no] - jung
25. 言う [iu] - sagen
26. 頼む、お願いする [tanomu, onegai suru] - bitten
27. 質問する、頼む [shitsumon suru, tanomu] - fragen
28. 長い [nagai] - lang

B

リンダは新しいDVDが買いたいです
rinda wa atarashii DVD ga kaitai desu

でいびっどとなんしーはりんだの子供達（こどもたち）です。なんしーが一番年下の子供（いちばんとしした こども）です。

Linda will eine neue DVD kaufen

David und Nancy sind Lindas Kinder. Nancy ist die Jüngste. Sie ist fünf Jahre alt. David ist fünfzehn Jahre älter als

彼女は5歳です。でいびっどはなんしーより、15歳年上です。彼は20歳です。なんしーはでいびっどよりとても若いです。

deibiddo to nanshî wa rinda no kodomotachi desu. nanshî ga ichiban toshishita no kodomo desu. kanojo wa go-sai desu. deibiddo wa nanshî yori, jû-go-sai toshiue desu. kare wa hatachi desu. nanshî wa deibiddo yori totemo wakai desu.

なんしー、りんだ、でいびっどは台所にいます。彼らはお茶を飲みます。なんしーのかっぷは大きいです。りんだのかっぷはさらに大きいです。でいびっどのかっぷは一番大きいです。

nanshî, rinda, deibiddo wa daidokoro ni imasu. karera wa ocha o nomimasu. nanshî no kappu wa ôkii desu. rinda no kappu wa sarani ôkii desu. deibiddo no kappu wa ichiban ôkii desu.

りんだは興味深い映画のびでおかせっととDVDをたくさん持っています。彼女は新しい映画を買いたいです。彼女はびでおしょっぷに行きます。そこには、びでおかせっととDVDが入ったたくさんの箱があります。彼女は店員に助けてくれるよう頼みます。

Nancy. Er ist zwanzig. Nancy ist viel jünger als David.

Nancy, Linda und David sind in der Küche. Sie trinken Tee. Nancys Tasse ist groß. Lindas Tasse ist größer. Davids Tasse ist am größten.

Linda hat viele Videokassetten und DVDs mit interessanten Filmen. Sie will einen neueren Film kaufen. Sie geht in eine Videothek. Dort sind viele Kisten mit Videokassetten und DVDs. Sie bittet einen Verkäufer, ihr zu helfen. Der Verkäufer gibt

店員はりんだにいくつかのびでおかせっとをわたします。りんだはそれらの映画についてもっと知りたいのですが、店員はいなくなってしまいます。

rinda wa kyômibukai eiga no bideo kasetto to dîbuidî o takusan motte imasu. kanojo wa atarashii eiga o kaitai desu. kanojo wa bideoshoppu ni ikimasu. soko niwa, bideo kasetto to dîbuidî ga haitta takusan no hako ga arimasu. kanojo wa ten'in ni tasukete kureru yô tanomimasu. ten'in wa rinda ni ikutsu ka no bideo kasetto o watashimasu. rinda wa sorera no eiga ni tsui te motto shiritai no desu ga, ten'in wa i naku natte shimaimasu.

店内には、もうひとりの店員がいて、彼女はよりふれんどりーです。彼女はりんだに、彼女のお気に入りの映画について質問をします。りんだはろまんす映画とあどべんちゃー映画が好きです。"たいたにっく"という映画が、彼女のお気に入りです。店員は、りんだに最新のはりうっど映画の"どいつ人の友達"のDVDをみせます。それは、あめりかのある男性とある若い女性の、恋愛あどべんちゃーについての

Linda ein paar Videokasetten. Linda will mehr über diese Filme wissen, aber der Verkäufer ist weg.

Es gibt eine andere Verkäuferin im Laden und sie ist freundlicher. Sie fragt Linda nach ihren Lieblingsfilmen. Linda mag romantische Filme und Abenteuerfilme. Der Film ‚Titanic' ist ihr Lieblingsfilm. Die Verkäuferin zeigt Linda eine DVD mit dem neusten Hollywoodfilm ‚Der deutsche Freund'. Er handelt von den romantischen Abenteuern eines Mannes und einer jungen Frau in den USA.

えいが
映画です。

tennai niwa, mou hitori no ten'in ga ite, kanojo wa yori furendorî desu. kanojo wa rinda ni, kanojo no okiniiri no eiga ni tsui te shitsumon o shimasu. rinda wa romansu eiga to adobenchâ eiga ga suki desu. "taitanikku" to iu eiga ga, kanojo no okiniiri desu. ten'in ha, rinda ni saishin no hariuddo eiga no "doitsujin no tomodachi" no dîbuidî o misemasu. sore wa, amerika no aru dansei to aru wakai josei no, ren'ai adobenchâ ni tsui te no eiga desu.

かのじょ　　　　　　　　　　　　　　　　　　　　　えいが
彼女はりんだに"ざ・ふぁーむ"という映画
　　　　　　　　てんいん
のDVDもみせます。店員は、"ざ・ふぁーむ"
　　　えいが　もっと　おもしろ　えいが
という映画は最も面白い映画のうちの
　　　　　　　　　　　い　　　　　もっと　なが
ひとつだ、と言います。そして最も長い
えいが　　　　　　　　　　　　　　　い
映画のうちのひとつでもあるとも言います。
えいが　　じかんいじょうつづ
映画は3時間以上続きます。りんだはよ
　なが　えいが　す
り長い映画が好きです。"たいたにっく"は、
かのじょ　も　　　　えいが　なか　いちばん
彼女が持っている映画の中で一番
おもしろ　なが　えいが　　　　かのじょ　い
面白くて長い映画だ、と彼女は言いま
す。りんだは"ざ・ふぁーむ"という映画のDVD
　か　　　かのじょ　てんいん　れい　い
を買います。彼女は店員にお礼を言い、
　で　い
出て行きます。

kanojo wa rinda ni "za fâmu" to iu eiga no dîbuidî

Sie zeigt Linda auch eine DVD mit dem Film ‚Die Firma'. Die Verkäuferin sagt, dass der Film ‚Die Firma' einer der interessantesten Filme ist. Und auch einer der längsten. Er dauert mehr als drei Stunden. Linda mag längere Filme. Sie sagt, dass ‚Titanic' der interessanteste und der längste Film ist, den sie hat. Linda kauft die DVD mit dem Film ‚Die Firma'. Sie bedankt sich bei der Verkäuferin und geht.

mo misemasu. ten'in wa, "za fâmu" to iu eiga wa mottomo omoshiroi eiga no uchi no hitotsu da, to iimasu. soshite mottomo nagai eiga no uchi no hitotsu demo aru to mo iimasu. eiga wa san-jikan ijô tsuzukimasu. rinda wa yori nagai eiga ga suki desu.

"taitanikku" wa, kanojo ga motte iru eiga no naka de ichiban omoshiroku te nagai eiga da, to kanojo wa iimasu. rinda wa "za fâmu" to iu eiga no dîbuidî o kaimasu. kanojo wa ten'in ni orei o ii, dete ikimasu.

9

Die Audiodatei

ポールはドイツの歌をききます

Paul hört deutsche Musik

A

単語

Vokabeln

1. あたま、長、リーダー [atama, chô, rîdâ; e mukau] - der Kopf
2. かばん [kaban] - die Tasche
3. ジャンプする、飛び降りる；ジャンプ [janpu suru, tobi oriru; janpu] - springen; der Sprung
4. たいへん、とても [taihen, totemo] - sehr
5. なぜなら、ので [naze nara, no de] - weil
6. およそ、ほど [oyoso, hodo] - etwa
7. バター [batâ] - die Butter
8. パン [pan] - das Brot
9. フレーズ、文 [furêzu, bun] - der Satz

10. 全ての、それぞれの；毎朝 [subete no, sorezore no; maiasa] - jeder/jede/jedes; jeden Morgen
11. 分 [fun] - die Minute
12. 前に、前の [mae ni, mae no] - vor
13. 名前；名前を挙げる、教える [namae; namae o ageru, oshieru] - der Name; nennen
14. 気に入る；わたしはそれが好きです。 [kiniiru; watashi wa sore ga suki desu.] - gefallen; Das gefällt mir.
15. 始める、始まる [hajimeru, hajimaru] - beginnen, anfangen
16. 家族 [kazoku] - die Familie
17. 寮 [ryô] - das Studentenohnheim
18. 帽子 [bôshi] - der Hut
19. 恥ずかしがる、恥じる；彼は恥ずかしがっている [hazukashigaru, hajiru; kare wa hazukashigatte iru] - sich schämen; er schämt sich
20. 故障中 [koshôchû] - außer Betrieb
21. 日；毎日 [hi, nichi; mainichi] - der Tag; jeden Tag
22. 歌う；歌手 [utau; kashu] - singen; der Sänger
23. 簡単な、単純な [kantan na, tanjun na] – einfach
24. ジョギングする [jyogingu suru] - Zum Joggen
25. 走る、動かす [hashiru, ugokasu] - rennen, laufen
26. 付近 [fukin] - die Nähe
27. 近くに、近く、近くの [chikaku ni, chikaku, chikaku no] - in der Nähe
28. 電話する；電話 [denwa suru; denwa] - anrufen; der Anruf
29. 電話する；コールセンター [denwa suru; kôru sentâ] - anrufen; das Callcenter
30. 電話機；電話をする [denwaki; denwa o suru] - das Telefon; telefonieren

B

ポールはドイツの歌をききます

pôru wa doitsu no uta o kikimasu

Paul hört deutsche Musik

きゃろるは学生です。彼女は20歳です。きゃろるはすぺいん出身です。きゃろるは学生寮に住んでいます。彼女は

Carol ist Studentin. Sie ist zwanzig. Carol kommt aus Spanien. Sie wohnt im Studentenwohnheim. Sie ist ein sehr nettes Mädchen. Carol hat ein blaues Kleid an. Auf

とてもやさしい女の子です。きゃろるは青いどれすを着ています。きゃろるは帽子をかぶっています。

kyaroru wa gakusei desu. kanojo wa hatachi desu. kyaroru wa supein shusshin desu. kyaroru wa gakuseiryô ni sunde imasu. kanojo wa totemo yasashii onnanoko desu. kyaroru wa aoi doresu o kite imasu. kyaroru wa bôshi o kabutte imasu.

きゃろるは今日自分の家族に電話したいです。彼女は自分の電話が故障中のため、こーるせんたーへ向かいます。こーるせんたーはかふぇの前です。きゃろるは自分の家族に電話をします。彼女は母と父と話します。電話は5分ほどかかります。そして彼女は友達のあんじぇらに電話をします。この電話は3分ほどかかります。

kyaroru wa kyô jibun no kazoku ni denwa shitai desu. kanojo wa jibun no denwa ga koshôchû no tame, kôru sentâ e mukaimasu. kôru sentâ wa kafe no mae desu. kyaroru wa jibun no kazoku ni denwa o shimasu. kanojo wa haha to chichi to hanashimasu. denwa wa go-fun hodo kakarimasu. soshite kanojo wa tomodachi no anjera ni denwa o shimasu. kono denwa wa san-fun hodo kakarimasu.

dem Kopf hat sie einen Hut.

Carol will heute ihre Familie anrufen. Sie geht ins Callcenter, weil ihr Telefon außer Betrieb ist. Das Callcenter ist vor dem Café. Carol ruft ihre Familie an. Sie spricht mit ihrer Mutter und ihrem Vater. Der Anruf dauert etwa fünf Minuten. Dann ruft sie ihre Freundin Angela an. Dieser Anruf dauert etwa drei Minuten.

ろばーとはすぽーつが好きです。彼は毎朝寮の近くの公園でじょぎんぐをします。彼は今日も走っています。彼はじゃんぷもします。彼のじゃんぷはとても長いです。ぽーるとでいびっどはろばーとと一緒に走って、じゃんぷをしています。でいびっどのじゃんぷは、より長いじゃんぷです。ぽーるのじゃんぷは一番長いです。彼は全員の中で一番のじゃんぷをします。その後、ろばーととぽーるは寮まで走り、でいびっどは家まで走ります。

Robert mag Sport. Er geht jeden Morgen im Park in der Nähe des Studentenwohnheims joggen. Heute läuft er auch. Er springt auch. Er springt sehr weit. Paul und David laufen und springen mit Robert. David springt weiter. Paul springt am weitesten. Er springt am besten von allen. Dann laufen Robert und Paul zum Studentenwohnheim und David nach Hause.

robâto wa supôtsu ga suki desu. kare wa maiasa ryô no chikaku no kôen de jogingu shimasu. kare wa kyô mo hashitte imasu. kare wa janpu mo shimasu. kare no janpu wa totemo nagai desu. pôru to deibiddo wa robâto to issho ni hashitte, janpu o shite imasu. deibiddo no janpu wa, yori nagai janpu desu. pôru no janpu wa ichiban nagai desu. kare wa zen'in no naka de ichiban no janpu o shimasu. sono go, robâto to pôru wa ryô made hashiri, deibiddo wa ie made hashirimasu.

ろばーとは自分の部屋で朝食を食べます。彼はぱんとばたーを食べます。彼はこー

Robert frühstückt in seinem Zimmer. Er holt Brot und

ひーめーかーでこーひーを湧かします。そして彼はばたーをぱんに塗って食べます。

robâto wa jibun no heya de chôshoku o tabemasu. kare wa pan to batâ o tabemasu. kare wa kôhî mêkâ de kôhî o wakashimasu. soshite kare wa batâ o pan ni nutte tabemasu.

ろばーとはさんふらんしすこの寮に住んでいます。彼の部屋はぽーるの部屋の近くです。ろばーとの部屋は大きくありません。ろばーとが毎日掃除をするので、部屋は綺麗です。彼の部屋には、机ひとつ、べっどひとつ、いくつかのいす、その他いくつかの家具があります。ろばーとの本とのーとは机の上にあります。彼のかばんは机の下にあります。いすはてーぶるにあります。ろばーとは何枚かのCDを手にとり、ぽーるの部屋へ向かいます。なぜならぽーるがどいつの音楽をききたがっているからです。

robâto wa san sanfuranshisuko no ryô ni sunde imasu. kare no heya wa pôru no heya no chikaku desu. robâto no heya wa ôkiku arimasen. robâto ga mainichi sôji o suru no de, heya wa kirei desu. kare no heya niwa, tsukue hitotsu, beddo hitotsu, ikutsu ka no isu, sono ta ikutsu ka no kagu ga arimasu.

Butter. Er macht Kaffee mit der Kaffeemaschine. Dann bestreicht er das Brot mit Butter und isst.

Robert wohnt im Studentenwohnheim in San Francisco. Sein Zimmer ist in der Nähe von Pauls Zimmer. Roberts Zimmer ist nicht groß. Es ist sauber, weil Robert es jeden Tag sauber macht. In seinem Zimmer stehen ein Tisch, ein Bett, ein paar Stühle und ein paar andere Möbel. Roberts Bücher und Notizbücher liegen auf dem Tisch. Seine Tasche ist unter dem Tisch. Die Stühle stehen am Tisch. Robert nimmt ein paar CDs in die Hand und geht zu Pauls Zimmer, weil Paul deutsche Musik hören will.

robâto no hon to nôto wa tsukue no ue ni arimasu. kare no kaban wa tsukue no shita ni arimasu. isu wa têburu ni arimasu. robâto wa nan-mai ka no shîdî o te ni tori, pôru no heya e mukaimasu. naze nara pôru ga doitsu no ongaku o kikitagatte iru kara desu.

ぽーるは彼の部屋の机にいます。彼の猫は机の下にいます。猫の前にぱんがあります。猫がぱんを食べます。ろばーとはCDをぽーるに渡します。CDの中には、どいつで一番の曲がはいっています。ぽーるはどいつ人歌手の名前を知りたがります。ろばーとは彼のお気に入りの歌手の名前を挙げます。彼は、Blümchen, Nena と HerbertGrönemeyer の名前を挙げます。これらの名前はぽーるにとって、新しい名前です。

pôru wa kare no heya no tsukue ni imasu. kare no neko wa tsukue no shita ni imasu. neko no mae ni pan ga arimasu. neko ga pan o tabemasu. robâto wa shîdî o pôru ni watashimasu. shîdî no naka niwa, doitsu de ichiban no kyoku ga haitte imasu. pôru wa doitsujin kashu no namae o shiritagarimasu. robâto wa kare no okiniiri no kashu no namae o agemasu. kare wa, Blümchen, Nena to Herbert Grönemeyer no namae o agemasu. korera no namae wa pôru ni totte, atarashii namae desu.

Paul sitzt in seinem Zimmer am Tisch. Seine Katze ist unter dem Tisch. Vor der Katze liegt etwas Brot. Die Katze isst das Brot. Robert gibt Paul die CDs. Auf den CDs ist die beste deutsche Musik. Paul will die Namen der deutschen Sänger wissen. Robert nennt seine Lieblingssänger. Er nennt Jan Delay, Nena und Herbert Grönemeyer. Diese Namen sind Paul neu.

彼はCDをきいて、どいつ語の歌を歌い始めます！彼はこれらの歌がとても大好きです。ぽーるはろばーとに曲の歌詞を書くよう頼みます。ろばーとはどいつで一番の曲の歌詞をぽーるのために書きます。ぽーるはいくつかの歌の単語を学びたいと言い、ろばーとに手伝ってくれるよう頼みます。ろばーとはぽーるがどいつ語の単語を学ぶのを手伝います。ろばーとは英語が上手に話せないので、たくさんの時間がかかります。ろばーとは恥ずかしがっています。彼は簡単なふれーずも言うことができません。その後、ろばーとは彼の部屋に戻り、英語を勉強します。

Er hört die CDs an und beginnt dann, die deutschen Lieder zu singen! Ihm gefallen die Lieder sehr. Paul bittet Robert, den Text der Lieder aufzuschreiben. Robert schreibt die Texte der besten deutschen Lieder für Paul auf. Paul sagt, dass er die Texte von ein paar Liedern lernen will, und bittet Robert um Hilfe. Robert hilft Paul, die deutschen Texte zu lernen. Es dauert sehr lange, weil Robert nicht gut Englisch spricht. Robert schämt sich. Er kann nicht einmal ein paar einfache Sätze sagen! Dann geht Robert in sein Zimmer und lernt Englisch.

kare wa shîdî o kiite, doitsugo no uta o utai hajimemasu! kare wa korera no uta ga totemo daisuki desu. pôru wa robâto ni kyoku no kashi o kaku yô tanomimasu. robâto wa doitsu de ichiban no kyoku no kashi o pôru no tame ni kakimasu. pôru wa ikutsuka no uta no tango o manabitai to ii, robâto ni tetsudatte kureru yô tanomimasu. robâto wa pôru ga dokugo no tango o manabu no o tetsudaimasu. robâto wa eigo ga jôzu ni hanasenai no de, takusan no jikan ga kakarimasu. robâto wa hazukashigatte imasu. kare wa kantan na furêzu mo iu koto ga dekimasen. sono go, robâto wa kare no heya ni modori, eigo o benkyô shimasu.

10

Die Audiodatei

ポールはデザインの専門書を買います

Paul kauft Fachbücher über Design

A

単語

Vokabeln

1. 何らかの；何らかの本 [nanra ka no; nanra ka no hon] -irgendwelcher/irgendwelche/irgendwelches/irgendwelche; irgendwelche Bücher
2. こんにちは [konnichiwa] - hallo
3. さようなら、じゃあまた [sayônara, jâ mata] - tschüss
4. デザイン [dezain] - das Design
5. プログラム [puroguramu] - das Programm
6. 題目、課題 [daimoku, kadai] - die Aufgabe
7. 写真（複数）[shashin (fukusû)] - die Bilder, die Fotos (Plural)
8. 勉強する [benkyô suru] - studieren
9. たったの、唯一の [tatta no, yuiitsu no] - nur

10. 大学 [daigaku] - die Universität, die Uni
11. 彼に [kare ni] - ihm
12. 支払う [shiharau] - zahlen
13. 専門書 [senmonsho] - das Fachbuch
14. 本当に [hontô ni] - wirklich
15. 母国語 [bokokugo] - die Muttersprache
16. 種類 [shurui] - die Art
17. 素晴らしい、良い [subarashii, yoi] - gut
18. 見る [miru] - schauen, betrachten
19. 見る、理解する [miru, rikai suru] - sehen
20. 言語 [gengo] - die Sprache
21. 説明する [setsumei suru] - erklären
22. 費用がかかる [hiyou ga kakaru] - kosten
23. 選ぶ、選び出す [erabu, erabi dasu] - auswählen, sich aussuchen

B

ポールはデザインの専門書を買います
pôru wa dezain no senmonsho o kaimasu

ぽーるはかなだ人で、彼の母国語は英語です。彼はさんふらんしすこの大学でででざいんの勉強をしています。

pôru wa kanadajin de, kare no bokokugo wa eigo desu. kare wa san sanfuranshisuko no daigaku de dezain no benkyô shite imasu.

今日は土曜日でぽーるはたくさんの空き時間があります。彼は新しいでざいんの本が買いたいです。彼は近くの本屋へ行

Paul kauft Fachbücher über Design

Paul ist Kanadier und seine Muttersprache ist Englisch. Er studiert Design an der Universität in San Francisco.

Heute ist Samstag und Paul hat viel Freizeit. Er will ein paar Bücher über Design kaufen. Er geht zum Buchladen in der Nähe. Der könnte Fachbücher

きます。その本屋は、でざいんの専門書を置いているかもしれません。彼はお店に入り本棚を見ます。女性がぽーるの方へ来ます。彼女は店員です。

kyô wa doyôbi de pôru wa takusan no akijikan ga arimasu. kare wa atarashii dezain no hon ga kaitai desu. kare wa chikaku no honya e ikimasu. sono honya wa, dezain no senmonsho o oite iru ka mo shiremasen. kare wa omise ni hairi hondana o mimasu. josei ga pôru no hô e kimasu. kanojo wa ten'in desu.

"こんにちは。お手伝いしましょうか。"店員が彼にたずねます。

"konnichiwa. otetsudai shimashô ka?" ten'in ga kare ni tazunemasu.

"こんにちは。"ぽーるは言います。"わたしは大学ででざいんを勉強しています。わたしは専門書が必要です。でざいんについての何らかの専門書はおいていますか。"ぽーるは彼女にたずねます。

"konnichiwa." pôru wa iimasu. "watashi wa daigaku de dezain o benkyô shite imasu. watashi wa senmonsho ga hitsuyô desu. dezain ni tsui te no nanra ka no senmonsho wa oite imasu ka?" pôru

über Design haben. Er kommt in den Laden und betrachtet den Bücherregal mit Büchern. Eine Frau kommt zu Paul. Sie ist eine Verkäuferin.

„Hallo, kann ich Ihnen helfen?", fragt ihn die Verkäuferin.

„Hallo", sagt Paul. „Ich studiere Design an der Universität. Ich brauche ein paar Fachbücher. Haben Sie irgendwelche Fachbücher über Design?", fragt Paul.

wa kanojo ni tazunemasu.

"どんな種類のでざいんですか。わたしたちは家具でざいん、車でざいん、すぽーつでざいん、いんたーねっとでざいんについての専門書があります。"彼女は彼に説明します。

„Welche Art von Design? Wir haben Fachbücher über Möbeldesign, Autodesign, Sportdesign oder Internetdesign", erklärt sie ihm.

"donna shurui no dezain desu ka? watashitachi wa kagudezain, kuruma dezain, supôtsu dezain, intânetto dezain ni tsui te no senmonsho ga arimasu." kanojo wa kare ni setsumei shimasu.

"家具でざいんといんたーねっとでざいんの専門書をみせてもらえませんか。"ぽーるが彼女に言います。

„Können Sie mir Fachbücher über Möbeldesign und Internetdesign zeigen?", fragt Paul.

"kagudezain to intânetto dezain no senmonsho o misete moraemasen ka?" pôru ga kanojo ni iimasu.

"隣の棚から本を選べますよ。見てみてください。こちらはいたりあの家具でざいなーPalatinoの本です。このでざいなーはいたりあの家具でざいんについて説明します。彼はよーろっぱとあめりかの家具でざいんについても説明をします。その本には何枚かの

„Sie können sich Bücher von den nächsten Regalen aussuchen. Schauen Sie sie sich an. Dies ist ein Buch von dem italienischen Möbeldesigner Palatino. Dieser Designer erklärt das Design italienischer Möbel. Er erklärt auch europäisches und amerikanisches Möbeldesign. In dem Buch sind einige gute Bilder", erklärt die

素晴らしい写真ものっています。"店員が説明します。

"tonari no tana kara hon o erabemasu yo. mitemite kudasai. kochira wa itaria no kagu dezainâ Palatino no hon desu. kono dezainâ wa itaria no kagudezain ni tsui te setsumei shimasu. kare wa yôroppa to amerika no kagudezain ni tsui te mo setsumei o shimasu. sono hon niwa nan-mai ka no subarashii shashin mo notte imasu," ten'in ga setsumei shimasu.

Verkäuferin.

"この本には課題もいくつかのっているみたいですね。この本はとても素晴らしい。おいくらですか?"ぽーるが彼女に質問します。

"kono hon niwa kadai mo ikutsu ka notte iru mitai desu ne. kono hon wa totemo subarashii. oikura desu ka?" pôru ga kanojo ni shitsumon shimasu.

„Ich sehe, dass das Buch auch Aufgaben enthält. Dieses Buch ist wirklich gut. Wie viel kostet es?", fragt Paul.

"52どるです。そして本と一緒にCDも一つついてきます。CDには家具でざいんのこんぴゅーたーぷろぐらむがあります。"店員が彼に言います。

"gojû-ni-doru desu. soshite hon to issho ni shîdî mo hitotsu tsuite kimasu. shîdî niwa kagudezain no konpyûtâ puroguramu ga arimasu." ten'in ga kare ni iimasu.

„Es kostet zweiundfünfzig Dollar. Und mit dem Buch kommt eine CD. Auf der CD ist ein Computerprogramm für Möbeldesign", sagt die Verkäuferin.

"それは本当にいいですね。"ぽーるが言います。

"sore ha hontô ni ii desu ne." pôru ga iimasu.

"Das gefällt mir wirklich", sagt Paul.

"何冊かのいんたーねっとでざいんのせんもんしょ専門書も、そこでみることができます。"女性が彼に説明します。"これはまいくろそふとおふぃすのこんぴゅーたーぷろぐらむについての本です。そしてこれらはこんぴゅーたーぷろぐらむ、ふらっしゅについての本です。こちらの赤い本をみてみてください。ふらっしゅについての本で、いくつかの面白い課題もあります。一冊選んでください、お願いします。"

"nan satsu ka no intânetto dezain no senmonsho mo, soko de miru koto ga dekimasu." josei ga kare ni setsumei shimasu." kore wa maikurosofuto ofisu no konpyûtâ puroguramu ni tsui te no hon desu. soshite korera wa konpyûtâ puroguramu, furasshu ni tsui te no hon desu. kochira no akai hon o mitemite kudasai. furasshu ni tsui te no hon de, ikutsu ka no omoshiroi kadai mo arimasu. is-satsu erande kudasai, onegai shimasu."

"Dort können Sie sich ein paar Fachbücher über Internetdesign anschauen", erklärt ihm die Frau. "Dieses Buch ist über das Computerprogramm Microsoft Office. Und diese Bücher sind über das Computerprogramm Flash. Schauen Sie sich dieses rote Buch an. Es ist über Flash und es enthält einige interessante Aufgaben. Suchen Sie sich eins aus."

"この赤い本はおいくらですか。"ぽーるが

"Wie viel kostet das rote

彼女に聞きます。

"kono akai hon wa oikura desu ka?" pôru ga kanojo ni kikimasu.

"この本はCD2枚がついて、たったの43どるです。"店員が彼に言います。

"kono hon wa shîdî ni-mai ga tsuite, tatta no yon-jû-san-doru desu." ten'in ga kare ni iimasu.

"わたしは、Palatinoの家具でざいんについてのこの本と、ふらっしゅについてのこの赤い本が買いたいです。わたしはいくら支払わなければなりませんか。"ぽーるがたずねます。

"watashi wa, Palatino no kagudezain ni tsui te no kono hon to, furasshu ni tsui te no kono akai hon ga kaitai desu. watashi wa ikura shiharawanakereba narimasen ka?" pôru ga tazunemasu.

"あなたはこれらの本2冊で、95どる支払う必要があります。"店員が彼に言います。

"anata ha korera no hon ni-satsu de, kyû-jû-go-doru shiharau hitsuyô ga arimasu." ten'in ga kare ni iimasu.

ぽーるは支払いをします。そして本とCDを受け取ります。

Buch?", fragt Paul.

„Dieses Buch mit zwei CDs kostet nur dreiundvierzig Dollar", sagt die Verkäuferin.

„Ich möchte das Buch von Palatino über Möbeldesign und das rote Buch über Flash kaufen. Wie viel muss ich dafür zahlen?", fragt Paul.

„Sie müssen fünfundneunzig Dollar für diese zwei Bücher zahlen", sagt die Verkäuferin.

Paul zahlt. Dann nimmt er die Bücher und die CDs.

pôru wa shiharai o shimasu. soshite hon to shîdî o uketorimasu.

"さようなら。" 店員が彼に言います。

"sayônara." ten'in ga kare ni iimasu.

"さようなら。" ぽーるは彼女に言い、出ます。

"sayônara." pôru wa kanojo ni ii, demasu.

„Tschüss", sagt die Verkäuferin zu ihm.

„Tschüss", sagt Paul und geht.

11

Die Audiodatei

ロバートはお金を稼ぎたいです（パート１）

Robert will ein bisschen Geld verdienen (Teil 1)

A

単語

Vokabeln

1. 通常の、普段の [itsumo no, tsûjou no, fudan no] - normal
2. 通常は、普段は [tsûjou wa, fudan wa] - normalerweise
3. エネルギー、元気 [enerugî, genki] - die Energie
4. こたえる;こたえ [kotaeru; kotae] - antorten, erwidern; die Antort
5. トラック [torakku] - der Lastwagen
6. メモ [memo] - die Notiz
7. もう一人 [mou hitori] - noch einen
8. より良い [yori yoi] - besser
9. リスト;リストする [risuto; risuto suru] - die Liste
10. 部、部品、部分 [bu, buhin, bubun] - der Teil
11. 人事部 [jinjibu] - die Personalabteilung

12. 大丈夫ですか？ [daijyôbu desuka?] - Alles klar?
13. 大変な [taihen na] - schwer
14. の後で [no ato de] - nach
15. 搬入する、積む; 搬入作業員 [hannyû suru, tsumu; hannyû sagyôin] - verladen, beladen; der Verlader
16. 数字 [sûji] - die Nummer
17. 日; 毎日; 毎日の、日々の [nichi; mainichi; mainichi no, hibi no] - der Tag; jeden Tag; täglich
18. 時; ２時です [ji; ni-ji desu] - Uhr; Es ist zwei Uhr.
19. 時間; 毎時、一時間毎に [jikan; maiji, ichi-jikan goto ni] - die Stunde; stündlich
20. 理解する、わかる [rikai suru, wakaru] - verstehen
21. 稼ぐ; わたしは時給１０ドルを稼ぎます [kasegu; watashi wa jikyû jû-doru o kasegimasu] - verdienen; Ich verdiene zehn Dollar pro Stunde.
22. 箱、ダンボール [hako, danbôru] - die Kiste
23. 素早く [subayaku] - schnell
24. 続く [tsuzuku] - Fortsetzung folgt
25. 運送；運送する、運ぶ [unsô; unsô suru, hakobu] - der Transport; transpotieren

B

ロバートは少しお金を稼ぎたいです（パート１）

robâto wa sukoshi okane o kasegitai desu（pâto ichi）

ろばーとは大学の後、毎日空き時間があります。彼は少しお金を稼ぎたいです。彼は職業紹介所へ向かいます。彼らは、ある運送会社の住所を彼に渡します。運送

Robert will ein bisschen Geld verdienen (Teil 1)

Robert hat jeden Tag nach der Universität freie Zeit. Er will ein bisschen Geld verdienen. Er geht in eine Arbeitsvermittlung. Sie geben ihm die Adresse einer Transportfirma. Die

会社らぴっどは搬入作業員を必要としています。この仕事は本当に大変です。しかし彼らは時給１１どるを支払います。ろばーとはこの仕事につきたいです。なので、彼は運送会社のおふぃすへ行きます。

robâto wa daigaku no ato, mainichi akijikan ga arimasu. kare wa okane o kasegitai desu. kare wa shokugyô shôkaijo e mukaimasu. karera wa, aru unsô gaisha no jûsho o kare ni watashimasu. unsô gaisha rapiddo wa hannyû sagyôin o hitsuyô to shite imasu. kono shigoto wa hontô ni taihen desu. shikashi karera wa jikyû jû-ichi doru o shiharaimasu. robâto wa kono shigoto ni tsukitai desu. na no de, kare wa unsô gaisha no ofisu e ikimasu.

"こんにちは。職業紹介所からあなたがたへ、めもがあります。"ろばーとは会社の人事部の女性に言います。彼は彼女にめもを渡します。"こんにちは。"女性が言います。"私の名前はまーがれっと・ばーどです。わたしが人事部長です。あなたのお名前は何ですか。" "わたしの名前はろばーと・げんしゃ

Transportfirma Rapid braucht einen Verlader. Diese Arbeit ist wirklich schwer. Aber sie bezahlen elf Dollar pro Stunde. Robert will den Job annehmen. Also geht er zum Büro der Transportfirma.

„Hallo. Ich habe eine Notiz für Sie von einer Arbeitsvermittlung", sagt Robert zu einer Frau in der Personalabteilung der Firma. Er gibt ihr die Notiz.

„Hallo", sagt die Frau. „Ich bin Margaret Bird. Ich bin die Leiterin der Personalabteilung. Wie heißen Sie?"

ーです。" ろばーとが言います。

"konnichiwa. shokugyô shôkaijo kara anatagata e, memo ga arimasu." robâto wa kaisha no jinjibu no josei ni iimasu. kare wa kanojo ni memo o watashimasu. "konnichiwa." josei ga iimasu.

"watashi no namae ha mâgaretto bâdo desu. watashi ga jinjibuchô no mâgaretto bâdo desu. anata no o namae wa nan desu ka?" "watashi no namae wa robâto genshâ desu." roba一to ga ii masu.

"あなたはあめりか人ですか。" まーがれっとが聞きます。"いいえ。わたしはどいつ人です。" ろばーとがこたえます。"あなたは英語を上手に話したり、読んだりできますか。" 彼女が質問します。"はい、できます。" 彼が言います。"あなたは何歳ですか。" 彼女が聞きます。"わたしは２０歳です。" ろばーとがこたえます。

"anata wa amerikajin desu ka?" mâgaretto ga kikimasu. "îe. watashi wa doitsujin desu" robâto ga kotaemasu. "anata wa eigo o jôzu ni hanashitari, yondari dekimasu ka?" kanojo ga shitsumon shimasu. "hai, dekimasu." kare ga iimasu. "anata wa nan-sai desu ka, robâto? kanojo ga kikimasu.

"watashi wa hatachi desu." robâto ga kotaemasu.

"あなたは運送会社で搬入

„Ich heiße Robert Genscher", sagt Robert.

„Sind Sie Amerikaner?", fragt Margaret.

„Nein, ich bin Deutscher", antwortet Robert.

„Können Sie gut Englisch sprechen und schreiben?", fragt sie.

„Ja", sagt er.

„Wie alt sind Sie?", fragt sie.

„Ich bin zwanzig", antwortet Robert.

„Wollen Sie in der Transportfirma als Verlader

作業員として働きたいですか。"人事部長が彼に聞きます。ろばーとは英語が上手に話せないので、より良い仕事につくことができないと言うのを恥ずかしく思います。なので、彼は言います："時給１１どるを稼ぎたいのです。"

"anata wa unsô gaisha de hannyû sagyôin to shi te hatarakitai desu ka?" jinjibuchô ga kare ni kikimasu. robâto wa eigo ga jôzu ni hanasenai no de, yori yoi shigoto ni tsuku koto ga dekinai to iu no o hazukashiku omoimasu. na no de, kare wa iimasu :
"jikyû jû-ichi doru o kasegitai no desu."

"これはこれは。"まーがれっとが言います。" 私たちの運送会社は通常、搬入の仕事はたくさんありません。しかし現在、私たちはもう一人搬入作業員を本当に必要としています。あなたは２０きろの箱を素早く積むことができますか。" "はい、できます。わたしはえねるぎーがたくさんあります。"ろばーとがこたえます。

"kore wa kore wa." mâgaretto ga iimasu. "watashitachi no unsô gaisha wa tsûjô, hannyû no

arbeiten?", fragt ihn die Leiterin der Personalabteilung.

Robert schämt sich, zu sagen, dass er keine bessere Arbeit haben kann, weil er nicht gut Englisch spricht. Deswegen sagt er: „Ich möchte elf Dollar pro Stunde verdienen."

„Na gut", sagt Margaret. „Normalerweise hat unsere Transportfirma nicht viel Verladearbeit. Aber gerade brauchen wir wirklich noch einen Verlader. Können Sie schnell Kisten mit zwanzig Kilogramm verladen?"

„Ja, das kann ich. Ich habe viel Energie", antwortet Robert.

shigoto wa takusan arimasen. shikashi genzai, watashitachi wa mou hitori hannyû sagyôin o hontô ni hitsuyô to shi te imasu. anata wa ni-juk-kiro no hako o subayaku tsumu koto ga dekimasu ka?"

"hai, dekimasu. watashi wa enerugî ga takusan arimasu." robâto ga kotaemasu.

"わたしたちは、毎日3時間搬入作業員が必要です。4時から7時まで働くことができますか。"彼女が聞きます。"はい、わたしの授業は1時に終わります。"学生が彼女にこたえます。

"いつから働き始めることができますか。"人事部長が彼に質問します。

"今から始められますよ。"ろばーとはこたえます。

"Wir brauchen einen Verlader für drei Stunden täglich. Können Sie von vier bis sieben Uhr arbeiten?", fragt sie.

"Ja, mein Unterricht endet um ein Uhr", antwortet der Student.

"Wann können Sie anfangen, zu arbeiten?", fragt ihn die Leiterin der Personalabteilung.

"Ich kann jetzt anfangen", erwidert Robert.

"watashitachi wa, mainichi san-jikan hannyû sagyôin ga hitsuyô desu. yo-ji kara nana-ji made hataraku koto ga dekimasu ka?" kanojo ga kikimasu. "hai, watashi no jugyô wa ichi-ji ni owarimasu" gakusei ga kanojo ni kotaemasu.

"itsu kara hataraki hajimeru koto ga dekimasu ka?" jinjibuchô ga kare ni shitsumon shimasu.

"ima kara hajimeraremasu yo." robâto wa kotaemasu.

"よろしい。では、この搬入りすとを見て

"Gut. Schauen Sie sich diese Ladeliste an. Dort stehen

ください。会社とお店の名前がりすとにのっています。"まーがれっとは説明します。"全ての会社とお店に、いくつかの数字があります。それらは箱の数です。そしてこれらの番号は、あなたがこれらの箱を搬入しなければいけないとらっくの数です。とらっくは1時間ごとに来て、去って行きます。ですから、あなたは素早く働く必要があります。大丈夫ですか。"
"大丈夫です。"ろばーとは、まーがれっとを上手く理解せずに、こたえます。

"yoroshî. dewa, kono hannyû risuto o mite kudasai. kaisha to omise no namae ga risuto ni notte imasu." mâgaretto wa setsumei shimasu. "subete no kaisha to omise ni, ikutsu ka no sûji ga arimasu. sorera wa hako no kazu desu. soshite korera no bangô wa, anata ga korera no hako o hannyû shinakereba ikenai torakku no kazu desu. torakku wa ichi-jikan goto ni kite, satte ikimasu. desu kara, anata wa subayaku hataraku hitsuyô ga arimasu. daijôbu desu ka?" "daijôbu desu" robâto wa, mâgaretto o umaku rikai sezu ni kotaemasu.

"では、この搬入りすとを持って、

Namen von Firmen und Läden", erklärt Margaret. „Bei jeder Firma und jedem Laden stehen ein paar Nummern. Das sind die Nummern der Kisten. Und das sind die Nummern der Lastwägen, auf die Sie die Kisten laden müssen. Die Lastwägen kommen und gehen stündlich. Sie müssen also schnell arbeiten. Alles klar?"

„Alles klar", antwortet Robert, ohne Margaret richtig zu verstehen.

„Nehmen Sie jetzt diese Ladeliste und gehen Sie zur

搬入どあ３番まで行ってください。"
人事部長はろばーとに言います。ろばーとは搬入りすとを持ち、仕事に行きます。

（続く）

"dewa, kono hannyû risuto o motte, hannyûdoa bangô san ban made itte kudasai." jinjibuchô wa robâto ni iimasu. robâto wa hannyû risuto o mochi, shigoto ni ikimasu.

(tsuzuku)

Ladetür Nummer drei", sagt die Leiterin der Personalabteilung zu Robert. Robert nimmt die Ladeliste und geht arbeiten.

(Fortsetzung folgt)

12

Die Audiodatei

ロバートは少しお金を稼ぎたいです（パート２）
Robert will ein bisschen Geld verdienen (Teil 2)

A

単語

Vokabeln

1. あなたの；あなたの英語 [anata no; anata no eigo] - dein/deine/dein/deine; dein Englisch
2. の代わりに [no kawari ni] - anstelle von
3. いやがる、嫌う [iyagaru, kirau] - hassen
4. お母さん、母親 [okâsan, hahaoya] - Mama, die Mutter
5. ここ [koko] - hier (Ort)
6. ここに、こちらに [koko ni, kochira ni] - hierher (Richtung)
7. こちらは [kochira wa] - hier ist
8. さん、氏 [san, shi] - Herr, Hr.
9. 代わりに [kawari ni] - anstelle von
10. 会う；知り合う [au, shiri au] - treffen; kennenlernen

11. 先生 [sensei] - der Lehrer, die Lehrerin
12. 先生（複数）[sensei (fukusû)] - die Lehrer (Plural)
13. 嬉しい [ureshii] - froh
14. 彼らの；彼らの荷物 [karera no; karera no nimotsu] - ihr/ihre/ihr/ihre; ihre Fracht
15. 息子 [musuko] - der Sohn
16. 悪い、良くない [warui, yoku nai] - schlecht
17. 戻って来る [modotte kuru] - zurückkommen
18. 月曜日 [getsuyôbi] - Montag
19. 正しく、正確に；直す [tadashiku, seikaku ni; naosu] - richtig; korrigieren
20. 家に帰る [ie ni kaeru] - nach Hause gehen
21. 理由（複数）[riyû (fukusû)] - die Gründe (Plural)
22. 悪いと思う；申し訳ありません、ごめんなさい [warui to omou; môshiwake arimasen, gomennasai] - leid tun; Es tut mir leid.
23. 誤って [ayamatte] - falsch
24. 起き上がる；起きろ！ [okiagaru; okiro!] - aufstehen; Steh auf!
25. 運ぶ、持ってくる、[hakobu, motte kuru] - bringen

B

ロバートは少しお金を稼ぎたいです（パート２）

robâto wa sukoshi okane o kasegitai desu (pâto ni)

搬入どあ３番にはたくさんのとらっくがあります。彼らは積み荷を運んで戻ってきています。人事部長と社長がそこへ来ます。彼らはろばーとの方へ来ます。ろばーとは箱をとらっくに搬入しています。

Robert will ein bisschen Geld verdienen (Teil 2)

An der Ladetür Nummer 3 stehen viele Lastwagen. Sie kommen mit ihrer Ladung zurück. Die Leiterin der Personalabteilung und der Firmenchef kommen dorthin. Sie gehen zu Robert. Robert lädt Kisten in einen Lastwagen. Er arbeitet

かれ　すばや　うご
彼 は素早く 動 いています。

hannyûdoa san ban niwa takusan no torakku ga arimasu. karera wa tsumini o hakon de modotte kite imasu. jinjibuchô to shachô ga soko e kimasu. karera wa robâto no hô e kimasu. robâto wa hako o torakku ni hannyû shite imasu. kare wa subayaku ugoite imasu.

　　　　　　　　　　　　　　　き
"やあ、ろばーと。こちらへ来てください。"ま
　　　　　　かれ　よ
ーがれっとが彼を呼びます。"こちらは
しゃちょう　　　　　　　　　　　　　　　あ
　社　長　のぷろふぃっとさんです。" "お会い
　うれ　　　　　　　　　　　　かれ　　　　む
できて嬉しいです。"ろばーとは彼らに向か
　　　　　　い
いながら言います。"わたしもです。"ぷろふぃ
　　　　　　　　　　　　　　はんにゅう
っとさんがこたえます。"あなたの 搬　入 り
すとはどこですか。" "ここです。"ろばーとは
はんにゅう　　　　　　かれ　わた
　搬　入 りすとを彼に渡します。

"yâ, robâto! kochira e kite kudasai." mâgaretto ga kare o yobimasu." kochira wa shachô no purofitto san desu." "oai dekite ureshii desu." robâto wa karera ni mukai nagara iimasu. "watashi mo desu." purofitto san ga kotaemasu. "anata no hannyû risuto wa doko desu ka?" "koko desu." robâto wa hannyû risuto o kare ni watashimasu.

"これはこれは。"ぷろふぃっとさんはりすとを
　み　　　　　い
見ながら言います。"これらのとらっくを見てく
　　　　　　　　はこ　あやま　　はんにゅう
ださい。あなたが箱を 誤 って 搬　入 し

schnell.

„Hey Robert! Komm bitte hierher!", ruft Margaret. „Das ist der Chef der Firma, Herr Profit."

„Es freut mich, Sie kennenzulernen", sagt Robert auf sie zugehend.

„Mich auch", antwortet Hr. Profit. „Wo ist Ihre Ladeliste?"

„Hier ist sie." Robert gibt ihm die Ladeliste.

„Na gut", sagt Hr. Profit, während er auf die Liste schaut. „Sehen Sie diese Lastwagen. Sie bringen ihre

たので、彼らは積み荷を運んで戻って来ています。本の箱が本屋の代わりに家具屋に行き、びでおかせっととDVDの箱がびでおしょっぷの代わりにかふぇに行き、さんどいっちの箱がかふぇではなくびでおしょっぷに行っています。よくない仕事ですね。ごめんなさい、しかしあなたはわたしたちの会社で働くことはできません。"ぷろふぃっとさんはそう言い、おふぃすに歩いて戻ります。

"kore wa kore wa." purofitto san wa risuto o mi nagara iimasu. "korera no torakku o mite kudasai. anata ga hako o ayamatte hannyû shita no de, karera wa tsumini o hakon de modotte kite imasu. hon no hako ga hon'ya no kawari ni kaguya ni iki, bideo kasetto to dîbuidî no hako ga bideoshoppu no kawari ni kafe ni iki, sandoicchi no hako ga kafe de wa naku bideoshoppu ni itte imasu! yoku nai shigoto desu ne! gomennasai, shikashi anata wa watashitachi no kaisha de hataraku koto wa dekimasen." purofitto san wa sô ii, ofisu ni aruite modorimasu.

ろばーとは、とても少しの英単語しか読んで理解できないため、箱を正しく搬入することができません。まーがれっとはろばーとを見ます。ろばーとは恥ずかしく思

Fracht zurück, weil Sie die Kisten falsch verladen haben. Die Kisten mit Büchern werden zu einem Möbelladen gebracht anstelle von einem Buchladen, die Kisten mit Videos und DVDs zu einem Café anstelle von einer Videothek und die Kisten mit Sandwiches zu einer Videothek anstelle von einem Café! Das ist schlechte Arbeit! Es tut mir leid, aber Sie können nicht in unserer Firma arbeiten", sagt Hr. Profit und geht zurück in sein Büro.

Robert kann die Kisten nicht richtig verladen, weil er nur sehr wenig Englisch lesen und verstehen kann. Margaret sieht ihn an. Robert schämt

っています。

robâto wa, totemo sukoshi no eitango shika yonde rikai dekinai tame, hako o tadashiku hannyû suru koto ga dekimasen. mâgaretto wa robâto o mimasu. robâto wa hazukashiku omotte imasu.

"ろばーと、あなたはもっと英語を上達させて、その後に、また来てくださいね。大丈夫ですか。"まーがれっとが言います。"わかりました"ろばーとがこたえます。"さようなら、まーがれっと。" "さようなら、ろばーと。"まーがれっとがこたえます。ろばーとは家にかえります。今の彼は、もっと英語を上達させて、そして新しい仕事につきたいです。

"robâto, anata wa motto eigo o jyôtatsu sasete, sono ato ni, mata kite kudasai ne. daijôbu desu ka?" mâgaretto ga iimasu. "wakarimashita" robâto ga kotaemasu. "sayônara, mâgaretto." "sayônara, robâto." mâgaretto ga kotaemasu. robâto wa ie ni kaerimasu. ima no kare wa, motto eigo o jyôtatsu sasete, soshite atarashii shigoto ni tsukitai desu.

大学へ行く時間です

daigaku e iku jikan desu

月曜日の朝、母は部屋の中へ行き、息子を起こします。"起きなさい、7時よ。

„Robert, du kannst dein Englisch verbessern und dann wiederkommen, ok?", sagt Margaret.

„Ok", antwortet Robert. „Tschüss Margaret".

„Tschüss Robert", antwortet Margaret.

Robert geht nach Hause. Er will jetzt sein Englisch verbessern und sich dann eine neue Arbeit suchen.

Es ist an der Zeit, in die Uni zu gehen

An einem Montagmorgen kommt eine Mutter ins Zimmer, um ihren Sohn aufzuwecken.

„Steh auf, es ist sieben Uhr. Es

大学へ行く時間よ。" "でもなんで、お母さん。行きたくないよ。"

getsuyôbi no asa, haha wa heya no naka e iki, musuko o okoshimasu. "okinasai, shichi-ji yo. daigaku e iku jikan yo!" "demo nande, okâsan? ikitaku nai yo."

"行きたくない理由を2つ教えて。" 母は息子に言います。"ひとつめは、生徒達がぼくを嫌っていて、先生達もぼくを嫌っている。" "まあ、大学へ行かない理由ではないわね。起きなさい。"

"ikitaku nai riyû o futatsu oshiete." haha wa musuko ni iimasu. "hitotsu me wa, seitotachi ga boku o kiratte ite, senseitachi mo boku o kiratte iru!" "mâ, daigaku e ikanai riyû de wa nai wa ne. okinasai!"

"わかった。大学へ行かなければ行けない理由を2つ教えてよ。" 彼は母に言います。"いいわよ。ひとつめは、あなたは55歳だから。そしてふたつめは、あなたが大学の学長だからよ！今すぐ起きなさい！"

"wakatta. daigaku e ikanakereba ikenai riyû o futatsu oshiete yo." kare wa haha ni iimasu. "îwa yo.hitotsu me wa, anata wa gojû-go-sai da kara. soshite futatsu me wa, anata ga daigaku no gakuchô da kara yo! imasugu okinasai!"

ist an der Zeit, in die Uni zu gehen!"

„Aber warum, Mama? Ich will nicht gehen."

„Nenn mir zwei Gründe, warum du nicht gehen willst", sagt die Mutter zu ihrem Sohn.

„Die Studenten hassen mich und die Lehrer auch!"

„Oh, das sind keine Gründe, um nicht in die Uni zu gehen. Steh auf!"

„Ok. Nenn mir zwei Gründe, warum ich in die Uni muss", sagt er zu seiner Mutter.

„Gut, einerseits, weil du fünfundfünfzig Jahre alt bist. Und andererseits, weil du der Direktor der Universität bist! Steh jetzt auf!"

13

Die Audiodatei

ホテルの名前

Der Name des Hotels

A

単語

1. エレベーター [erebêtâ] - der Aufzug
2. そして、その後 [soshite, sono go] - dann
3. タクシー [takushî] - das Taxi
4. タクシードライバー [takushî doraibâ] - der Taxifahrer
5. とめる、とまる [tomeru, tomaru] - anhalten
6. ばかげた、ばかな [bakage ta, baka na] - dumm
7. ポーランド [pôrando] - Polen
8. また、再び、もう一度 [mata, futatabi, mou ichido] - wieder
9. まるい [marui] - rund
10. みる、わかる、理解する [miru, wakaru, rikai suru] - sehen
11. もうすでに [mô sudeni] - schon
12. 下に [shita ni] - nach unten
13. 通り抜ける [tôri nukeru] - hindurchgehen
14. 今、現在 [ima, genzai] - jetzt, zurzeit, gerade
15. 別の、違う [betsu no, chigau] - ein anderer/eine andere/ein anderes

16. から去って、から離れて [kara satte, kara hanarete] - weg
17. を横切って、を渡って [o yoko gitte, o wattate] - über
18. 夕方 [yûgata] - der Abend
19. 夜 [yoru] - die Nacht
20. 広告 [kôkoku] - die Werbung
21. 微笑む [hohoemu] - lächeln
22. 笑い、微笑み [warai, hohoemi] - das Lächeln
23. 怒っている [okotte iru] - wütend
24. 橋 [hashi] - die Brücke
25. 歩いて [aruite] - zu Fuß
26. 歩く [aruku] - gehen
27. 湖 [mizûmi] - der See
28. 疲れている [tsukarete iru] - müde
29. 眠る、寝る [nemuru, neru] - schlafen
30. 立つ [tatsu] - stehen
31. 見せる [miseru] - zeigen
32. 見つける、探す [mitsukeru, sagasu] - finden
33. 足 [ashi] - der Fuß
34. 通り過ぎる [tôri sugiru] - vorbeigehen
35. 道 [michi] - der Weg
36. 開ける、開く [akeru, hiraku] - öffnen
37. 驚いている [odoroite iru] - überrascht, verwundert
38. 驚かせる [odorokaseru] - überraschen
39. 驚き [odoroki] - Die Überraschung

B

ホテルの名前
hoteru no namae

こちらは学生です。彼の名前はかすぱーです。彼はぽーらんど出身です。彼は英語を話しません。彼はあめりかの大学で英語を学びたいです。かすぱーはさんふらんしすこのほてるに、今住んでいます。

Der Name des Hotels

Das ist ein Student. Er heißt Kasper. Kasper kommt aus Polen. Er spricht kein Englisch. Er will an einer Universität in den USA Englisch lernen. Kasper wohnt zurzeit in einem Hotel in San Francisco.

kochira wa gakusei desu. kare no namae wa kasupâ desu. kare wa pôrando shusshin desu. kare wa eigo o hanasimasen. kare wa amerika no daigaku de eigo o manabitai desu. kasupâ wa san sanfuranshisuko no hoteru ni, ima sunde imasu.

彼は今自分の部屋にいます。彼は地図を見ています。この地図はとても良いです。かすぱーは、通り、広場そしてお店を地図で見ます。彼は部屋を出て長い廊下を抜けえれべーたに向かいます。えれべーたで下に行きます。かすぱーは大きなほーるを抜け、ほてるを出ます。彼はほてるの近くでとまり、ほてるの名前を自分ののーとに書きます。

Gerade ist er in seinem Zimmer. Er schaut auf die Karte. Diese Karte ist sehr gut. Kasper sieht Straßen, Plätze und Läden auf der Karte. Er geht aus dem Zimmer und durch den langen Gang zum Aufzug. Der Aufzug bringt ihn nach unten. Kasper geht durch die große Halle und aus dem Hotel. Er hält in der Nähe des Hotels an und schreibt den Namen des Hotels in sein Notizbuch.

kare wa ima jibun no heya ni imasu. kare wa chizu o mite imasu. kono chizu wa totemo yoi desu. kasupâ wa, tôri, hiroba soshite omise o chizu de mimasu. kare wa heya o dete nagai rôka o nuke erebêta ni mukaimasu. erebêta de shita ni ikimasu. kasupâ wa ôkina hôru o nuke, hoteru o demasu. kare wa hoteru no chikaku de tomari, hoteru no namae o jibun no nôto ni kakimasu.

ほてるには丸い広場と湖があります。かすぱーは橋を渡って湖へ行きます。彼は湖を回って橋のほうへ歩きます。たくさんの車、とらっく、そして人々が橋

Beim Hotel gibt es einen runden Platz und einen See. Kasper geht über den Platz zum See. Er geht um den See zur Brücke. Viele Autos, Lastwägen und Menschen überqueren die Brücke.

を渡ります。かすぱーは橋の下を通り抜けます。そして彼は中心街へ、通りに沿って歩きます。彼はたくさんの素敵な建物を通り過ぎます。

hoteru niwa marui hirobâ to mizûmi ga arimasu. kasupâ wa hashi o watatte mizûmi e ikimasu. kare wa mizûmi o mawatte hashi no hô e arukimasu. takusan no kuruma, torakku, soshite hitobito ga hashi o watarimasu. kasupâ wa hashi no shita o tôri nukemasu. soshite kare wa chûshingai e, tôri ni sotte arukimasu. kare wa takusan no suteki na tatemono o tôri sugimasu.

もうすでに夕方です。かすぱーは疲れていて、ほてるに戻りたいです。彼はたくしーをとめて、そしてのーとを開き、ほてるの名前をたくしーどらいばーにみせます。たくしーどらいばーはのーとをみて微笑み、走り去ります。かすぱーはそれが理解できません。彼は立って、自分ののーとを覗きます。そして、彼は別のたくしーをとめ、たくしーどらいばーに再びのーとをみせます。たくしーどらいばーはのーとをみます。そしてかすぱーをみて、微笑み、また去って行きます。

mô sudeni yûgata desu. kasupâ wa tsukarete ite, hoteru

Kasper geht unter der Brücke hindurch. Dann geht er eine Straße entlang zum Stadtzentrum. Er geht an vielen schönen Gebäuden vorbei.

Es ist schon Abend. Kasper ist müde und will zurück ins Hotel gehen. Er hält ein Taxi an, öffnet dann sein Notizbuch und zeigt dem Taxifahrer den Namen des Hotels. Der Taxifahrer schaut in das Notizbuch, lächelt und fährt weg. Kasper versteht nichts. Er steht da und schaut in sein Notizbuch. Dann hält er ein anderes Taxi an und zeigt dem Taxifahrer wieder den Namen des Hotels. Der Fahrer schaut in das Notizbuch. Dann schaut er Kasper an, lächelt und fährt auch weg.

ni modoritai desu. kare wa takushî o tomete, soshite nôto o hiraki, hoteru no namae o takushî doraibâ ni misemasu. takushî doraibâ wa nôto o mite hohoemi, hashiri sarimasu. kasupâ wa sore ga rikai dekimasen. kare wa tatte, jibun no nôto o nozokimasu. soshite, kare wa betsu no takushî o tome, takushî doraibâ ni futatabi nôto o misemasu. takushî doraibâ wa nôto o mimasu. soshite kasupâ o mite, hohoemi, mata satte ikimasu.

かすぱーは驚いています。彼は別のたくしーをとめます。しかしこのたくしーも去って行きます。かすぱーには理解ができません。彼は驚いて、怒っています。しかし彼はばかではありません。彼は自分の地図を開き、ほてるへの道をみつけます。彼は歩いてほてるまで戻ります。

Kasper ist verwundert. Er hält ein anderes Taxi an. Aber auch dieser Taxifahrer fährt weg. Kasper kann das nicht verstehen. Er ist verwundert und wütend. Aber er ist nicht dumm. Er öffnet seine Karte und findet den Weg zum Hotel. Er kehrt zu Fuß zum Hotel zurück.

kasupâ wa odoroite imasu. kare wa betsu no takushî o tomemasu. shikashi kono takushî mo satte ikimasu. kasupâ niwa rikai ga dekimasen. kare wa odoroite, okotte imasu. shikashi kare wa baka de wa arimasen. kare wa jibun no chizu o hiraki, hoteru e no michi o mitsukemasu. kare wa aruite hoteru made modorimasu.

夜です。かすぱーはべっどの中にいます。彼は眠っています。星は窓から部屋の中をのぞきこんでいます。のーとは机の上にありま

Es ist Nacht. Kasper ist in seinem Bett. Er schläft. Die Sterne schauen durch das Fenster ins Zimmer. Das Notizbuch liegt auf dem

す。それは開いています。"ふぉーどは最高の車だ"これはほてるの名前ではありません。これはほてるの建物の広告です。

Tisch. Es ist offen. „Ford ist das beste Auto". Das ist nicht der Name des Hotels. Das ist Werbung am Hotelgebäude.

yoru desu. kasupâ wa beddo no naka ni imasu. kare wa nemutte imasu. hoshi wa mado kara heya no naka o nozokikonde imasu. nôto wa tsukue no ue ni arimasu. sore wa hiraite imasu. "fôdo wa saikô no kuruma da" kore wa hoteru no namae de ha arimasen. kore wa hoteru no tatemono no kôkoku desu.

14

Die Audiodatei

アスピリン（鎮痛剤）
Aspirin

A

単語

1. 10 [jû] - zehn
2. ８時半に [hachi-ji-han ni] - um halb neun
3. アスピリン（鎮痛剤）[asupirin (chintsûzai)] - das Aspirin
4. いくつかの、何人かの、いくらかの [ikutsu ka no, nan-nin ka no, ikura ka no] - einige
5. グレー、灰色 [gurê, haiiro] - grau
6. こたえ、解決策 [kotae, kaiketsusaku] - die Lösung
7. ということ [to iu koto] - dass
8. ためす、してみる [tamesu, shite miru] - versuchen
9. テスト、試験 [tesuto, shiken] - die Prüfung
10. テストをする [tesuto o suru] - prüfen
11. テストに通過する [tesuto ni tsûka suru] - eine Prüfung bestehen
12. 中断、休憩 [chûdan, kyûkei] - die Pause
13. 臭い、においのする [kusai, nioi no suru] - stinkend

14. 時計をみる [tokei o miru] - auf die Uhr schauen
15. もちろん [mochiron] - natürlich
16. 何か〜するもの、何物か [nani ka surumono, nani-mono ka] - etwas
17. 化学 [kagaku] - die Chemie
18. 薬品、薬（複数）[yakuhin, kusuri (fukusû)] - die Chemikalien (Plural)
19. 半分の [hanbun no] - halb
20. 取る、手に入れる、得る [toru, te ni ireru, eru] - erhalten
21. 寮 [ryô] - das Studentenwohnheim
22. 座る、着席する [suwaru, chakuseki suru] - sich hinsetzen
23. 教室 [kyôshitsu] - das Klassenzimmer
24. 机、デスク [tsukue, desuku] - der Schreibtisch
25. 枚；一枚の用紙 [mai; ichi-mai no yôshi] - das Blatt; ein Blatt Papier
26. 男の子、小僧 [otokonoko, kozô] - der Junge
27. 白い [shiroi] - weiß
28. 紙、用紙 [kami, yôshi] - das Papier
29. 素晴らしい [subarashii] - wunderbar
30. 思索する、考える [shisaku suru, kangaeru] - nachdenken
31. 薬局 [yakkyoku] - die Apotheke
32. 課題、タスク [kadai, tasuku] - die Aufgabe
33. 結晶、クリスタル [kesshô, kurisutaru] - das Kristall
34. の後 [no ato] - nach
35. 錠剤、ピル [jôzai, piru] - die Tablette
36. 頭の良い、賢い [atama no yoi, kashikoi] - intelligent
37. 頻繁に、よく [hinpan ni, yoku] - oft

B

アスピリン（鎮痛剤）
asupirin （chintsûzai）

こちらは、ろばーとの友達（ともだち）です。彼（かれ）の名前（なまえ）はぽーるです。ぽーるはかなだ出身（しゅっしん）です。彼（かれ）の母国語（ぼこくご）は英語（えいご）です。彼（かれ）はふらんす語（ご）も

Aspirin

Das ist ein Freund von Robert. Er heißt Paul. Paul kommt aus Kanada. Seine Muttersprache ist Englisch. Er spricht auch sehr gut Französisch. Paul wohnt im

とても上手に話します。ぽーるは寮に住んでいます。ぽーるは今彼の部屋にいます。ぽーるは今日化学のてすとがあります。彼は時計をみます。8時です。行く時間です。

Studenten-wohnheim. Paul ist gerade in seinem Zimmer. Paul hat heute eine Prüfung in Chemie. Er schaut auf die Uhr. Es ist acht Uhr. Es ist an der Zeit, zu gehen.

kochira wa, robâto no tomodachi desu. kare no namae wa pôru desu. pôru wa kanada shusshin desu. kare no bokokugo wa eigo desu. kare wa furansugo mo totemo jôzu ni hanashimasu. pôru wa ryô ni sunde imasu. pôru wa ima kare no heya ni imasu. pôru wa kyô kagaku no tesuto ga arimasu. kare wa tokei o mimasu. hachi-ji desu. iku jikan desu.

ぽーるは外に出ます。彼は大学へ行きます。大学は寮の近くです。大学へ行くのには10分ほどかかります。ぽーるは教室に行きます。彼はどあを開けて、教室の中を覗き込みます。そこには何人かの生徒達と先生がいます。ぽーるは教室の中へ入ります。

Paul geht nach draußen. Er geht zur Universität. Die Uni ist in der Nähe des Wohnheims. Er braucht etwa zehn Minuten bis zur Uni. Paul kommt zum Klassenzimmer. Er öffnet die Tür und schaut ins Klassenzimmer. Einige Studenten und der Lehrer sind da. Paul betritt das Klassenzimmer.

pôru wa soto ni demasu. kare wa daigaku e ikimasu. daigaku wa ryô no chikaku desu. daigaku e iku no niwa jup-pun hodo kakarimasu. pôru wa kyôshitsu ni ikimasu. kare wa doa o akete, kyôshitsu no naka o nozokikomimasu. soko niwa nan-nin ka no seitotachi to sensei ga imasu. pôru wa kyôshitsu no naka e hairimasu.

"こんにちは。" 彼は言います。"こんにちは。" 先生と生徒達がこたえます。ぽーるは机の方へ向い、そこに座ります。化学のてすとは8時半に始まります。先生がぽーるの机へ来ます。

"konnichiwa." kare wa iimasu. "konnichiwa." sensei to seitotachi ga kotaemasu. pôru wa tsukue no hô e mukai, soko ni suwarimasu. kagaku no tesuto wa hachi-ji-han ni hajimarimasu. sensei ga pôru no tsukue e kimasu.

"これがあなたの課題です。" 先生が言います。そして彼はぽーるに課題の書かれた一枚の用紙を渡します。"あなたはあすぴりんを作らなければなりません。あなたは8時半から12時まで作業ができます。始めてください。" 先生が言います。

"kore ga anata no kadai desu." sensei ga iimasu. soshite kare wa pôru ni kadai no kakareta ichi-mai no yôshi o watashimasu. "anata wa asupirin o tsukuranakereba narimasen. anata wa hachi-ji-han kara jû-ni-ji made sagyô ga dekimasu. hajimete kudasai." sensei ga iimasu.

ぽーるはこの課題の流れを知っています。彼

„Hallo", sagt er.

„Hallo", antworten der Lehrer und die Studenten.

Paul geht zu seinem Schreibtisch und setzt sich hin. Die Prüfung beginnt um halb neun. Der Lehrer kommt zu Pauls Tisch.

„Hier ist deine Aufgabe", sagt der Lehrer. Dann gibt er Paul ein Blatt Papier mit der Aufgabe. „Du musst Aspirin herstellen. Du kannst von halb neun bis zwölf Uhr arbeiten. Fang bitte an", sagt der Lehrer.

Paul weiß, wie diese Aufgabe geht. Er nimmt

はいくつかの薬品を取り、始めます。彼は10分作業をします。結果、ぐれーで匂いのする何かができます。これは良いあすぴりんではありません。ぽーるは大きな白いあすぴりんの結晶を手に入れなければならないことを知っています。その後、彼は何度も何度もためします。ぽーるは一時間作業をしますが、やはりぐれーで匂いのするものができます。

pôru wa kono kadai no nagare o shitte imasu. kare wa ikutsu ka no yakuhin o tori, hajimemasu. kare wa juppun sagyô o shimasu. kekka, gurê de nioi no suru nani ka ga dekimasu. kore wa yoi asupirin de wa arimasen. pôru wa ôki na shiroi asupirin no kesshô o te ni irenakereba naranai koto o shitte imasu. sono go, kare wa nan-do mo nan-do mo tameshimasu. pôru wa ichi-jikan sagyô o shimasu ga, yahari gurê de nioi no suru mono ga dekimasu.

ぽーるは怒り、疲れています。彼には理解ができません。彼は、作業を中断し少し考えます。ぽーるは頭が良いです。彼は数分考え、そして解決策をみつけます。彼は立ち上がります。"10分休憩してもいいですか。"ぽーるは先生

einige Chemikalien und beginnt. Er arbeitet zehn Minuten lang. Das Ergebnis ist etwas Graues und Stinkendes. Das ist kein gutes Aspirin. Paul weiß, dass er große, weiße Aspirinkristalle erhalten muss. Dann versucht er es wieder und wieder. Paul arbeitet eine Stunde lang, aber das Ergebnis ist wieder grau und stinkend.

Paul ist wütend und müde. Er kann es nicht verstehen. Er macht eine Pause und denkt ein bisschen nach. Paul ist intelligent. Er denkt ein paar Minuten nach und findet dann die Lösung! Er steht auf.

„Kann ich zehn Minuten Pause machen?", fragt er

に質問します。"もちろん、いいですよ。"先生がこたえます。

pôru wa ikari, tsukarete imasu. kare niwa rikai ga dekimasen. kare wa, sagyô o chûdan shi sukoshi kangaemasu. pôru wa atama ga yoi desu. kare wa su-fun kangae, soshite kaiketsusaku o mitsukemasu! kare wa tachi agarimasu. "jup-pun kyûkei shite mo ii desu ka?" pôru wa sensei ni shitsumon shimasu.
"mochiron, ii desu yo." sensei ga kotaemasu.

ぽーるは外へ出ます。彼は大学の近くの薬局をみつけます。彼は中へ入り、何錠かのあすぴりんを買います。10分で、彼は教室へ戻ります。生徒達は座って作業をしています。ぽーるは座ります。

pôru wa soto e demasu. kare wa daigaku no chikaku no yakkyoku o mitsukemasu. kare wa naka e hairi, nan-jô ka no asupirin o kaimasu. jup-pun de, kare wa kyôshitsu e modorimasu. seitotachi wa suwatte sagyô o shite imasu. pôru wa suwarimasu.

"てすとを終えてもいいですか。"ぽーるは、5分してから先生に言います。先生がぽーるのつくえ机へ来ます。彼は大きな、白い透明なあすぴりんをみつけます。先生は驚きます。彼は立ったまま、あすぴりんをしばらくの間

den Lehrer.

„Ja, natürlich", antwortet der Lehrer.

Paul geht nach draußen. Er findet eine Apotheke in der Nähe der Uni. Er geht hinein und kauft ein paar Tabletten Aspirin. Nach zehn Minuten kommt er zurück ins Klassenzimmer. Die Studenten sitzen da und arbeiten. Paul setzt sich hin.

„Kann ich die Prüfung beenden?", fragt Paul den Lehrer nach fünf Minuten.

Der Lehrer kommt zu Pauls Tisch. Er sieht große, weiße Aspirinkristalle. Der Lehrer ist überrascht. Er bleibt stehen und schaut eine

みつめます。

"tesuto o oete mo ii desu ka?" pôru wa, go-fun shite kara sensei ni iimasu. sensei ga pôru no tsukue e kimasu. kare wa ôki na, shiroi tômei na asupirin o mitsukemasu. sensei wa odorokimasu. kare wa tatta mama, asupirin o shibara ku no aida mitsumemasu.

"これは素晴らしい。あなたのあすぴりんはとても良いあすぴりんです。でもわたしにはわかりません。いつもあすぴりんを作ろうとするのですが、わたしにはぐれーで匂いのあるものしかできません" 先生が言います。"あなたはてすとに受かりました。" 彼が言います。

"kore wa subarashii! anata no asupirin wa totemo yoi asupirin desu. demo watashi niwa wakarimasen! itsumo asupirin o tsukurô to suru no desu ga, watashi niwa gurê de nioi no aru mono shika dekimasen." sensei ga iimasu. "anata wa tesuto ni ukarimashita." kare ga iimasu.

ぽーるはてすとの後、教室から出ます。先生はぽーるの机の上にある、何か白いものを見つけます。彼は机へ行き、あすぴりん錠の包みをみつけます。"賢いこぞうだ。うーん、ぽーる。君は今問題を

Weile auf das Aspirin.

„Wunderbar! Dein Aspirin ist gut! Aber ich kann das nicht verstehen! Ich versuche oft, Aspirin herzustellen, aber alles, was ich herausbekomme, ist grau und stinktend", sagt der Lehrer. „Du hast die Prüfung bestanden".

Paul geht nach der Prüfung weg. Der Lehrer sieht etwas Weißes auf Pauls Tisch. Er geht zum Tisch und findet das Papier der Aspirintabletten.

„Intelligenter Junge. Na ja, Paul, jetzt hast du ein

かかえているね。" 先生が言います。

pôru wa tesuto no ato kyôshitsu kara demasu. sensei wa pôru no tsukue no ue ni aru, nani ka shiroi mono o mitsukemasu. kare wa tsukue e iki, asupirin jô no tsutsumi o mitsukemasu. "kashikoi kozô da. ûn, pôru. kimi wa ima monddai o kakaete iru ne." sensei ga iimasu.

Problem", sagt der Lehrer.

15

Die Audiodatei

ナンシーとカンガルー
Nancy und das Känguru

A

単語

1. アイスクリーム [aisu kurîmu] - das Eis
2. いじめる、邪魔をする、困らせる [ijimeru, jama o suru, komaraseru] - ärgern
3. とき [toki] - wenn
4. おい！、やあ！ [oi!, yâ!] - Hey!, Hallo!
5. おもちゃ [omocha] - das Spielzeug
6. カンガルー [kangarû] - das Känguru
7. しっぽ [shippo] - der Schwanz
8. シマウマ [shimauma] - das Zebra
9. その [sono] - sein/seine/sein/seine
10. たたく、あてる [tataku, ateru] - schlagen
11. なに；何のテーブルですか？ [nani; nan no têburu desu ka?] - was,welcher/welche/welches/welche; Welcher Tisch?
12. バケツ [baketsu] - der Eimer
13. ライオン [raion] - der Löwe

14. わあ！ああ！ [wâ! â!] - Oh!
15. わかった、オーケー [wakatta, ôkê] - Okay
16. わたしたちに [watashitachi ni] - uns
17. しよう；一緒に行こう！ [shiyô; issho ni ikô!] - lass uns; Lass uns zusammen gehen!
18. わたしに、わたしを [watashi ni, niwatashi o] - mich
19. 一緒に [issho ni] - zusammen
20. 予定、計画 [yotei, keikaku] - der Plan
21. 人形 [ningyô] - die Puppe
22. 勉強する [benkyô suru] - studieren
23. 動物園 [dôbutsuen] - der Zoo
24. 喜んでいる [yorokonde iru] - glücklich
25. 広い [hiroi] - weit
26. 引っ張る、引く [hipparu, hiku] - ziehen
27. 強く [tsuyoku] - stark
28. 本棚 [hondana] - das Bücherregal
29. 水 [mizu] - das Wasser
30. 泣く、叫ぶ [naku, sakebu] - weinen, schreien, rufen
31. 満ち満ちて、いっぱいの [michi michi te, ippai no] - voll
32. 濡れた、びしょびしょ [nureta, bisho bisho] - nass
33. 猿 [saru] - der Affe
34. 耳 [mimi] - das Ohr
35. 落ちる [ochiru] - fallen
36. 虎 [tora] - der Tiger
37. 予定している [yotei shite iru] - planen, vorhaben
38. 貧しい、かわいそうな [mazushii, kawaisô na] - arm
39. 静かに [shizuka ni] - leise, langsam
40. 髪の毛 [kaminoke] - das Haar

B

ナンシーとカンガルー

nanshî to kangarû

ろばーとは 今、学生 です。彼 は 大学 で
べんきょう
勉 強 をしています。彼 は 英語 を
べんきょう   りょう
勉 強 します。ろばーとは 寮 に 住んでいま

Nancy und das Känguru

Robert ist jetzt Student. Er studiert an der Universität. Er studiert Englisch. Robert wohnt im Studentenwohnheim. Er ist Pauls Nachbar. Robert ist

す。彼(かれ)はぽーるの隣人(りんじん)です。ろばーとは今(いま)、部屋(へや)にいます。彼(かれ)は電話(でんわ)をとり、友達(ともだち)のでいびっどに電話(でんわ)をします。

robâto wa ima, gakusei desu. kare wa daigaku de benkyô o shite imasu. kare wa eigo o benkyô shimasu. robâto wa ryô ni sunde imasu. kare wa pôru no rinjin desu. robâto wa ima, heya ni imasu. kare wa denwa o tori, tomodachi no deibiddo ni denwa o shimasu.

"もしもし。"でいびっどが電話(でんわ)をとります。"やあ、でいびっど。ろばーとだよ。元気(げんき)。"ろばーとが言(い)います。"やあ、ろばーと。元気(げんき)だよ。ありがとう。君(きみ)は元気(げんき)。"でいびっどがこたえます。"ぼくも元気(げんき)だよ。ありがとう。ぼくはちょっと遠出(とおで)するんだ。君(きみ)の今日(きょう)の予定(よてい)は。"ろばーとが言(い)います。

"moshimoshi." deibiddo ga denwa o torimasu. "yâ, deibiddo. robâto da yo. genki?" robâto ga iimasu. "yâ, robâto. genki da yo. arigatô. kimi wa genki?" deibiddo ga kotaemasu. "boku mo genki da yo. arigatô. boku wa chotto tôde suru n da. kimi no kyô no yotei wa?" robâto ga iimasu.

"妹(いもうと)のなんしーが僕(ぼく)と一緒(いっしょ)に

gerade in seinem Zimmer. Er nimmt sein Telefon und ruft seinen Freund David an.

David geht ans Telefon und sagt: „Hallo."

„Hallo David. Ich bin es, Robert. Wie geht's dir?", sagt Robert.

„Hallo Robert. Mir geht's gut. Danke. Und dir?", antwortet David.

„Mir geht's auch gut, danke. Ich werde einen Ausflug machen. Was hast du heute vor?", sagt Robert.

„Meine Schwester Nancy will mit mir in den Zoo

動物園(どうぶつえん)に行(い)きたがっているんだ。今(いま)から、彼女(かのじょ)とそこに行(い)くんだ。君(きみ)も一緒(いっしょ)に行(い)こうよ。"でいびっどが言(い)います。

"imôto no nanshî ga boku to issho ni dôbutsuen ni ikitagatte irun da. ima kara, kanojo to soko ni ikun da. kimi mo issho ni ikô yo." deibiddo ga iimasu.

"いいよ。君(きみ)たちと一緒(いっしょ)に行(い)くよ。どこで会(あ)う。"ろばーとが聞(き)きます。"î yo. kimitachi to issho ni iku yo. doko de au?" robâto ga kikimasu.

"おりんぴっくのばす停(てい)で会(あ)おうよ。そしてぽーるにも、ぼくらと一緒(いっしょ)にこないか聞(き)いてみてよ。"でいびっどが言(い)います。

"orinpikku no basutei de aô yo. soshite pôru ni mo, bokura to issho ni konai ka kiitemite yo." deibiddo ga iimasu.

"いいよ。じゃあね。"ろばーとがこたえます。

"またね。じゃあ。"でいびっどが言(い)います。

"î yo. jâ ne." robâto ga kotaemasu. "mata ne. jâ." deibiddo ga iimasu.

その後(ご)、ろばーとはぽーるの部屋(へや)へ行(い)きます。ぽーるは彼(かれ)の部屋(へや)にいます。

sono go, robâto wa pôru no heya e ikimasu. pôru wa

gehen. Ich werde jetzt mit ihr dorthin gehen. Lass uns zusammen gehen.", sagt David.

„Alles klar, ich komme mit. Wo treffen wir uns?", fragt Robert.

„Lass uns an der Bushaltestelle Olympic treffen. Und frag Paul, ob er auch mitkommen will", sagt David.

„Alles klar. Tschüss", antwortet Robert.

„Bis gleich", sagt David.

Dann geht Robert zu Pauls Zimmer. Paul ist in seinem Zimmer.

kare no heya ni imasu.

"やあ"ろばーとがいいます。"やあ、こんにちはろばーと。入っておいで。"ぽーるが言います。ろばーとは部屋に入ります。

"yâ" robâto ga iimasu. "yâ, konnichiha robâto. haitte oide." pôru ga iimasu. Robâto ha heya ni hairimasu.

"でいびっど、彼の妹とぼくでどうぶつえんに行くんだ。ぼくたちと一緒に行かない。"ろばーとが質問します。"もちろん、ぼくも行くよ。"ぽーるが言います。ろばーととぽーるはおりんぴっくのばす停まで向かいます。そこで、でいびっどと彼の妹と会います。

"deibiddo, kare no imôto to boku de dôbutsuen ni iku n da. bokutachi to issho ni ikanai?" robâto ga shitsumon shimasu. "mochiron, boku mo iku yo!" pôru ga iimasu. robâto to pôru wa orinpikku no basutei made mukaimasu. sokode, deibiddo to kare no imôto to aimasu.

でいびっどの妹はまだ5歳です。彼女は小さな女の子で、えねるぎーに満ちています。彼女は動物が大好きです。でもなん

„Hallo", sagt Robert.

„Oh, hallo Robert. Komm rein", sagt Paul. Robert betritt das Zimmer.

„David, seine Schwester und ich gehen in den Zoo. Willst du mitkommen?", fragt Robert.

„Natürlich komme ich mit", sagt Paul.

Robert und Paul fahren bis zur Bushaltestelle Olympic. Dort sehen sie David und seine Schwester Nancy.

Davids Schwester ist erst fünf. Sie ist ein kleines Mädchen und voller Energie. Sie mag Tiere sehr gerne. Aber Nancy denkt,

しーは動物をおもちゃだと思っています。動物は彼女から逃げ出します。なぜなら、彼女は動物達をたくさんいじめるからです。彼女はしっぽや鼻を引っ張ったり、手やおもちゃで、たたいたりします。なんしーは犬と猫を家で飼っています。なんしーが家にいるときは、犬はべっどの下にいて、猫は本棚の上に座ります。そうすれば、彼女が触れないからです。なんしー、でいびっど、ろばーと、ぽーるは動物園に入ります。

deibiddo no imôto wa mada go-sai desu. kanojo wa chîsa na onnanoko de, enerugî ni michite imasu. kanojo wa dôbutsu ga daisuki desu. de mo nanshî ha dôbutsu o omocha da to omotte imasu. dôbutsu ha kanojo kara nigedashimasu. naze nara, kanojo wa dôbutsutachi o takusan ijimeru kara desu. kanojo wa shippo ya hana o hippattari, te ya omocha de, tataitari shimasu. nanshî wa inu to neko o ie de katte imasu. nanshî ga ie ni iru toki ha, inu wa beddo no shita ni ite, neko ha hondana no ue ni suwarimasu. sô sureba, kanojo ga furenai kara desu. nanshî, deibiddo, robâto, pôru ha dôbutsuen ni hairimasu.

動物園にはたくさんの動物達がいます。なんしーは喜んでいます。彼女はらい

dass Tiere Spielzeug sind. Die Tiere rennen vor ihr weg, weil sie sie sehr ärgert. Sie zieht sie am Schwanz oder am Ohr, schlägt sie mit der Hand oder mit einem Spielzeug. Zu Hause hat Nancy einen Hund und eine Katze. Wenn Nancy zu Hause ist, sitzt der Hund unter dem Bett und die Katze auf dem Bücherregal. So kann Nancy sie nicht kriegen. Nancy, David, Robert und Paul betreten den Zoo.

Im Zoo gibt es sehr viele Tiere. Nancy ist glücklich.

おんと虎へ向かって走って行きます。彼女は、自分の人形でしまうまをたたきます。彼女が猿のしっぽをとても強く引っ張るので、猿は皆泣きながら逃げて行きます。そして、なんしーはかんがるーを見つけます。かんがるーはばけつから水を飲みます。なんしーは微笑み、かんがるーのほうへとても静かにやってきます。そして

dôbutsuen niwa takusan no dôbutsutachi ga imasu. nanshî wa yorokonde imasu. kanojo wa raion to tora e mukatte hashitte ikimasu. kanojo wa, jibun no ningyô de shimauma o tatakimasu. sosite, kanojo ga saru no shippo o totemo tsuyoku hipparu no de, saru wa mina naki nagara nigete ikimasu. soshite, nanshî wa kangarû o mitsuke masu. kangarû wa baketsu kara mizu o nomimasu. nanshî wa hohoemi, kangarû no hô e totemo sizuka ni yatte kimasu. soshite …

"やあ。かんがるー。"なんしーは叫んで、しっぽを引っ張ります。かんがるーはなんしーを、大きく驚いた目で見ます。驚いてじゃんぷをしたので、水の入ったばけつが飛び上がり、なんしーに落ちます。水は、彼女の髪、顔、そして服を流れ落ちます。なんしーはび

Sie rennt zu den Löwen und Tigern. Sie schlägt das Zebra mit ihrer Puppe. Sie zieht so stark am Schwanz eines Affen, dass alle Affen schreiend wegrennen. Dann sieht Nancy ein Känguru. Das Känguru trinkt Wasser aus einem Eimer. Nancy lächelt und nähert sich dem Känguru langsam. Und dann…

„Hey!!! Kängruu-uu-uu!!", schreit Nancy und zieht es am Schwanz. Das Känguru sieht Nancy mit weit aufgerissenen Augen an. Vor Schreck macht es einen Satz, sodass der Wassereimer in die Luft fliegt und auf Nancy fällt. Wasser läuft über ihr Haar,

しょ濡れです。"とても悪いかんがるーね。ひどい。"彼女は泣きます。

"yâ!! kangarû!!" nanshî wa sakende, shippo o hipparimasu. kangarû wa nanshî o, ôkiku odoroita me de mimasu. odoroite janpu o shita no de, mizu no haitta baketsu ga tobi agari, nanshî ni ochimasu. mizu wa, kanojo no kami, kao, soshite fuku o nagare ochimasu. nanshî wa bishonure desu. "totemo warui kangarû ne! hidoi!" kanojo wa nakimasu.

何人かの人たちは微笑み、他の人たちは言います："かわいそうな女の子だね。"でいびっとはなんしーをつれて家へ帰ります。

nan-nin ka no hitotachi wa hohoemi, hoka no hitotachi wa iimasu : "kawaisô na onnanoko da ne." deibitto ha nanshî o tsurete ie e kaerimasu.

"動物をいじめちゃだめだよ。"でいびっどは言い、それからあいすくりーむを彼女にあげます。なんしーはあいすくりーむを食べます。"わかったよ。とても大きくて、怒っている動物とは遊ばない。"なんしーは考えます。"わたしは小さい動物とだけ遊ぶのよ"彼女はまた喜んでいます。

"dôbutsu o ijimecha dame da yo." deibiddo wa ii,

ihr Gesicht und ihr Kleid. Nancy ist ganz nass.

„Du bist ein böses Känguru! Böse!", ruft sie.

Einige Leute lächeln und einige Leute sagen: „Armes Mädchen." David bringt Nancy nach Hause.

„Du darfst die Tiere nicht ärgern", sagt David und gibt ihr ein Eis. Nancy isst das Eis.

„Okay, ich werde nicht mehr mit sehr großen und wütenden Tieren spielen", denkt Nancy. „Ich werde nur noch mit kleinen Tieren spielen." Sie ist wieder glücklich.

sorekara aisu kurîmu o kanojo ni agemasu. nanshî wa aisu kurîmu o tabemasu. "wakatta yo. totemo ôkiku te, okotte iru dôbutsu towa asobanai." nanshî wa kangaemasu. "watashi wa chîsai dôbutsu to dake asobuno yo" kanojo wa mata yorokon de imasu.

16

Die Audiodatei

パラシュートをする人
Die Fallschirmspringer

A

単語

1. あとで、あとに [ato de, ato ni] - nach
2. エアーショー [eâ shô] - die Flugschau
3. クラブ [kurabu] - der Verein
4. ゴム [gomu] - der Gummi
5. ズボン（複数）[zubon (fukusû)] - die Hose (Plural)
6. する、やる、行う [suru, yaru, okonau] - machen
7. 気軽に、あっさり [kigaru ni, assari] - einfach
8. チーム [chîmu] - die Mannschaft
9. ところで [tokoro de] - übrigens
10. トリック、技 [torikku, waza] - der Trick

11. なる [naru] - sein
12. パパ、お父さん [papa, otôsan] - Papa
13. パラシュート [parashûto] - der Fallschirm
14. パラシュートをする人 [parashûto o suru hito] - der Fallschirmspringer
15. メンバー [menbâ] - das Mitglied
16. もし [moshi] - wenn
17. 9 [kyû] - neun
18. 部；一部 [bu; ichi-bu] - der Teil; ein Teil
19. の上の、以上の、をこえた [no ue no, ijô no, o koe ta] - über
20. 上着 [uwagi] - die Jacke
21. 中に、中へ [naka ni, naka e] - in
22. 人命救助のトリック [jinmei kyûjo no torikku] - der Rettungstrick
23. 他の、別の [ta no, betsu no] - anderer/andere/anderes/andere
24. 信じる；自分の目を信じない [shinjiru; jibun no me o shinjinai] - glauben; seinen Augen nicht trauen
25. 命 [inochi] - das Leben
26. 屋根 [yane] - das Dach
27. 座席；座る [zaseki; suwaru] - der Sitz; sich setzen
28. 怒った [okotta] - wütend
29. 押す [osu] - werfen, stoßen
30. 捕まえる、掴む [tsukamaeru, tsukamu] - fangen
31. 操縦士、パイロット [sôjûshi, pairotto] - der Pilot
32. 救う、助ける [sukuu, tasukeru] - retten
33. 服 [fuku] - die Kleidung
34. 本当の、実際の [hontô no, jissai no] - wirklich, echt
35. 用意する、準備する [youi suru, junbi suru] - vorbereiten
36. パラシュート人形 [parashûto ningyô] - die Fallschirmspringerpuppe
37. 着る、身に着ける [kiru, mi ni tsukeru] - sich anziehen
38. 空中、空気、エアー [kûchû, kûki, eâ] - die Luft
39. 素敵な、すごい [suteki na, sugoi] - super, toll
40. 自身の [jishin no] - eigen
41. 落ちた [ochita] - abgestürzt
42. 落ちる [ochiru] - fallen
43. 観客 [kankyaku] - das Publikum
44. 訓練する、鍛える；訓練されている、鍛えられている [kunren suru, kitaeru; kunren sarete iru, kitaerarete iru] - trainieren; trainiert
45. 赤い [akai] - rot
46. 金属 [kinzoku] - das Metall
47. 閉じる、閉める [tojiru, shimeru] - schließen
48. 降りる [oriru] - aussteigen
49. 着陸する [chakuriku suru] - landen

50. 静かに、黙って [shizuka ni, damatte] - leise, ruhig

51. 飛行機 [hikôki] - das Flugzeug

52. 黄色い [kiiroi] - gelb

B

パラシュートをする人
parashûto o suru hito

朝です。ろばーとはぽーるの部屋へ行きます。
ぽーるは机に座り、何かを書いています。
ぽーるの猫、ふぇいばりっとはぽーるのべっどの上にいます。静かに眠っています。

asa desu. robâto wa pôru no heya e ikimasu. pôru wa tsukue ni suwari, nani ka o kaiteimasu. pôru no neko, feibaritto wa pôru no beddo no ue ni imasu. shizuka ni nemutte imasu.

"入っていいかい。"ろばーとが聞きます。
"やあ、ろばーと。入っておいで。元気。"ぽーるがこたえます。"元気だよ。ありがとう。君は元気。"ぽーるが言います。"元気だよ。ありがとう。座って。"ぽーるはこたえます。ろばーとはいすに座ります。

"haitte ii kai?" robâto ga kikimasu. "yâ, robâto. haitte oide. genki?" pôru ga kotaemasu. "genki da yo. arigatô. kimi wa genki?" pôru ga iimasu. "genki

Die Fallschirmspringer

Es ist Morgen. Robert kommt in Pauls Zimmer. Paul sitzt am Tisch und schreibt etwas. Pauls Katze Favorite sitzt auf Pauls Bett. Sie schläft ruhig.

„Kann ich reinkommen?", fragt Robert.

„Oh, Robert. Komm rein. Wie geht's dir?", antwortet Paul.

„Gut, danke. Und dir?", sagt Robert.

„Danke, auch gut. Setz dich", antwortet Paul.

Robert setzt sich auf einen Stuhl.

da yo. arigatô. suwatte." pôru wa kotaemasu. robâto wa isu ni suwarimasu.

"ぼくがぱらしゅーとくらぶのめんばーなのは知っているよね。今日、えあーしょーをやるんだ。"ろばーとが言います。"ぼくもしょーで、じゃんぷするんだ。"

"boku ga parashûto kurabu no menbâ na no wa shitteiru yo ne. kyô, eâshô o yaru n da." robâto ga iimasu. "boku mo shô de, janpu suru n da."

"とても面白そうだね。"ぽーるがこたえます。"えあーしょーを見に行くかも。""もし君がよければ、ぼくが君をそこまで連れて行くよ、そして君も一緒に飛行機にのれるよ。"ろばーとが言います。

"totemo omoshiro sô da ne." pôru ga kotaemasu. "eâ shô o mini iku ka mo." "moshi kimi ga yokereba, boku ga kimi o soko made tsureteiku yo, soshite kimi mo issho ni hikôki ni noreru yo." robâto ga iimasu.

"本当に。それはすごい。"ぽーるが叫びます。"えあーしょーは何時からかな。"

"hontô ni? sore wa sugoi!" pôru ga sakebimasu. "eâshô wa nan-ji kara ka na?"

„Du weißt doch, dass ich Mitglied in einem Fallschirmspringerverein bin. Wir haben heute eine Flugschau", sagt Robert. „Ich werde ein paar Sprünge machen".

„Das ist interessant", antwortet Paul. „Ich komme vielleicht zuschauen."

„Wenn du willst, kann ich dich mitnehmen und du kannst in einem Flugzeug mitfliegen", sagt Robert.

„Echt? Das wäre super!", ruft Paul. „Um wie viel Uhr ist die Flugschau?"

"しょーは午前１０時に始まるよ。"ろばーとがこたえます。"でいびっどもくるよ。ところで、ぼくたち、飛行機からぱらしゅーと人形を押しだすために助けが必要なんだ。手伝ってくれる。"

"shô ha gozen jû-ji ni hajimaru yo." robâto ga kotaemasu. "deibiddo mo kuru yo. tokoro de, bokutachi, hikôki kara parashûto ningyô o oshidasu tame ni tasuke ga hitsuyô na n da. tetsudatte kureru?"

„Sie fängt um zehn Uhr morgens an", antwortet Robert. „David kommt auch. Übrigens, wir brauchen Hilfe, eine Fallschirmspringerpuppe aus dem Flugzeug zu werfen. Kannst du helfen?"

"ぱらしゅーと人形。どうして。"ぽーるはおどろ驚いてたずねます。"ほら、しょーの一部だよ。"ろばーとは言います。"これは人命救助のとりっくなんだ。人形が落ちる。ここで、本物の人間が飛んできて人形を掴み、自身のぱらしゅーとを開く。"人"が救助されるんだ！"

"parashûto ningyô? dôshite?" pôru wa odoroite tazunemasu. "hora, shô no ichibu da yo." robâto wa iimasu. "kore wa jinmei kyûjo no torikku na n da. ningyô ga ochiru. koko de, honmono no ningen ga tonde kite ningyô o tsukami, jishin no parashûto o hiraku. "hito" ga kyûjo sareru n da!"

„Eine Fallschirmspringer-puppe? Warum?", fragt Paul überrascht.

„Ach, weißt du, das ist ein Teil der Schau", sagt Robert. „Es ist ein Rettungstrick. Die Puppe fällt herunter. In dem Moment fliegt ein echter Fallschirmspringer zu ihr, fängt sie und öffnet seinen eigenen Fallschirm. Der „Mann" ist gerettet!"

"すごいね。"ぽーるはこたえます。"手伝う

„Toll!", antwortet Paul. „Ich helfe. Lass uns gehen!"

よ。さあ、行こう。" ぽーるとろばーとは外へ出ます。彼らはおりんぴっくのばす停へ行きばすに乗ります。えあーしょーには、たったの１０分でつきます。彼らがばすを降りるときにでいびっどがみえます。

"sugoi ne!" pôru wa kotaemasu. "tetsudau yo. sâ, ikô!" pôru to robâto wa soto e demasu. karera wa orinpikku no basutei e iki basu ni norimasu. eâ shô niwa, tatta no jyup-pun de tsukimasu. karera ga basu o oriru toki ni deibiddo ga miemasu.

Paul und Robert gehen nach draußen. Sie kommen zur Bushaltestelle Olympic und nehmen einen Bus. Es dauert nur zehn Minuten bis zur Flugschau. Als sie aus dem Bus aussteigen, sehen sie David.

"やあ、でいびっど。" ろばーとが言います。
"飛行機へ行こう。"

"yâ, deibiddo." robâto ga iimasu. "hikôki e ikô."

„Hallo David", sagt Robert. „Lass uns zum Flugzeug gehen."

彼らは、飛行機でぱらしゅーとのちーむをみつけます。彼らはちーむのりーだーのところへ行きます。ちーむのりーだーは赤いずぼんと赤いうわぎ上着を着ています。

karera wa, hikôki de parashûto no chîmu o mitsukemasu. karera wa chîmu no rîdâ no tokoro e ikimasu. chîmu no rîdâ wa akai zubon to akai uwagi o kite imasu.

Beim Flugzeug sehen sie eine Fallschirmspringermannschaft. Sie kommen zum Führer der Mannschaft. Der Führer der Mannschaft hat eine rote Hose und eine rote Jacke an.

"こんにちは、まーてぃん。" ろばーとは言います。"ぽーるとでいびっどが人命救助の

„Hallo Martin", sagt Robert. „Paul und David helfen beim

"とりっくの手伝いをしてくれるよ。"

"konnichiwa, mâtin." robâto wa iimasu. "pôru to deibiddo ga jinmei kyûjo no torikku no tetsudai o shite kureru yo."

"わかった。人形はここだよ。"まーてぃんが言います。彼は、人形を彼らに渡します。人形は赤いずぼんと赤い上着を着ています。

"wakatta. ningyô wa koko da yo." mâtin ga iimasu. kare wa, ningyô o karera ni watashimasu. ningyô wa akai zubon to akai uwagi o kite imasu.

"人形は君と同じような服を着ているね。"でいびっどがまーてぃんに笑いながら言います。"それについて話している時間はないんだ。"まーてぃんが言います。"飛行機の中にそれを持って行って。"

"ningyô ha kimi to onaji yô na fuku o kite iru ne" deibiddo ga mâtin ni warai nagara iimasu. "sore ni tsui te hanashite iru jikan ha nai n da." mâtin ga iimasu. "hikôki no naka ni sore o motte itte."

ぽーるとでいびっどは、人形を飛行機の中に持って行きます。彼らはぱいろっとのとな

Rettungstrick."

„Okay. Hier ist die Puppe", sagt Martin. Er gibt ihnen die Fallschirmspringer-puppe. Die Puppe trägt eine rote Hose und eine rote Jacke.

„Sie trägt die gleiche Kleidung wie du", sagt David und grinst Martin an.

„Wir haben keine Zeit, darüber zu reden", sagt Martin. „Nehmt sie mit in dieses Flugzeug."

Paul und David bringen die Puppe ins Flugzeug. Sie

すわりに座ります。ぱらしゅーとちーむのりーだー以外の全員は飛行機へ乗り込みます。彼らはどあを閉じます。5分後、飛行機は空中にいます。飛行機がさんふらんしすこの上を飛ぶとき、でいびっどは自分の家をみつけます。

pôru to deibiddo wa, ningyô o hikôki no naka ni motte ikimasu. karera wa pairotto no tonari ni suwarimasu. parashûto chîmu no rîdâ igai no zen'in wa hikôki e norikomimasu. karera wa doa o tojimasu. go-fun go, hikôki wa kûchû ni imasu. hikôki ga san sanfuranshisuko no ue o tobu toki, deibiddo wa jibun no ie o mitsukemasu.

setzen sich neben den Piloten. Die ganze Fallschirmspringermannschaft außer ihrem Führer besteigt das Flugzeug. Sie schließen die Tür. Nach fünf Minuten ist das Flugzeug in der Luft. Als es über San Francisco fliegt, sieht David sein Haus.

"みて。あれ、ぼくの家。"でいびっどが叫びます。ぽーるは、通り、広場そして街の公園を窓越しにのぞきます。飛行機で飛ぶのは素晴らしい!"じゃんぷする準備をして!"ぱいろっとが叫びます。ぱらしゅーとする人達は立ち上がります。彼らはどあを開けます。"10、9、8、7、6、5、4、3、2、1。行くんだ。"ぱいろっとが叫びます。

"mite! are, boku no ie!" deibiddo ga sakebimasu. pôru wa, tôri, hiroba soshite machi no kôen o mado goshi ni nozokimasu. hikôki de tobu no wa subarashii!

"Schau! Da ist mein Haus!", ruft David.

Paul sieht aus dem Fenster auf Straßen, Plätze und Parks. Es ist toll, in einem Flugzeug zu fliegen!

"Zum Sprung bereit machen!", ruft der Pilot. Die Fallschirmspringer stehen auf. Sie öffnen die Tür.

"Zehn, neun, acht, sieben, sechs, fünf, vier, drei, zwei, eins! Los!", ruft der Pilot.

"janpu suru junbi o shite!" pairotto ga sakebimasu. parashûto suru hitotachi wa tachiagarimasu. karera wa doa o akemasu. "jû, kyû, hachi, nana, roku, go, yon, san, ni, ichi. iku n da!" pairotto ga sakebimasu.

ぱらしゅーとをする人達は飛行機から飛び降り始めます。陸上の観客は、赤、緑、白、青、黄色のぱらしゅーとを見つけます。とても綺麗です。ぱらしゅーとちーむのりーだーのまーてぃんも見上げています。ぱらしゅーとをしょった人達は降下をしていて、何人かはすでに着陸しています。

Die Fallschirmspringer beginnen, aus dem Flugzeug zu springen. Das Publikum auf dem Boden sieht rote, grüne, weiße, blaue und gelbe Fallschirme. Es sieht sehr schön aus. Martin, der Führer der Mannschaft, schaut auch nach oben. Die Fallschirmspringer fliegen nach unten und einige landen bereits.

parashûto o suru hitotachi wa hikôki kara tobiori hajimemasu. rikujô no kankyaku wa, aka, midori, shiro, ao, kiiro no parashûto o mitsukemasu. totemo kirei desu. parashûto chîmu no rîdâ no mâtin mo miagete imasu. parashûto o shotta hitotachi wa kôka o shite ite, nan-nin ka wa sudeni chakuriku shite imasu.

"おっけー。きみたち、よくやったね。"まーてぃんは言い、近くのかふぇへこーひーをのみにいきます。えあーしょーは続きます。"人命救助のとりっくの準備をして。"ぱいろっとが叫びます。でいびっどとぽーるは、人形をどあまで持って行きます。"１０、

"Okay, gute Arbeit, Jungs", sagt Martin und geht in ein Café in der Nähe, um Kaffee zu trinken.

Die Flugschau geht weiter.

"Für den Rettungstrick bereit machen!", ruft der Pilot.

David und Paul bringen die

9、8、7、6、5、4、3、2、1。行くんだ。"ぱいろっとが叫びます。

"ôkê. kimitachi, yoku yatta ne." mâtin wa ii, chikaku no kafe e kôhî o nomini ikimasu. eâshô wa tsuzukimasu. "jinmei kyûjo no torikku no junbi o shite!" pairotto ga sakebimasu. deibiddo to pôru wa, ningyô o doa made motte ikimasu. "jû, kyû, hachi, nana, roku, go, yon, san, ni, ichi. iku n da!" pairotto ga sakebimasu.

ぽーるとでいびっどは、人形をどあから押します。出て行ったのですが、引かかったまま止まっています。飛行機の金属部品に、ごむの"手"が引っかかっています。

pôru to deibiddo wa, ningyô o doa kara oshimasu. dete itta no desu ga, hikkakatta mama tomatte imasu. hikôki no kinzoku buhin ni, gomu no "te" ga hikkakatte imasu.

"行って、行って。"ぱいろっとが叫びます。男の子達は、全ての力を使ってぱらしゅーと人間を押しますが、離すことができません。

"itte, itte!" pairotto ga sakebimasu. otokonokotachi wa, subete no chikara o tukatte ningyô o oshimasu ga, hanasu koto ga dekimasen.

Puppe zur Tür.

„Zehn, neun, acht, sieben, sechs, fünf, vier, drei, zwei, eins! Los!", ruft der Pilot.

Paul und David stoßen die Puppe aus der Tür. Sie fällt heraus, bleibt dann aber hängen. Ihre Gummihand ist an einem Metallteil des Flugzeugs hängen geblieben.

„Los, auf, Jungs!", ruft der Pilot.

Die Jungs ziehen mit aller Kraft an der Puppe, aber sie bekommen sie nicht los.

陸上の観客は赤い服を着た人が飛行機のどあにいるのを見つけます。別の2人の男性が、その男を押しだそうとしています。彼らは自分たちが見ているものを信じることができません。それは1分ほど続きます。そして、赤い服を着た人が落ちてきます。ぱらしゅーとをしょった別の人が飛行機から飛んできて、彼を掴もうとします。しかし彼は掴むことができません。赤い服の人は落ちて行きます。かふぇの屋根を抜けて中へ落ちます。観客は静かにみつめます。そして人々はかふぇの外を赤い服の男が走っているのをみつけます。この赤い服の男はまーてぃん、ぱらしゅーとちーむの部長です。しかし、観客は、彼は落ちてきた人だと考えています。彼は見上げて、怒ったように叫びます。"もし、人を掴むことができないのなら、試さないでよ。"

rikujô no kankyaku wa akai fuku o kita hito ga hikôki

Das Publikum unten auf dem Boden sieht einen Mann in Rot gekleidet in der Flugzeugtür. Zwei andere Männer versuchen, ihn herauszustoßen. Die Leute trauen ihren Augen nicht. Es dauert etwa eine Minute. Dann fällt der Fallschirmspringer in Rot nach unten. Ein anderer Fallschirmspringer springt aus dem Flugzeug und versucht, ihn zu fangen. Aber er schafft es nicht. Der Fallschirmspringer in Rot fällt weiter. Er fällt durch das Dach in das Café. Das Publikum sieht schweigend zu. Dann sehen die Leute einen in rot gekleideten Mann aus dem Café rennen. Der Mann in Rot ist Martin, der Führer der Fallschirmspingermannschaft. Aber das Publikum denkt, dass er der abgestürzte Fallschirmspringer ist. Er schaut nach oben und ruft wütend: „Wenn ihr einen Mann nicht fangen könnt, dann versucht es nicht!"

no doa ni iru no o mitsukemasu. betsu no futari no dansei ga, sono otoko o oshidasô to shite imasu. karera wa jibun tachi ga mite iru mono o shinjiru koto ga dekimasen. sore wa ip-pun hodo tsuzukimasu. soshite, akai fuku o kita hito ga ochite kimasu. parashûto o sho tta betsu no hito ga hikôki kara tonde kite, kare o tsukamô to shimasu. shikashi kare wa tsukamu koto ga dekimasen. akai fuku no hito wa ochite ikimasu. kafe no yane o nukete naka e ochimasu. kankyaku wa shizuka ni mitsumemasu. soshite hitobito wa kafe no soto o akai fuku no otoko ga hashitte iru no o mitsukemasu. kono akai fuku no otoko wa mâtin, parashûto chîmu no buchô desu. shikashi, kankyaku wa, kare wa ochite kita hito da to kangaete imasu. kare wa miagete, okotta yô ni sakebimasu. "moshi, hito o tsukamu koto ga dekinai no nara, tamesanaide yo!"

観客は黙っています。"ぱぱ、この人はとても強いね。"小さな女の子がお父さんに言います。"彼はとても鍛えられているね。"お父さんはこたえます。えあーしょーのあと、ぽーるとでいびっどはろばーとのところへ行きます。"ぼくたちの仕事、どうだった？"でいびっどがききます。"ええと...ああ、とてもよかったよ。ありがとう。"ろばーとがこたえます。"もし助けが必要だったら、言ってね。"ぽーるが言います。

kankyaku wa damatte imasu. "papa, kono hito wa totemo tsuyoi ne." chîsa na onnanoko ga otôsan ni

Das Publikum ist still.

„Papa, dieser Mann ist sehr stark", sagt ein kleines Mädchen zu ihrem Vater.

„Er ist gut trainiert", antwortet der Vater.

Nach der Flugschau gehen David und Paul zu Robert.

„Wie war unsere Arbeit?", fragt David.

„Ähm...Oh, sehr gut. Danke", antwortet Robert.

„Wenn du Hilfe brauchst, sag es einfach", sagt Paul.

iimasu. "kare wa totemo kitaerarete iru ne." otôsan wa kotaemasu. eâshô no ato, pôru to deibiddo wa robâto no tokoro e ikimasu. "bokutachi no shigoto, dô datta?" deibiddo ga kikimasu. "êto... â, totemo yokatta yo. arigatô." robâto ga kotaemasu. "moshi tasuke ga hitsuyô naraba, itte ne!" pôru ga iimasu.

17

Die Audiodatei

ガスを消して！
Mach das Gas aus!

A

単語

1. なる、（これから）する [naru,（korekara） suru] - werden
2. １１ [jû-ichi] - elf
3. ２０ [ni-jû] - zwanzig
4. ４４ [yon-jû-yon] - vierundvierzig
5. 見知らぬ、おかしな、変な [mishiranu, okashi na, hen na] - fremd
6. ガス [gasu] - das Gas
7. キロメートル(km) [kiromêtoru (km)] - der Kilometer
8. サンドイッチ [sandoicchi] - das Butterbrot, das Sandwich
9. ずるい、いたずらに [zurui, itazura ni] - schlau
10. だから、では [dakara, dewa] - deswegen

11. チケット、券 [chiketto, ken] - die Fahrkarte
12. つける [tsukeru] - anmachen
13. あける [akeru] - aufmachen
14. やかん [yakan] - der Kessel
15. 一方で、その間に [ippô de, sono kan ni] - in der Zwischenzeit
16. 一瞬、その時、その瞬間 [isshun, sono toki, sono shunkan] - der Moment
17. 今すぐに [ima sugu ni] - sofort
18. 住んでいる [sunde iru] - ohnhaft
19. 全て、全部 [subete, zenbu] - alles
20. 受話器 [juwaki] - der Telefonhörer, der Hörer
21. 命令する、言いつける [meirei suru, iitsukeru] - befehlen
22. 固まる、凍える、凍る [katamaru, kogoeru, kôru] - erstarren
23. 声 [koe] - die Stimme
24. 幼稚園 [yôchien] - der Kindergarten
25. 広がる、移る [hirogaru, utsuru] - übergreifen
26. 忘れる [wasureru] - vergessen
27. 暖かい [atatakai] - warm
28. 暖める [atatameru] - wärmen, aufwärmen
29. 細かい、注意深い [komakai, chûibukai] - sorgfältig
30. 気持ち、感覚、思い [kimochi, kankaku, omoi] - das Gefühl
31. 消す [kesu] - ausmachen
32. 満たす、いっぱいにする [mitasu, ippai ni suru] - füllen
33. 火 [hi] - das Feuer
34. 猫 [neko] - die Miezekatze
35. 秘書 [hisho] - die Sekretärin
36. 突然 [totsuzen] - plötzlich
37. 素早く、速く [subayaku, hayaku] - schnell
38. 蛇口 [jaguchi] - der Wasserhahn
39. 言う、伝える [iu, tsutaeru] - informieren
40. 誰 [dare] - wer
41. 鳴る; 電話が鳴る [naru; denwa ga naru] - klingeln; das Telefon klingelt
42. 電話する [denwa suru] - telefonieren, anrufen
43. 電車 [densha] - der Zug
44. 電車の駅 [densha no eki] - der Bahnhof
45. 青白い [aojiroi] - blass

B

ガスを消して！
gasu o keshi te!

朝7時です。でいびっどとなんしーは眠っています。彼らの母はきっちんにいます。母の名前はりんだです。りんだは44歳です。彼女は注意深い女性です。りんだは仕事に行く前にきっちんを掃除します。彼女は秘書です。彼女はさんふらんしすこから20きろめーとる離れたところで働いています。りんだはふだん電車で仕事に行きます。

asa shichi-ji desu. deibiddo to nanshî wa nemutte imasu. karera no haha wa kicchin ni imasu. haha no namae wa rinda desu. rinda wa yon-jû-yon-sai desu. kanojo wa chûibukai josei desu. rinda wa shigoto ni iku mae ni kicchin o sôji shimasu. kanojo wa hisho desu. kanojo wa san sanfuranshisuko kara ni-juk-kiro mêtoru hanareta tokoro de hataraite imasu. rinda wa fudan densha de shigoto ni ikimasu.

彼女は外に出ます。電車の駅は近くなので、りんだはそこへ歩いて行きます。

Mach das Gas aus!

Es ist sieben Uhr morgens. David und Nancy schlafen. Ihre Mutter ist in der Küche. Die Mutter heißt Linda. Linda ist vierundvierzig. Sie ist eine sorgfältige Frau. Linda putzt die Küche, bevor sie zur Arbeit geht. Sie ist Sekretärin. Sie arbeitet zwanzig Kilometer außerhalb von San Francisco. Linda fährt normalerweise mit dem Zug zur Arbeit.

Sie geht nach draußen. Der Bahnhof ist in der Nähe, deswegen geht Linda zu Fuß dorthin. Sie kauft eine

彼女はちけっとを買って、電車に乗ります。仕事へ行くのに２０分ほどかかります。りんだは電車に座り、窓の外をみつめます。

kanojo wa soto ni demasu. densha no eki wa chikaku na no de, rinda wa soko e aruite ikimasu. kanojo wa chiketto o katte, densha ni norimasu. shigoto e iku no ni ni-jup-pun hodo kakarimasu. rinda wa densha ni suwari, mado no soto o mitsumemasu.

突然彼女は凍り付きます。やかん！こんろにおいたままで、彼女はがすを消し忘れたのです！でいびっどとなんしーは眠っています。火は家具へ広がって、そして...りんだは青白くなります。しかし、彼女は頭の良い女性で、どうすべきか簡単にわかります。彼女はとなりに座る女性と男性に、彼女の家へ電話をしてでいびっとにやかんのことを伝えるよう頼みます。

totsuzen kanojo wa kôritsukimasu. yakan! konro ni oita mama de, kanojo wa gasu o keshi wasureta no desu! deibiddo to nanshî wa nemutte imasu. hi wa

Fahrkarte und steigt ein. Es dauert etwa zwanzig Minuten bis zu ihrer Arbeit. Linda sitzt im Zug und schaut aus dem Fenster.

Plötzlich erstarrt sie. Der Kessel! Er steht auf dem Herd und sie hat vergessen, das Gas auszumachen. David und Nancy schlafen. Das Feuer kann auf die Möbel übergreifen und dann... Linda wird blass. Aber sie ist eine intelligente Frau und kurz darauf weiß sie, was zu tun ist. Sie bittet eine Frau und einen Mann, die neben ihr sitzen, bei ihr zu Hause anzurufen und David über den Kessel zu informieren.

kagu e hirogatte, soshite... rinda wa aojiroku narimasu. shikashi, kanojo wa atama no yoi josei de, dô subeki ka kantan ni wakarimasu. kanojo wa tonari ni suwaru josei to dansei ni, kanojo no ie e denwa o shite deibitto ni yakan no koto o tsutaeru yô tanomimasu.

一方、でいびっどは起き上がり、顔を洗い、きっちんへ行きます。彼はでーぶるからやかんを取り、水で満たし、こんろに置きます。そして彼はぱんとばたーを取りさんどいっちを作ります。なんしーがきっちんへ入ってきます。

ippô, deibiddo wa okiagari, kao o arai, kicchin e ikimasu. kare wa têburu kara yakan o tori, mizu de mitashi, konro ni okimasu. soshite kare wa pan to batâ o tori sandoicchi o tsukurimasu. nanshî ga kicchin e haitte kimasu.

In der Zwischenzeit steht David auf, wäscht sich und geht in die Küche. Er nimmt den Kessel vom Tisch, füllt ihn mit Wasser und stellt ihn auf den Herd. Dann nimmt er Brot und Butter und macht Butterbrote. Nancy kommt in die Küche.

"わたしの猫はどこ？" 彼女はききます。
"知らないよ。" でいびっどがこたえます。"お手洗いに行って、顔を洗っておいで。今からお茶をのんで、さんどいっちをたべるよ。それからぼくが幼稚園に連れて行くよ。"
なんしーは洗いたくありません。"わたし、蛇口を開けられないの。" 彼女は

„Wo ist meine kleine Miezekatze?", fragt sie.

„Ich weiß es nicht", antworte David. „Geh ins Bad und wasch dein Gesicht. Wir trinken jetzt Tee und essen Brote. Dann bring ich dich in den Kindergarten."

Nancy will sich nicht waschen. „Ich kann den Wasserhahn

意地悪そうに言います。"ぼくが手伝うよ"彼女の兄が言います。その時、電話が鳴ります。なんしーは素早く電話へ走り、受話器を取ります。

"watashi no neko wa doko?" kanojo wa kikimasu.
"shiranai yo." deibiddo ga kotaemasu. "otearai ni itte, kao o aratte oide. ima kara ocha o nonde, sandoicchi o taberu yo. sorekara boku ga yôchien ni tsurete iku yo." nanshî wa araitaku arimasen.
"watashi, jaguchi o akerarenai no." kanojo wa ijiwaru sô ni iimasu. "boku ga tetsudau yo" kanojo no ani ga iimasu.

sono toki, denwa ga narimasu. nanshî wa subayaku denwa e hashiri, juwaki o torimasu.

"もしもし、こちら動物園です。誰ですか。"彼女はいいます。でいびっどは受話器を彼女から取って、言います。"もしもし、でびっどです。" "くいーん通り1番地に住んでいるでびっど・ついーたーさんですか。"見知らぬ女性の声がたずねます。"はい。"でいびっどはこたえます。

"moshimoshi, kochira dôbutsuen desu. dare desu ka?" kanojo wa iimasu. deibiddo wa juwaki o kanojo kara totte, iimasu. "moshimoshi, debiddo desu." "kuîn dôri jû-ichi-banchi ni sunde iru

nicht anmachen", sagt sie schlau.

„Ich helfe dir", sagt ihr Bruder. In diesem Moment klingelt das Telefon. Nancy rennt schnell zum Telefon und nimmt den Hörer ab.

„Hallo, hier ist der Zoo. Und wer ist da?", sagt sie. David nimmt ihr den Hörer weg und sagt: „Hallo, David hier."

„Bist du David Tweeter, wohnhaft in der Queen Straße elf?", fragt die Stimme einer fremden Frau.

„Ja", antwortet David.

deibiddo tsuîtâ san desu ka?" mishiranu josei no koe ga tazunemasu. "hai." deibiddo wa kotaemasu.

"今すぐきっちんへ行って、がすを消してください。"女性の声が叫びます。"あなたはどなたですか？なぜぼくががすを消さなければならないのですか？"でいびっどが驚いて言います。"今すぐ消してください。"その声がいいつけます。

"imasugu kicchin e itte, gasu o keshite kudasai!" josei no koe ga sakebimasu. "anata wa donata desu ka? naze boku ga gasu o kesanakereba naranai no desu ka?" deibiddo ga odoroite iimasu. "imasugu keshite kudasai!" sono koe ga iitsukemasu.

でいびっどはがすを消します。なんしーとでいびっどは驚いてやかんを見ます。"わからないよ。"でいびっどが言います。"どうして、この女性はぼくたちがお茶を飲もうとしていたのを知ることができたんだ。" "わたし、お腹すいた。"彼の妹は言います。"わたしたち、いつたべるの。" "ぼくもお腹すいたよ。"でいびっどはそう言い、がすを

„Geh sofort in die Küche und mach das Gas aus", ruft die Stimme der Frau.

„Wer sind Sie? Warum soll ich das Gas ausmachen?", fragt David überrascht.

„Mach es jetzt!", befielt die Stimme.

David macht das Gas aus. Nancy und David sehen verwundert auf den Kessel.

„Ich verstehe das nicht", sagt David. „Woher weiß diese Frau, dass wir Tee trinken wollten?"

„Ich habe Hunger", sagt seine Schwester. „Wann essen wir?"

„Ich habe auch Hunger", sagt David und macht das Gas wieder an. In diesem Moment

再びつけます。このとき また 電話 が 鳴ります。

deibiddo wa gasu o keshimasu. nanshî to deibiddo wa odoroite yakan o mimasu. "wakaranai yo." deibiddo ga iimasu. "dôshite, kono josei wa bokutachi ga ocha o nomou to shite ita no o shiru koto ga dekita n da?" "watashi, onaka suita." kare no imôto wa iimasu. "watashitachi, itsu taberu no?" "boku mo onaka suita yo." deibiddo wa sô ii, gasu o futatabi tsukemasu. kono toki mata denwa ga narimasu.

"もしもし。" でいびっどが言います。 "くいーん通り１１番地に住んでいるでいびっど・ついーたーさんですか。" 見知らぬ男性の声がたずねます。 "はい。" でいびっどがこたえます。

"moshimoshi." deibiddo ga iimasu. "kuîn dôri jû-ichi- banchi ni sunde iru deibiddo tsuîtâ san desu ka?" mishiranu dansei no koe ga tazunemasu. "hai." deibiddo ga kotaemasu.

"今すぐきっちんへ行って、こんろのがすを消してください。気をつけて。" その声は命令します。 "わかりました。" でいびっどはそう言い、再びがすを消します。 "さあ、幼稚園へ行こう。" でいびっどは、

klingelt das Telefon wieder.

„Hallo", sagt David.

„Bist du David Tweeter, wohnhaft in der Queen Straße elf?", fragt die Stimme eines fremden Mannes.

„Ja", antwortet David.

„Mach sofort das Gas aus! Sei vorsichtig!", befiehlt die Stimme.

„Okay", sagt David und macht das Gas wieder aus.

„Lass uns in den Kindergarten

今日はお茶は飲まないなと感じながら、なんしーに言います。"やだ。お茶とばたーが塗られたぱんが欲しいの。"なんしーは怒って言います。

"imasugu kicchin e itte, konro no gasu o keshite kudasai! ki o tsukete!" sono koe wa meirei shimasu. "wakarimashita." deibiddo wa sô ii, futatabi gasu o keshimasu. "sâ, yôchien e ikô." deibiddo wa, kyô wa ocha wa nomanai na to kanji nagara, nanshî ni iimasu. "ya da. ocha to batâ ga nurareta pan ga hoshii no." nanshî wa okotte iimasu.

"よし、じゃあやかんをもう一度暖めてみよう。"彼女の兄はそう言い、またがすをつけます。電話がまた鳴り、今回は彼らの母親ががすを消すように言いつけます。そして彼女は全てを説明します。最後には、なんしーとでいびっどはお茶を飲み幼稚園へ行きます。

"yoshi, jâ yakan o mô ichido atatamete miyô." kanojo no ani wa sô ii, mata gasu o tsukemasu. denwa ga mata nari, konkai wa karera no hahaoya ga gasu o kesu yô ni iitsukemasu. soshite kanojo wa subete o setsumei shimasu. saigo niwa, nanshî to deibiddo wa ocha o nomi yôchien e ikimasu.

gehen", sagt David zu Nancy in dem Gefühl, dass sie heute keinen Tee trinken werden.

„Nein. Ich will Tee und Brot mit Butter", sagt Nancy wütend.

„Gut, lass uns versuchen, den Kessel wieder zu wärmen", sagt ihr Bruder und stellt das Gas an.

Das Telefon klingelt und dieses Mal befiehlt ihre Mutter, das Gas abzustellen. Dann erklärt sie alles. Endlich trinken Nancy und David Tee und gehen in den Kindergarten.

18

Die Audiodatei

職業紹介所

Eine Arbeitsvermittlung

A

単語

1. 15 [jû-go] - fünfzehn
2. 60 [roku-jû] - sechzig
3. お互いを知る [otagai o shiru] - sich kennen
4. ケーブル [kêburu] - das Kabel
5. 電線、電気コード [densen, denki kôdo] - das Stromkabel
6. コンサルタント [konsarutanto] - der Berater
7. だった [datta] - war
8. ひどい、命とりの [hidoi, inochitori no] - tödlich
9. ポジション、場所 [pojishon, basho] - die Position
10. また、同じく [mata, onajiku] - auch
11. マットレス [mattoresu] - die Matratze
12. 個別に、別々に [kobetsu ni, betsubetsu ni] - einzeln

13. 皆、全ての、全部の [mina, subete no, zenbu no] - alle
14. 出版社 [shuppansha] - der Verlag
15. 助手 [joshu] - der Helfer
16. ３０分 [san-jip-pun] - dreißig Minuten, eine halbe Stunde
17. 同じ [onaji] - der/die/das Gleiche
18. 同時に [dôji ni] - gleichzeitig
19. と同じように、同じ程度に [to onaji yô ni, to onaji teido ni] - wie
20. 同意する [dôi suru] - einverstanden sein
21. 床 [yuka] - der Boden
22. 強い、強く [tsuyoi, tsuyoku] - stark
23. 心配しないで！ [shinpai shinaide!] - Mach dir keinen Kopf!
24. 心配する [shinpai suru] - sich Sorgen machen
25. 手作業 [tesagyô] - die Handarbeit
26. 震える [furueru] - zittern
27. 推薦する [suisen suru] - empfehlen
28. 番号 [bangô] - die Nummer
29. 毎時、１時間ごと [maiji, ichi-jikan goto] - pro Stunde
30. 注意してきく、注意深くきく [chûi shitekiku, chûibukaku kiku] - zuhören
31. 注意深く [chûibukaku] - vorsichtig
32. 混乱した [konran shita] - verwirrt
33. 物語、ストーリー [monogatari, sutôrî] - die Geschichte
34. 町 [machi] - die Stadt
35. 白髪の [hakuhatsu no] - grauhaarig
36. 相談にのる [sôdan ni noru] - beraten
37. 真剣に [shinken ni] - ernsthaft
38. 精神作業 [seishinsagyô] - die Kopfarbeit
39. 経験 [keiken] - die Erfahrung
40. 腕 [ude] - der Arm
41. 通じる [tûjiru] - führen
42. 電気の [denki no] - elektrisch
43. 電流 [denryû] - der Strom

B

職業紹介所
shokugyô shôkaijo

ある日、ぽーるはろばーとの部屋へ行き、彼の
ともだち　　　　　うえ　ふる
友達がべっどの上で震えているのをみつけま

Eine Arbeitsvermittlung

Eines Tages kommt Paul in Roberts Zimmer und sieht seinen Freund zitternd auf dem Bett liegen. Paul sieht einige

す。ぽーるは、ろばーとから電気やかんまで続じている電気こーどをみつけます。ぽーるはろばーとがひどい感電を受けていると考えます。彼は急いでべっどへ行き、まっとれすを掴み、強く引きます。ろばーとは床へ落ちます。そして彼は立ち上がって、ぽーるを驚きの目でみます。

aru hi, pôru wa robâto no heya e iki, kare no tomodachi ga beddo no ue de furuete iru no o mitsukemasu. pôru wa, robâto kara denki yakan made tûjite iru denki kôdo o mitsukemasu. pôru wa robâto ga hidoi kanden o ukete iru to kangaemasu. kare wa isoide beddo e iki, mattoresu o tsukami, tsuyoku hikimasu. robâto wa yuka e ochimasu. soshite kare wa tachiagatte, pôru o odoroki no me de mimasu.

"何だったの。"ろばーとがききます。"君は電流をうけていたんだ。"ぽーるが言います。

"ちがうよ、音楽をきいていたんだよ。"ろばーとがそう言い、彼のCDぷれーやーをみせます。

"わぁ、ごめん。"ぽーるは言います。彼は混乱しています。"大丈夫だよ。心配しないで。"ろばーとは静かに言い、ずぼんを綺麗にしています。"でいびっどとぼくは

Stromkabel, die von Robert zum Wasserkocher führen. Paul glaubt, dass Robert einen tödlichen Stromschlag abbekommen hat. Er geht schnell zum Bett, nimmt die Matratze und zieht stark daran. Robert fällt auf den Boden. Dann steht er auf und sieht Paul verwundert an.

„Was war das denn?", fragt Robert.

„Du standest unter Strom", sagt Paul.

„Nein, ich habe Musik gehört", sagt Robert und zeigt auf seinen CD-Spieler.

„Oh, Entschuldigung", sagt Paul. Er ist verwirrt.

„Schon gut, mach dir keinen Kopf", sagt Robert ruhig und macht seine

職業紹介所へいくんだ。ぼくたちと一緒にいく？"ぽーるが聞きます。"もちろん。さあ、一緒にいこう。"ろばーとが言います。

"nan datta no?" robâto ga kikimasu. "kimi wa denryû o ukete ita n da." pôru ga iimasu. "chigau yo, ongaku o kiite ita n da yo." robâto ga sô ii, kare no shîdî purêyâ o misemasu. "wâ, gomen." pôru wa iimasu. kare wa konran shite imasu. "daijôbu da yo. shinpai shinai de!" robâto wa shizuka ni ii, zubon o kirei ni shite imasu.

"deibiddo to boku wa shokugyô shôkaijo e iku n da. bokutachi to issho ni iku?" pôru ga kikimasu. "mochiron. sâ, issho ni ikô." robâto ga iimasu.

彼らは外に出て、7番のばすに乗ります。職業紹介所へ行くのに、15分ほどかかります。でいびっどはすでにそこにいます。彼らは建物の中へ入ります。職業紹介所の前には長い列ができています。彼らは列に並びます。30分後、建物の中に入ります。部屋の中にはいす一個と本棚がいくつかあります。白髪の男性が机に座っています。彼は60歳くらいです。

karera wa soto ni dete, nana ban no basu ni norimasu. shokugyô shôkaijo e iku no ni, jû-go-fun hodo

Hose sauber.

„David und ich gehen zu einer Arbeitsvermit-tlung. Willst du mitkommen?", fragt Paul.

„Klar, lass uns zusammen gehen", sagt Robert.

Sie gehen nach draußen und nehmen den Bus Nummer 7. Sie brauchen etwa fünfzehn Minuten bis zur Arbeitsvermittlung. David ist schon dort. Sie betreten das Gebäude. Vor dem Büro der Arbeitsvermittlung ist eine lange Schlange. Sie stellen sich an. Nach einer halben Stunde betreten sie das Büro. Im Zimmer sind ein Stuhl und ein paar Bücherregale. Am Tisch sitzt ein grauhaariger Mann. Er ist etwa sechzig.

kakarimasu. deibiddo wa sudeni soko ni imasu. karera wa tatemono no naka e hairimasu. shokugyô shôkaijo no mae niwa nagai retsu ga dekite imasu. karera wa retsu ni narabimasu. san-jup-pun go, tatemono no naka ni hairimasu. heya no naka niwa isu hitotsu to hondana ga ikutsu ka arimasu. hakuhatsu no dansei ga tsukue ni suwatte imasu. kare wa roku-jus-sai kurai desu.

"君たち、入ってください！"彼はふれんどりーに言います。"座ってください。"でいびっど、ろばーと、ぽーるは座ります。"私の名前はじょーじ・えすてぃめーたーです。わたしがじょぶこんさるたんとです。通常、訪問者とはこべつにお話をします。しかし、あなたたちは皆学生で、お互いを知っているようなので、全員一緒に相談にのります。同意しますか？" "はい。"でいびっどが言います。"ぼくたちは毎日3時間か4時間空き時間があります。その時間にできる仕事を必要としているのです。"

"kimitachi, haitte kudasai!" kare wa furendorî ni iimasu. "suwatte kudasai." deibiddo, robâto, pôru wa suwarimasu. "watashi no namae ha jôji esutimêtâ desu. watashi ga jobukonsarutanto desu. tsûjô, hômonsha to wa kobetsu ni ohanashi o shimasu. shikashi, anatatachi wa mina gakusei de, otagai o shitte iru yô na no de, zen'in issho ni sôdan ni norimasu. dôi shimasu ka?" "hai."

„Kommt rein, Jungs", sagt er freundlich. „Setzt euch, bitte".

David, Robert und Paul setzen sich.

„Ich bin Georg Estimator. Ich bin Arbeitsberater. Normalerweise spreche ich einzeln mit Besuchern. Aber da ihr alle Studenten seid und euch kennt, kann ich euch zusammen beraten. Seid ihr einverstanden?"

„Ja", sagt David. „Wir haben drei, vier Stunden frei pro Tag. Wir brauchen für diese Zeit einen Job."

deibiddo ga iimasu. "boku tachi wa mainichi san-jikan ka yo-jikan akijikan ga arimasu. sono jikan ni dekiru shigoto o hitsuyô to shite iru no desu."

"そうですか。学生のための仕事がいくつかありますよ。それから、CDぷれーやーを外してくださいね。"えすてぃめーたー氏がろばーとに言います。
"あなたと音楽、同時に聞けますよ。"ろばーとが言います。"もし本気で仕事がほしいのであれば、音楽を止めてわたしが今言うことを注意してきいてください。"えすてぃめーたー氏が言います。"では、どのような種類の仕事が必要ですか。手作業ですか、それとも精神作業ですか。""ぼくはどんな仕事もできます。"ぽーるが言います。"ぼくは強いんです。試してみますか。"彼はそう言い、えすてぃめーたー氏の机の上に自分の腕を置きます。

"sô desuka. gakusei no tame no shigoto ga ikutsu ka arimasu yo. sorekara, shîdî purêyâ o hazushite kudasai ne." esutimêtâ shi ga robâto ni iimasu. "anata to ongaku, dôji ni kikemasu yo." robâto ga iimasu.
"moshi honki de shigoto ga hoshii no de areba, shîdî purêyâ o hazushite watashi ga iu koto o chûi shite kiite

„Gut, ich habe ein paar Jobs für Studenten. Und du, mach deinen CD-Spieler aus", sagt Herr Estimator zu Robert.

„Ich kann gleichzeitig Ihnen zuhören und Musik hören", sagt Robert.

„Wenn du ernsthaft einen Job willst, mach die Musik aus und hör mir genau zu", sagt Herr Estimator. „Also, was für einen Job wollt ihr denn. Wollt ihr Hand- oder Kopfarbeit?

„Ich kann jede Arbeit machen", sagt Paul. „Ich bin stark. Wollen Sie es testen?", fragt er und stützt seinen Arm auf Herrn Estimators Tisch auf.

kudasai." esutimêtâ shi ga iimasu. "deha, dono yô na shurui no shigoto ga hitsuyô desu ka? tesagyô desu ka, soretomo seishin sagyô desu ka?" "boku wa donna shigoto mo dekimasu." pôru ga iimasu. "boku wa tsuyoi n desu. tamesitemimasu ka?" kare wa sô ii, esutimêtâ shi no tsukue no ue ni jibun no ude o okimasu.

"ここはすぽーつくらぶではないんですけれど、でももしあなたがやりたいのであれば..." えすてぃめーたー氏が言います。彼は机の上に自分の腕を置き、素早くぽーるの腕を押し倒します。

"みてわかるように、強いだけではなく、ずるかしこくもなければいけないんですよ。"

"koko wa supôtsu kurabu de wa nai n desu keredo, demo moshi anata ga yaritai no de areba..." esutimêtâ shi ga iimasu. kare wa tsukue no ue ni jibun no ude o oki, subayaku pôru no ude o oshi taoshimasu. "mite wakaru yô ni, tsuyoi dake de wa naku, zurukashikoku mo nakereba ikenai n desu yo."

"ぼくは精神作業もできます。" ぽーるは再び言います。彼は仕事がどうしても欲しいのです。"ぼくは物語が書けます。自分の生まれた街についての物語をいくつか持っています。"

"boku wa seishin sagyô mo dekimasu." pôru wa futatabi iimasu. kare wa dôshite mo shigoto ga hoshii no desu. "boku wa monogatari ga kakemasu. jibun no

„Das hier ist kein Sportverein, aber wenn du willst...", sagt Herr Estimator. Er stützt seinen Arm auf den Tisch auf und drückt Pauls Arm schnell nach unten. „Wie du siehst, musst du nicht nur stark, sondern auch schlau sein."

„Ich kann auch Denkarbeit machen", sagt Paul. Er will unbedingt einen Job. „Ich kann Geschichten schreiben. Ich habe ein paar Geschichten über meine Heimatstadt."

umare ta machi ni tsui te no monogatari o ikutsu ka motte imasu."

"それはとても興味深い。"えすてぃめーたー氏が言います。彼は用紙を一枚取ります。"出版社"おーるらうんど"は、らいたーのぽじしょんで若い助手をひとり必要としています。彼らは時給9どる支払いますよ。"

"sore wa totemo kyômibukai." esutimêtâ shi ga iimasu. kare wa yôshi o ichi-mai torimasu. "shuppan sha "ôruraundo" wa raitâ no pojishon de, wakai joshu o hitori hitsuyô to shite imasu. karera wa jikyû kyû-doru shiharaimasu yo."

"いいですね！"ぽーるが言います。"この仕事を試すことができますか？" "もちろん。これが彼らの電話番号と住所です。"えすてぃめーたー氏はそう言い、一枚の紙をぽーるに渡します。

"î desu ne!" pôru ga iimasu. "kono shigoto o tamesu koto ga dekimasu ka?" "mochiron. kore ga karera no denwa bangô to jûsho desu." esutimêtâ shi wa souii, ichi-mai no kami o pôru ni watashimasu.

"それから、君たちは農場、こんぴゅーたー会社、新聞社もしくはすーぱーで仕事を

„Das ist sehr interessant", sagt Herr Estimator. Er greift nach einem Blatt Papier. „Der Verlag „All-Round" braucht einen jungen Helfer als Schreiber. Sie zahlen neun Dollar pro Stunde."

„Super", sagt Paul. „Kann ich das versuchen?"

„Natürlich. Hier sind Telefonnummer und Adresse", sagt Herr Estimator und gibt Paul ein Blatt Papier.

„Und ihr Jungs könnt zwischen einem Job auf einem Bauernhof, in einer

選ぶことができますよ。君たちは経験がないので、農場で働き始めることをわたしは推薦します。彼らは従業員をふたり必要としています。"えすてぃめーたー氏がでいびっどとぽーるに言います。

"sorekara, kimitachi wa nôjô, konpyûtâ gaisha, shinbunsha moshikuha sûpâ de shigoto o erabu koto ga dekimasu yo. kimitachi wa keiken ga nai no de, nôjô de hataraki hajimeru koto o watashi wa suisen shimasu. karera wa jûgyô in o futari hitsuyô to shite imasu." esutimêtâ shi ga deibiddo to pôru ni iimasu.

"彼らはいくら支払いますか?"でいびっどが質問します。"ちょっとまってください…"えすてぃめーたー氏はこんぴゅーたーをのぞきこみます。"彼らは毎日3-4時間労働者が必要で、時給7どる支払います。土曜日と日曜日はお休みです。同意しますか?彼が聞きます。"はい、同意します。"でいびっどが言います。"ぼくも同意します。"ろばーとが言います。"そうですか。農場の電話番号と住所を持って行ってください。"えすてぃめ

Computerfirma, bei einer Zeitung oder im Supermarkt wählen. Da ihr keine Erfahrung habt, empfehle ich euch, mit der Arbeit auf dem Bauernhof anzufangen. Sie brauchen zwei Arbeiter", sagt Herr Estimator zu David und Robert.

„Wie viel zahlen sie?", fragt David.

„Mal sehen..." Herr Estimator schaut auf den Computer. „Sie brauchen Arbeiter für drei oder vier Stunden am Tag und zahlen sieben Dollar pro Stunde. Samstag und Sonntag sind frei. Seid ihr einverstanden?", fragt er.

„Ja, bin ich", sagt David.

„Ich auch", sagt Robert.

„Gut, nehmt die Telefonnummer und die Adresse des Bauernhofs", sagt Herr Estimator und

ーたー氏はそう言い、一枚の用紙を彼らに渡します。"ありがとうございます。"男の子たちはそう言って、外にでていきます。

"karera wa ikura shiharaimasu ka?" deibiddo ga shitsumon shimasu. "chotto matte kudasai…" esutimêtâ shi wa konpyûtâ o nozokikomimasu. "karera wa mainichi san-yo-jikan rôdôsha ga hitsuyô de, jikyû nana-doru shiharaimasu. doyôbi to nichiyôbi wa oyasumi desu. dôi shimasu ka? kare ga kikimasu. "hai, dôi shimasu." deibiddo ga iimasu. "boku mo dôi shimasu." robâto ga iimasu. "sô desuka. nôjô no denwa bangô to jûsho o motte itte kudasai." esutimêtâ shi wa sô ii, ichi mai no yôshi o karera ni watashimasu. "arigatô gozaimasu." otokonokotachi wa sô itte, soto ni dete iki masu.

gibt ihnen eine Blatt Papier.

„Dankeschön, Herr Estimator", sagen die Jungs und gehen nach draußen.

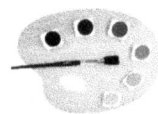

19

Die Audiodatei

デイビッドとロバートはトラックを洗います
（パート１）

David und Robert waschen den Laster (Teil 1)

A

単語

1. １０番目の [jû-ban-me no] - zehnter
2. ２番目の [ni-ban-me no] - zweiter
3. ３番目の [san-ban-me no] - dritter
4. ４番目の [yon-ban-me no] - vierter
5. ５番目の [go-ban-me no] - fünfter
6. ６番目の [roku-ban-me no] - sechster
7. ８番目の [hachi-ban-me no] - achter
8. ９番目の [kyû-ban-me no] - neunter
9. エンジン [enjin] - der Motor

10. オーナー、持ち主 [ônâ, mochinushi] - der Besitzer
11. タイヤ [taiya] - das Rad
12. はじめに、最初に [hajime ni, saisho ni] - erst
13. ブレーキ [burêki] - die Bremse
14. ブレーキをかける [burêki o kakeru] - bremsen
15. メートル [mêtoru] - der Meter
16. ゆっくりと [yukkuri to] - langsam
17. より近い [yori chikai] - näher
18. より遠く、さらに [yori tôku, sarani] - weiter
19. たくさん [takusan] - viel
20. に沿って [ni sotte] - entlang
21. より大きな [yori ôkina] - größer
22. 到着する [tôchaku suru] - ankommen
23. 前輪 [zenrin] - die Vorderräder
24. 合っている、ぴったりの、ふさわしい [atte iru, pittari no, fusawashii] - passend
25. 待つ [matsu] - warten
26. 始める、始まる [hajimeru, hajimaru] - anfangen
27. 庭 [niwa] - der Hof
28. 揺れる [yureru] - schaukeln
29. 搬入する、積む [hannyû suru, tsumu] - laden
30. 機械 [kikai] - die Maschine

31. 波 [nami] - die Welle
32. 洗う [arau] - waschen, putzen
33. 浮く、浮かぶ [uku, ukabu] - treiben
34. 海 [umi] - das Meer
35. 海岸 [kaigan] - die Küste
36. 畑、フィールド [hatake, fîrudo] - das Feld
37. 確認する [kakunin suru] - kontrollieren
38. 種 [tane] - das Saatgut
39. 箱、ダンボール [hako, danbôru] - die Kiste
40. 綺麗な；綺麗にする [kirei na; kirei ni suru] - sauber; sauber machen, putzen
41. 自動車免許証 [jidôsha menkyoshô] - der Führerschein
42. 船 [fune] - das Schiff
43. 踏む [fumu] - treten
44. とても、かなり [totemo, kanari] - ziemlich
45. 近い [chikai] - nahe
46. 7番目の [nana-ban-me no] - siebter
47. 道路 [dôro] - die Straße
48. 遠い、離れた [tôi, hanareta] - weit
49. 降ろす、荷おろしをする [orosu, nioroshi o suru] - abladen
50. 雇い主 [yatoinushi] - der Arbeitgeber

B

デイビッドとロバートはトラックを洗います（パート１）

deibiddo to robâto wa torakku o araimasu (pâto ichi)

でいびっどとろばーとは今、農場で働いています。彼らは毎日３-４時間働いています。仕事はとても大変です。彼らは毎日たくさん働かなければなりません。彼らは農場の庭を１日おきに掃除をします。彼らは２日おきに、機械を洗います。３日におきに、彼らは農場の畑で働きます。

deibiddo to robâto wa ima, nôjô de hataraite imasu. karera wa mainichi san-yo-jikan hataraite imasu. shigoto wa totemo taihen desu. karera wa mainichi takusan hatarakanakereba narimasen. karera wa nôjô no niwa o ichi-nichi oki ni sôji o shimasu. karera wa futsu-ka oki ni, kikai o araimasu. mik-ka oki ni, karera wa nôjô no hatake de hatarakimasu.

彼らの雇い主の名前はだにえる・たふです。たふさんは農場のおーなーで、彼がほとんどの仕事をします。たふさんはとてもよく

David und Robert waschen den Laster (Teil 1)

David und Robert arbeiten jetzt auf einem Bauernhof. Sie arbeiten drei, vier Stunden am Tag. Die Arbeit ist ziemlich schwer. Sie müssen jeden Tag viel arbeiten. Sie machen den Hof jeden zweiten Tag sauber. Sie putzen die Maschinen jeden dritten Tag. Jeden vierten Tag arbeiten sie auf den Feldern.

Ihr Arbeitgeber heißt Daniel Tough. Herr Tough ist der Besitzer des Bauernhofs und macht die meiste Arbeit. Herr

働きます。彼は、でいびっどとろばーとにもたくさんの仕事を与えます。

karera no yatoinushi no namae wa danieru tafu desu. tafu san wa nôjô no ônâ de, kare ga hotondo no shigoto o shimasu. tafu san wa totemo yoku hatarakimasu. kare wa, deibiddo to robâto ni mo takusan no shigoto o ataemasu.

Tough arbeitet sehr hart. Er gibt David und Robert auch viel Arbeit.

"やあ、君たち。機械を洗うのを終わらせて、とらっくで運送会社らぴっどまで行ってきて。" たふさんが言います。" 運送会社は、わたしの荷物を持っているんだよ。種の箱をとらっくに積んで農場へ運び、それから農場の庭に荷おろしをして。今日、種が必要だから素早くやるんだよ。そして、とらっくを洗うのを忘れないでね。"

"yâ, kimitachi. kikai o arau no o owarasete, torakku de unsô gaisha rapiddo made itte kite." tafu san ga iimasu. "unsô gaisha wa, watashi no nimotsu o motte iru n da yo. tane no hako o torakku ni tsunde nôjô e hakobi, sorekara nôjô no niwa ni nioroshi o shite. kyô, tane ga hitsuyô da kara subayaku yaru n da yo. soshite, torakku o arau no o wasurenaide ne."

„Hey Jungs, macht die Maschinen fertig sauber und fahrt dann mit dem Laster zur Transportfirma Rapid", sagt Herr Tough. „Sie haben eine Ladung für mich. Ladet die Kisten mit dem Saatgut auf den Laster, bringt sie zum Bauernhof und ladet sie auf dem Hof ab. Beeilt euch, denn ich brauche das Saatgut heute. Und vergesst nicht, den Laster zu waschen."

"わかりました。" でいびっどが言います。彼ら

„Okay", sagt David. Sie

は掃除を終え、とらっくに乗ります。でいびっどは運転免許証をもっているので、彼がとらっくを運転します。彼はえんじんをつけて、始めはゆっくり農場の庭を抜け、そして道路沿いを素早く運転します。運送会社らぴっどは農場から遠くありません。彼らは１５分後にそこに到着します。彼らはそこで搬入どあ１０番をさがします。

machen die Maschine fertig sauber und steigen in den Laster. David hat einen Führerschein, deswegen fährt er. Er macht den Motor an, fährt erst langsam durch den Hof und dann schnell die Straße entlang. Die Transportfirma Rapid ist nicht weit vom Bauernhof. Sie kommen dort nach fünfzehn Minuten an. Dort suchen sie die Verladetür Nummer zehn.

"wakari mashita." deibiddo ga iimasu. karera wa sôji o oe, torakku ni norimasu. deibiddo wa unten menkyoshô o motte iru no de, kare ga torakku o unten shimasu. kare wa enjin o tsukete, hajime wa yukkuri nôjô no niwa o nuke, soshite dôro zoi o subayaku unten shimasu. unsô gaisha rapiddo wa nôjô kara tôku arimasen. karera wa jû-go-fun go ni soko ni tôchaku shimasu. karera wa soko de hannyû doa jû-ban o sagashimasu.

でいびっどは搬入場を注意深く運転して抜けます。彼らは最初の搬入どあを通り過ぎ、２番目の搬入どあを通り過ぎ、３番目の搬入どあを通り過ぎ、４番目の

David fährt den Laster vorsichtig über den Hof. Sie fahren an der ersten Verladetür vorbei, an der zweiten, an der dritten, an

搬入どあを通り過ぎ、5番目の搬入どあを通り過ぎ、6番目の搬入どあを通り過ぎ、7番目の搬入どあを通り過ぎ、8番目の搬入どあを通り過ぎ、9番目の搬入どあを通り過ぎます。でいびっどは搬入どあ10番まで運転して止まります。

deibiddo wa hannyû jô o chûibukaku unten shite nukemasu. karera wa saisho no hannyû doa o tôri sugi, ni-ban-me no hannyû doa o tôri sugi, san-ban-me no hannyû doa o tôri sugi, yon-ban-me no hannyû doa o tôri sugi, go-ban-me no hannyû doa o tôri sugi, roku-ban-me no hannyû doa o tôri sugi, nana-ban-me no hannyû doa o tôri sugi, hachi-ban-me no hannyû doa o tôri sugi, kyû-ban-me no hannyû doa o tôri sugimasu. deibiddo wa hannyû doa jû-ban made unten shite tomarimasu.

der vierten, an der fünften, an der sechsten, an der siebten, an der achten und dann an der neunten. David fährt zur zehnten Verladetür und hält an.

"はじめに搬入りすとを確認しないといけないね。"この運送会社ですでに搬入りすとの経験があるろばーとが言います。彼はどあ付近で働いている搬入作業員のほうへ行き、搬入りすとを渡します。搬入作業員は

„Wir müssen erst die Ladeliste kontrollieren", sagt Robert, der schon Erfahrung mit den Ladelisten in dieser Firma hat. Er geht zum Verlader, der an der Tür arbeitet, und gibt ihm die Ladeliste. Der Verlader lädt

素早く5つの箱をとらっくへ搬入します。ろばーとは箱を注意深く確認します。箱の全ての数字は、搬入りすとの数字です。"数字は合っていますね。さあ行こう。" ろばーとが言います。

"hajime ni hannyû risuto o kakunin shinaito ikenai ne." kono unsô gaisha de sudeni hannyû risuto no keiken ga aru robâto ga iimasu. kare wa doa fukin de hataraite iru hannyû sagyôin no hô e iki, hannyû risuto o watashimasu. hannyû sagyôin wa subayaku itsutsu no hako o torakku e hannyû shimasu. robâto wa hako o chiûbukaku kakunin shimasu. hako no subete no sûji wa, hannyû risuto no sûji desu. "sûji wa atte imasu ne. sâ ikou." robâto ga iimasu.

schnell fünf Kisten in ihren Laster. Robert kontrolliert die Kisten sorgfältig. Alle Kisten haben Nummern von der Ladeliste.

„Die Nummern stimmen. Wir können jetzt gehen", sagt Robert.

"わかった。" でいびっどはそう言い、えんじんをすたーとします。"今、とらっくを洗えると思うんだ。ここから遠くないところに、ぴったりの場所があるんだ。" 彼らは、5分後に海岸へ到着しました。

"wakatta." deibiddo wa sô ii, enjin o sutâto shimasu. "ima, torakku o araeru to omou n da. koko kara tôku nai tokoro ni, pittari no basho ga aru n da." karera wa, go-fun go ni kaigan e tôchaku shimashita.

„Okay", sagt David und macht den Motor an. „Ich denke, wir können jetzt den Laster waschen. Nicht weit von hier ist ein passender Ort".

Nach fünf Minuten kommen sie an die Küste.

"君はここでとらっくを洗いたいの?" ろばー

„Willst du den Laster hier waschen?", fragt Robert

とが驚いてききます。"そうだよ！いい場所じゃない？"でいびっどが言います。

"kimi wa koko de torakku o araitai no?" robâto ga odoroite kikimasu.

"sô da yo! ii basho ja nai?" deibiddo ga iimasu.

"それでどこでばけつをとるの？"ろばーとがききます。"ばけつはいらないんだよ。ぼくが海のとても近くを運転するんだ。海からの水をつかうんだ。"でいびっどはそう言い、水のとても近くを運転します。前輪は水に入り、波が彼らのほうへ溢れます。

"sorede doko de baketsu o toru no?" robâto ga kikimasu. "baketsu wa ira nai n da yo. boku ga umi no totemo chikaku o unten suru n da. umi kara no mizu o tsukau n da." deibiddo wa sô ii, mizu no totemo chikaku o unten shimasu. zenrin wa mizu ni hairi, nami ga karera no hô e afuremasu.

"さあ、外へ出て洗い始めよう。"ろばーとが言います。"ちょっと待って。もう少し近くを運転するよ。"でいびっどはそう言い、1－2めーとるさらに遠くへ運転します。"このほうがいいね。"そして大きな波がきて、

überrascht.

„Ja! Schöner Platz, nicht?", sagt David.

„Und woher bekommen wir einen Eimer?", fragt Robert.

„Wir brauchen keinen Eimer. Ich fahre ganz nah ans Meer. Wir nehmen das Wasser aus dem Meer", sagt David und fährt ganz nah ans Wasser. Die Vorderräder stehen im Wasser und die Wellen umspülen sie.

„Lass uns aussteigen und anfangen, zu waschen", sagt Robert.

„Warte kurz, ich fahre noch etwas näher ran", sagt David und fährt ein, zwei Meter weiter. „So ist es besser".

Da kommt eine größere

水がとらっくを少し持ち上げ、ゆっくりと海の方へむかって運びます。

"sâ, soto e dete arai hajimeyô." robâto ga iimasu. "chotto matte. mô sukoshi chikaku o unten suru yo." deibiddo wa sô ii, ichi ni mêtoru sarani tôku e unten shimasu. "kono hô ga iine." soshite ôkina nami ga kite, mizu ga torakku o sukoshi mochiage, yukkuri to umi no hô e mukatte hakobimasu.

"止めて！でいびっど、とらっくを止めて！"ろばーとが叫びます。"もうぼくらは水の中にいるんだよ！お願い、止めて！" "止まらないんだ！！"でいびっどは、ぶれーきを力一杯踏みながら叫びます。"止められないんだ！！"とらっくは、小さな船のように波の上を揺られ、海の中へゆっくりとさらに流れていきます。

（続く）

"tomete! deibiddo, torakku o tomete!" robâto ga sakebimasu. "mô bokura wa mizu no naka ni iru n da yo! onegai, tomete!" "tomaranai n da yo!!" deibiddo wa, burê ki o chikaraippai fumi nagara sakebimasu. "tomerarenai n da!!" torakku wa, chîsa na fune no yô ni nami no ue o yurare, umi no naka e yukkuri to sarani nagarete ikimasu.

(tsuzuku)

Welle und das Wasser hebt den Laster ein bisschen nach oben und trägt ihn langsam weiter ins Meer.

„Stopp! David, halte den Laster an!", ruft Robert. „Wir sind schon im Wasser! Bitte, halte an!"

„Er hält nicht an!", ruft David und tritt mit aller Kraft die Bremse. „Ich kann ihn nicht anhalten."

Der Laster treibt langsam weiter aufs Meer und schaukelt auf den Wellen wie ein kleines Schiff.

(Fortsetzung folgt)

20

Die Audiodatei

デイビッドとロバートはトラックを洗います（パート２）

David und Robert waschen den Laster (Teil 2)

A

単語

1. 一ヵ月前 [ik-kagetsu mae] - vor einem Monat
2. ２５ [ni-jû-go] - fünfundzwanzig
3. お金 [okane] - das Geld
4. くじら, シャチ [kujira, shachi] - der Wal; der Schwertwal
5. コントロールする [kontorôru suru] - kontrollieren
6. ジャーナリスト [jânarisuto] - der Journalist
7. スピーチ [supîchi] - die Rede
8. タンカー [tankâ] - der Tanker
9. であった [de atta] - gewesen waren

10. ハンドルをきる [handoru o kiru] - lenken
11. リハビリ [rihabiri] - die Rehabilitation
12. リハビリする [rihabiri suru] - gesund pflegen
13. 一定の、定期的な [ittei no, teikiteki na] - beständig
14. 事故 [jiko] - der Unfall
15. 例 [rei] - das Beispiel
16. 例えば [tatoeba] - zum Beispiel
17. 写真をとる；カメラマン、写真家 [shashin o toru; kameraman, shashinka] - fotografieren; der Fotograf
18. 前 [mae] - vor
19. 助ける、救助する [tasukeru, kyûjo suru] - retten
20. 右に [migi ni] - rechts
21. 岸 [kishi] - die Küste
22. 左に [hidari ni] - links
23. 式典 [shikiten] - die Feier
24. 放す、自由にする [hanasu, jiyû ni suru] - freisetzen
25. 救助サービス [kyûjo sâbisu] - der Rettungsdienst
26. 明日 [ashita] - morgen
27. 楽しむ [tanoshimu] - Spaß haben, genießen
28. したかった [shitakatta] - ollte
29. 決してない、二度とない [kesshite nai, nidoto nai] - nie
30. 泳ぐ [oyogu] - schwimmen
31. 流れ [nagare] - der Fluss
32. 飲み込む [nomikomu] - (hinunter)schlucken
33. 浮く、浮かぶ [uku, ukabu] - treiben
34. 状況、シチュエーション [jôkyô, shichuêshon] - die Situation
35. 知らせる [shiraseru] - informieren, mitteilen
36. 石油 [sekiyu] - das Öl
37. 笑う [warau] - lachen
38. 素晴らしい [subarashii] - wunderbar
39. 綺麗な、綺麗になった [kirei na, kirei ni natta] - gesäubert
40. 親愛なる [shinai naru] - lieber, liebe
41. 解雇する [kaiko suru] - feuern
42. 起きた、起こった [okita, okotta] - passierte
43. 起きる、起こる [okiru, okoru] - passieren
44. 風 [kaze] - der Wind
45. 餌付けする [ezuke suru] - füttern
46. 鳥 [tori] - der Vogel

B

デイビッドとロバートはトラックを洗います（パート２）

deibiddo to robâto wa torakku o araimasu
（pâto ni）

とらっくは、小さな船のように波の上を揺られ、海の中へゆっくりとさらに流れていきます。でいびっどは、左、右とはんどるをきり、ぶれーきとあくせるを踏みます。しかし彼はとらっくをこんとろーるできません。強い風がとらっくを海岸沿いへ押しています。

torakku wa, chîsa na fune no yô ni nami no ue o yurare, umi no naka e yukkuri to sarani nagarete ikimasu. deibiddo wa, hidari, migi to handoru o kiri, burêki to akuseru o fumimasu. shikashi kare wa torakku o kontorôru dekimasen. tsuyoi kaze ga torakku o kaigan zoi e oshite imasu.

でいびっどとろばーとはどうしていいかわかりません。彼らはただ座って、窓の外をみています。海水が中に流れ始めます。

deibiddo to robâto wa dô shite ii ka wakarimasen. karera wa tada suwatte, mado no soto o mite

**David und Robert waschen den Laster
(Teil 2)**

Der Laster treibt langsam weiter aufs Meer und schaukelt auf den Wellen wie ein kleines Schiff. David lenkt nach links und nach rechts, während er auf die Bremse und aufs Gas tritt. Aber er kann den Laster nicht kontrollieren. Ein starker Wind trägt ihn die Küste entlang.

David und Robert wissen nicht, was sie tun sollen. Sie sitzen einfach da und schauen aus dem Fenster. Das Meerwasser beginnt, in den Laster zu laufen.

imasu. kaisui ga naka ni nagare hajimemasu.

"外へでて屋根に座ろう。"ろばーとが言います。彼らは屋根に座ります。"たふ氏はなんて言うかな。"ろばーとが言います。とらっくは海岸から２０めーとるほどはなれたところでゆっくりと浮いています。
海岸の人達の何人かが、とまって驚きの目で見ています。"たふ氏はぼくたちを解雇するかもしれないね。"でいびっどがこたえます。

"soto e dete yane ni suwarô." robâto ga iimasu. karera wa yane ni suwarimasu. "tafu shi wa nan te iu ka na?" robâto ga iimasu. torakku wa kaigan kara ni-jû-mêtoru hodo hanareta tokoro de yukkuri to uite imasu. kaigan no hitotachi no nan nin ka ga, tomatte odoroki no me de miteimasu.
"tafu shi wa boku tachi o kaiko suru ka mo shirenai ne." deibiddo ga kotaemasu.

一方で、大学の学長、かいと氏は彼のおふぃすに入ってきます。本日は式典があります、と秘書は彼に言います。彼らはりはびり後の２羽の海鳥をほか放すのです。たんかー、ぐらんぽりゅーしょ

„Lass uns nach draußen gehen und uns aufs Dach setzen", sagt Robert.

Sie setzen sich aufs Dach.

„Ich frage mich, was Herr Tough sagen wird", sagt Robert.

Der Laster treibt langsam etwa zwanzig Meter von der Küste entfernt. Einige Leute an der Küste bleiben stehen und schauen verwundert.

„Herr Tough wird uns wohl feuern", antwortet David.

In der Zwischenzeit kommt der Direktor der Universität, Herr Kite, in sein Büro. Die Sekretärin sagt ihm, dass es heute eine Feier gibt. Sie werden zwei Vögel nach deren Genesung freisetzen. Arbeiter des

ん号との事故後に、りはびりせんたーの従業員は、彼らの体についた石油の汚れを綺麗にしました。事故は1ヶ月前に起こりました。かいと氏はそこですぴーちをします。式典はあと２５分で始まります。かいと氏と彼の秘書はたくしーに乗り、１０分後には式典の場所に到着します。鳥たちも、すでにそこにいます。今、彼らは普段ほどは、白くはありません。しかし彼らは、泳いだり、飛んだりすることが再びできます。そこには今、たくさんの人々、じゃーなりすと、かめらまんがいます。あと２分で、式典が始まります。かいと氏はすぴーちを始めます。

ippô de, daigaku no gakuchô, kaito shi wa kare no ofisu ni haitte kimasu. honjitsu wa shikiten ga arimasu, to hisho wa kare ni iimasu. karera wa rihabiri go no ni-wa no umidori o hanasuno desu. tankâ, guranporyûshon gô no jiko go ni, rihabiri sentâ no jûgyôin wa, karera no karada ni tsuita sekiyu no yogore o kirei ni shimashita. jiko wa ikkagetsu mae ni okorimashita. kaito shi wa soko de

Rehabilitationszentrums haben sie nach dem Unfall mit dem Tanker Gran Pollución von Öl gesäubert. Der Unfall passierte vor einem Monat. Herr Kite muss dort eine Rede halten. Die Feier beginnt in fünfundzwanzig Minuten.

Herr Kite und seine Sekretärin nehmen ein Taxi und kommen nach zehn Minuten am Ort der Feier an. Die zwei Vögel sind bereits da. Jetzt sind sie nicht so weiß wie normalerweise. Aber sie können wieder schwimmen und fliegen. Es sind viele Menschen, Journalisten und Fotografen da. Zwei Minuten später beginnt die Feier. Herr Kite beginnt seine Rede.

supîchi o shimasu. shikiten wa ato nijû-go-fun de hajimarimasu. kaito shi to kare no hisho wa takushî ni nori, jup-pun go niwa shikiten no basho ni tôchaku shimasu. toritachi mo, sudeni soko ni imasu. ima, karera wa fudan hodo wa, shiroku wa arimasen. shikashi karera wa, oyoidari, tondari suru koto ga futatabi dekimasu. soko niwa ima, takusan no hitobito, jânarisuto, kameraman ga imasu. ato ni-fun de, shikiten ga hajimarimasu. kaito shi wa supîchi o hajimemasu.

"親愛なる諸君へ" 彼は言います。

"ぐらんぽりゅーしょん号のたんかーの事故は、一ヶ月前にここで起きました。今、わたしたちは、多くの鳥と動物たちが元気になるように、けあしなければなりません。たくさんのお金がかかります。例えば、この鳥2羽のりはびりには、それぞれ5000どるがかかります。そして、1ヶ月のりはびりを終えた、素晴らしい2羽の鳥たちが自由になることを、みなさんに今お伝えできることを、わたしは嬉しく思います。" 二人の男性が、鳥の箱を持って水まで運び、箱を開けます。鳥たちは箱から外に出て、それから

„Liebe Freunde", sagt er. „Vor einem Monat passierte an dieser Stelle der Unfall mit dem Tanker Gran Pollución. Wir müssen jetzt viele Vögel und Tiere gesund pflegen. Das kostet viel Geld. Die Rehabilitation dieser zwei Vögel zum Beispiel kostet fünftausend Dollar.

Und es freut mich, Ihnen mitteilen zu können, dass diese zwei wunderbaren Vögel nach einem Monat Rehabilitation freigesetzt werden."

Zwei Männer nehmen die Kiste mit den Vögeln, bringen sie zum Wasser und öffnen sie. Die Vögel kommen aus der Kiste, springen ins Wasser und schwimmen. Die Fotografen machen Fotos. Die

水の中にじゃんぷをし、泳ぎます。かめらまん達は写真をとります。じゃーなりすとたちはりはびりせんたーの従業員たちに動物たちについて質問をします。

Journalisten befragen Arbeiter des Rehabilitationszentrums über die Tiere.

"shin'ai naru shokun e!" kare wa iimasu. "guranporyûshon gô no tankâ no jiko wa, ik-kagetsu mae ni koko de okimashita. ima, watashitachi wa, ôku no tori to dôbutsutachi ga genki ni naru yô ni kea shinakereba narimasen. takusan no okane ga kakarimasu. tatoeba, kono tôri ni-wa no rihabiri niwa, sorezore go-sen-doru ga kakarimasu! soshite, ik-kagetsu no rihabiri o oeta, subarashî ni-wa no toritachi ga jiyû ni naru koto o, minasan ni ima otsutae dekiru koto o, watashi wa ureshiku omoimasu." futari no dansei ga, tori no hako o motte mizu made hakobi, hako o akemasu. toritachi wa hako kara soto ni dete, sorekara mizu no naka ni janpu o shi, oyogimasu. kameramantachi wa shashin o torimasu. jânarisutotachi wa rihabiri sentâ no jûgyôintachi ni dôbutsutachi ni tsui te shitsumon o shimasu.

突然大きなしゃちが現れ、2羽の鳥たちを素早く飲み込み、また姿を消します。鳥たちがいた場所を、全員が見つめています。大学の学長は自分の目が信じられません。しゃちは

Plötzlich taucht ein großer Schwertwal auf, schluckt schnell die zwei Vögel hinunter und verschwindet wieder. Alle Leute sehen auf die Stelle, an der die Vögel zuvor gewesen waren. Der Direktor der Universität traut

再び現れ、さらに鳥を探しています。そこには鳥はいないため、また姿を消します。かいと氏は今、すぴーちを終えなければなりません。"ええと…。"彼はふさわしい言葉を選びます。

totsuzen ôkina shachi ga araware, ni wa no toritachi o subayaku nomikomi, mata sugata o keshimasu. toritachi ga ita basho o, zen'in ga mitsumete imasu. daigaku no gakuchô wa jibun no me ga shinjiraremasen. shachi wa futatabi araware, sarani tori o sagashite imasu. soko niwa tori wa inai tame, mata sugata o keshimasu. kaito shi wa ima, supîchi o oenakereba narimasen. "êto…." kare wa fusawashii kotoba o erabimasu.

"人生の、素晴らしい、一定の流れは決して止まりません。大きな動物は、より小さな動物を食べたりします。そして…ええと…あれは何ですか。"彼は水を見ながら言います。全員がそこを見て、そして海岸沿いで船のように波の上を揺られている、大きなとらっくを見つけます。二人の男の子がそこには座

seinen Augen nicht. Der Schwertwal taucht wieder auf und sucht nach mehr Vögeln. Da es keine Vögel mehr gibt, verschwindet er wieder. Herr Kite muss seine Rede beenden.

„Ähm..." Er sucht nach passenden Worten.

„Der wundervolle, beständige Fluss des Lebens hört nie auf. Größere Tiere essen kleinere Tiere und so weiter… Ähm… Was ist das?", fragt er aufs Wasser schauend. Alle schauen aufs Wasser und sehen einen großen Laster, der die Küste entlang treibt und auf den Wellen schaukelt wie ein Schiff. Zwei Jungen sitzen auf ihm und

っていて、式典会場を見ています。

"jinsei no, subarashiî, ittei no nagare wa kesshite tomarimasen. ôki na dôbutsu wa, yori chîsa na dôbutsu o tabetari shimasu. soshite... êto... are wa nan desu ka?" kare wa mizu o mi nagara iimasu. zen'in ga soko o mite, soshite kaigan zoi de fune no yô ni nami no ue o yurarete iru ôkina torakku o mitsukemasu. futari no otokonoko ga soko niwa suwatte ite, shikiten kaijô o mite imasu.

schauen zum Platz der Feier.

"こんにちは、かいとさん。"ろばーとが言います。"なんでしゃちに鳥を餌付けしているんですか。""こんにちは、ろばーと。"かいと氏はこたえます。"そこで君たちは何をしているんだい。""ぼくたちはとらっくを洗いたかったんです。"でいびっどはこたえます。

„Hallo Herr Kite", sagt Robert. „Warum füttern Sie Schwertwale mit Vögeln?"

„Hallo Robert", antwortet Herr Kite. „Was macht ihr da, Jungs?"

„Wir wollten den Laster waschen", sagt David.

"konnichiha, kaito san." robâto ga iimasu. "nan de shachi ni tori o ezuke shite iru n desu ka?"
"konnichiwa, robâto." kaito shi wa kotaemasu.
"sokode kimitachi wa nani o shite iru n dai?"
"bokutachi wa torakku o araitakatta n desu." deibiddo wa kotaemasu.

"なるほどね。"かいと氏は言います。何人かの人達は、この状況を楽しみ始めます。彼らは笑い始めます。

"ええと、わたしは今から救助さーび

„Alles klar", sagt Herr Kite. Einige Leute beginnen, an der Situation ihren Spaß zu haben.

すを呼びます。彼らが君たちを水から助けだします。そして明日、わたしのおふぃすに来てくださいね。"大学の学長はそう言い、救助さーびすを呼びます。

"naruhodo ne." kaito shi wa iimasu. nan-nin ka no hitotachi wa, kono jôkyô o tanoshimi hajimemasu. karera wa warai hajimemasu. "êto, watashi wa ima kara kyûjo sâbisu o yobimasu. karera ga kimitachi o mizu kara tasuke dashimasu. soshite ashita, watashi no ofisu ni kite kudasai ne." daigaku no gakuchô wa sô ii, kyûjo sâbisu o yobimasu.

Sie fangen an, zu lachen.

„Gut, ich rufe jetzt den Rettungsdienst. Der wird euch aus dem Wasser holen. Und ich möchte euch morgen in meinem Büro sehen", sagt der Direktor der Universität und ruft den Rettungsdienst.

21

Die Audiodatei

授業

Eine Unterrichtsstunde

A

単語

1. 常に [tsune ni] - immer
2. 彼女、女の子の友達 [kanojo, onnanoko no tomodachi] - die Freundin
3. クラス、授業 [kurasu, jugyô] - die Klasse
4. テレビ [terebi] - der Fernseher
5. に注意を払う、を尊重する [ni chûi o harau, o sonchô suru] - achten auf
6. の代わりに [no kawari ni] - stattdessen
7. の間 [no aida] - zwischen
8. 彼氏、男の子の友達 [kareshi, otokonoko no tomodachi] - der Freund
9. まだ、それでも、引き続き [mada, soredemo, hiki tsuzuki] - noch, weiterhin
10. もの、こと [mono, koto] - das Ding, die Sache
11. より少ない [yori sukunai] - weniger
12. わずかに [wazuka ni] - leicht

13. 両親 [ryôshin] - die Eltern
14. 他の、別の [hoka no, betsu no] - ander
15. 無言で、何も言わずに [mugon de, nani mo iwazu ni] - wortlos
16. 健康 [kenkô] - die Gesundheit
17. 医療の [iryô no] - medizinisch
18. 大事な [daiji na] - wichtig
19. 失う、なくす [ushinau, nakusu] - verlieren
20. 子供たち（複数）[kodomotachi (fukusû)] - die Kinder (Plural)
21. 小さい、少ない [chîsai, sukunai] - klein
22. 幸せ [shiawase] - das Glück
23. 本当に [hontô ni] - wirklich
24. 残る、とどまる [nokoru, todomaru] - bleiben
25. を気にかける、を大事にする [o ki ni kakeru, o daiji ni suru] - sich kümmern um
26. 注ぐ [sosogu] - schütten, gießen
27. 注意 [chûi] - die Aufmerksamkeit
28. 瓶 [bin] - der Krug
29. 石 [ishi] - der Stein
30. 砂 [suna] - der Sand
31. 空の、空いている [kara no, aite iru] - leer
32. 使う、費やす、かける、過ごす [tsukau, tsuiyasu, kakeru, sugosu] - ausgeben, verwenden

B

授業
Jugyô

大学の学長は授業を行います。彼の前の机の上には、箱とその他のものがあります。くらすが始まると、彼は大きな空の瓶をとって、何も言わずに大きな石で満たします。"あなたは、瓶がすでにいっぱいだと思いますか？"かいと氏

Eine Unterrichtsstunde

Der Direktor der Universität steht vor der Klasse. Auf dem Tisch vor ihm liegen Kisten und andere Dinge. Als der Unterricht beginnt, nimmt er einen großen, leeren Krug und füllt ihn wortlos mit großen Steinen.

„Meint ihr, dass der Krug schon voll ist?", fragt Herr Kite die Studenten.

は生徒たちに聞きます。

daigaku no gakuchô wa jugyô o okonaimasu . kare no mae no tsukue no ue niwa, hako to sono ta no mono ga arimasu. kurasu ga hajimaru to, kare wa ôkina kara no bin o totte, nani mo iwazu ni ôki na ishi de mitashimasu. "anata wa, bin ga sudeni ippai da to omoimasu ka?" kaito shi wa seitotachi ni kikimasu.

"はい、いっぱいです。" 生徒たちは同意します。そして、彼は非常に小さな石の入ったひとつの箱を取り、石を瓶の中へ注ぎます。彼は瓶をわずかに振ります。小さな石は、もちろん、大きな石の間を埋めます。"どう思いますか。瓶はすでにいっぱいでしょう。" かいと氏は生徒たちに再び聞きます。

„Ja, das ist er", stimmen die Studenten zu.

Da nimmt er eine Kiste mit sehr kleinen Steinen und schüttet sie in den Krug. Er schüttelt den Krug leicht. Die kleinen Steine füllen natürlich den Platz zwischen den großen Steinen.

„Was meint ihr jetzt? Der Krug ist voll, oder nicht?", fragt Herr Kite wieder.

"hai, ippai desu." seitotachi wa dôi shimasu. soshite, kare wa hijô ni chîsa na ishi no haitta hitotsu no hako o tori, ishi o bin no naka e sosogimasu. kare wa bin o wazuka ni furimasu. chîsa na ishi wa, mochiron, ôkina ishi no aida o umemasu. "dô omoimasu ka? bin wa sudeni ippai deshoô?" kaito shi wa seitotachi ni futatabi kikimasu.

"はい、そうです。今はいっぱいです。" 生徒たちは再び同意します。彼らはこ

„Ja, das ist er. Er ist jetzt voll", stimmen die Studenten wieder

の授業を楽しみ始めています。彼らは、笑い始めます。その後、かいと氏は砂の入った箱を取り、瓶の中に注ぎます。もちろん、砂は隙間を埋めます。

"hai, sô desu. ima wa ippai desu." seitotachi wa futatabi dôi shimasu. karera wa kono jugyô o tanoshimi hajimete imasu. karera wa, warai hajime masu. sono go, kaito shi wa suna no haitta hako o tori, bin no naka ni sosogimasu. mochiron, suna wa sukima o umemasu.

"では、この瓶を、人の人生のように思ってください。大きな石は大事なものたちです。-あなたたちの家族、彼女・彼氏、健康、子供、両親-もしあなたが全てを失っても、それらが残っていれば、あなたの人生は引き続き満たされたものになります。小さな石は、その他のもう少し大事ではないものたちです。あなたの家、仕事、車などです。砂はその他全てです。-小さなものたちです。もしあなたが砂を最初に瓶に入れてしまえば、

zu. Der Unterricht beginnt, ihnen Spaß zu machen. Sie lachen.

Da nimmt Herr Kite eine Kiste mit Sand und schüttet ihn in den Krug. Der Sand füllt natürlich den restlichen Platz.

„Jetzt möchte ich, dass ihr in diesem Krug das Leben seht. Die großen Steine sind wichtige Dinge - eure Familie, eure Freundin oder euer Freund, Gesundheit, Kinder, Eltern - Dinge, die euer Leben, wenn ihr alles verliert und nur sie bleiben, weiterhin füllen. Kleine Steine sind andere Dinge, die weniger wichtig sind. Dinge wie euer Haus, Job, Auto. Der Sand ist alles andere - die kleinen Dinge. Wenn ihr zuerst Sand in den Krug füllt, bleibt kein Platz für kleine oder große Steine. Das Gleiche gilt

小さな石や、大きな石の入る余地はなくなります。同じことが、人生でも言えます。

もしあなたが全ての時間とえねるぎーを小さなことに使えば、自分にとって大事なことへの機会を、あなたは決して持つことができないでしょう。自分の幸せにとって、最も大事なものを、心に留めなさい。子供や両親と遊びましょう。健康診断に時間を使いましょう。彼氏や彼女とかふぇに行きましょう。仕事にいったり、家の掃除をしたり、そしててれびを見たりする時間はいつでもあります。"かいと氏は言います。"先に大きな石を大事にしましょう。それらは、本当に大事なものたちです。その他は全てただの砂です。"彼は生徒たちを見ます．

"deha, kono bin o, hito no jinsei no yô ni omotte kudasai. ôki na ishi wa daiji na monotachi desu. - anatatachi no kazoku, kanojo, kareshi, kenkô, kodomo, ryôshin - moshi anata ga subete o ushinatte

fürs Leben. Wenn ihr eure ganze Zeit und Energie für die kleinen Dinge verwendet, werdet ihr nie Platz für die Dinge haben, die euch wichtig sind. Achtet auf Dinge, die für euer Glück am wichtigsten sind. Spielt mit euren Kindern oder Eltern. Nehmt euch die Zeit für medizinische Untersuchungen. Geht mit eurer Freundin oder eurem Freund ins Café. Es wird immer Zeit bleiben, um zu arbeiten, das Haus zu putzen oder fernzusehen", sagt Herr Kite. „Kümmert euch erst um die großen Steine - um die Dinge, die wirklich wichtig sind. Alles andere ist nur Sand." Er sieht die Studenten an.

mo, sorera ga nokotte ireba, anata no jinsei wa hikitsuzuki mitasareta mono ni narimasu. chîsa na ishi wa, sono ta no mô sukoshi daiji de wa nai monotachi desu. anata no ie, shigoto, kuruma nado desu. suna wa sono ta subete desu. - chîsa na monotachi desu. moshi anata ga suna o saisho ni bin ni irete shimaeba, chîsa na ishi ya, ôki na ishi no hairu yochi wa nakunarimasu. onaji koto ga, jinsei de mo iemasu. moshi anata ga subete no jikan to enerugî o chîsa na koto ni tsukaeba, jibun ni totte daiji na koto e no kikai o, anata wa kesshite motsu koto ga dekinai deshô. jibun no shiawase ni totte, mottomo daiji na mono o, kokoro ni tomenasai. kodomo ya ryôshin to asobimashô. kenkô shindan ni jikan o tsukaimashô. kareshi ya kanojo to kafe ni ikimashô. shigoto ni ittari, ie no sôji o shitari, soshite terebi o mitari suru jikan wa itsu demo arimasu." kaito shi wa iimasu. " saki ni ôkina ishi o daiji ni shimashô. sorera ha hontô ni daiji na monotachi desu. sono ta wa subete tada no suna desu." kare wa seitotachi o mimasu.

"じゃあ、ろばーととでいびっど、君たちにとっては、何がもっと大事ですか－とらっくを洗うこと、それとも君たちの命ですか。君たちはとらっくが洗いたくて、それでとらっくで船のように海を漂った。君たちは、他には洗う方法がないと思いますか。"

"jâ, robâto to deibiddo, kimitachi ni totte wa, nani ga motto daiji desu ka - torakku o arau koto,

„Nun, Robert und David, was ist euch wichtiger - einen Laster zu waschen oder euer Leben? Ihr treibt auf einem Laster im Meer wie auf einem Schiff, nur weil ihr den Laster waschen wolltet. Glaubt ihr, dass es keine andere Möglichkeit gibt, ihn zu waschen?"

soretomo kimitachi no inochi desu ka? kimitachi wa torakku ga araitakute, sorede torakku de fune no yô ni umi o tadayotta. kimitachi wa, hoka niwa arau hôhô ga nai to omoimasu ka?"

"いいえ、そうは思いません。"でいびっどが言います。"洗車場で、とらっくを洗えますよね。"かいと氏は言います。"はい、そうですね。"生徒たちが言います。"何かをする前に、考えなければいけません。大きな石を常に大事にしなければなりません。そうですよね。"はい、そうですね。"生徒たちがこたえます。

"îe, sô wa omoimasen." deibiddo ga iimasu.
"senshajô de, torakku o araemasu yo ne?" kaito shi wa iimasu. "hai, sô desu ne." seitotachi ga iimasu. "nani ka o suru mae ni, kangaenakereba ikemasen. ôki na ishi o tsune ni daiji ni shinakereba narimasen. sô desu yo ne? "hai, sô desu ne." seitotachi ga kotaemasu.

„Nein, das glauben wir nicht", sagt David.

„Man kann einen Laster stattdessen in einer Waschanlage waschen, nicht wahr?", sagt Herr Kite.

„Ja, das kann man", sagen die Studenten.

„Ihr müsst immer erst nachdenken, bevor ihr handelt. Ihr müsst euch immer um die großen Steine kümmern, okay?"

„Ja, das müssen wir", antworten die Studenten.

22

Die Audiodatei

ポールは出版社で働きます

Paul arbeitet in einem Verlag

A

単語

1. ３０ [san-jû] - dreißig
2. お客さん、カスタマー [okyaku san, kasutamâ] - der Kunde
3. 協調、調和 [kyôchô, chôwa] - die Koordination
4. スキル、腕前 [sukiru, udemae] - die Fähigkeit
5. ストーリー、物語、話 [sutôrî, monogatari, hanashi] - die Geschichte
6. できるだけ頻繁に [dekiru dake hinpan ni] - so oft wie möglich
7. 何も〜ない [nani mo nai] - nichts
8. なぜなら、から [naze nara, kara] - da, weil
9. など、等 [nado, tô] - usw.
10. ピーという音 [pî toiu oto] - der Piepton
11. やあ、こんにちは [yâ konnichiwa] - hi
12. ルール、規則 [rûru, kisoku] - die Regel
13. 世界 [sekai] - die Welt

14. 人間 [ningen] - der Mensch
15. 会社 [kaisha] - die Firma
16. （文章などを）書く、作成する [(bunshou nado o) kaku, sakusei suru] - entwerfen, verfassen
17. 冷たい [tsumetai] - kalt
18. 冷たさ [tsumetasa] - die Kälte
19. 創造的な [sôzôteki na] - kreativ
20. 可能である [kanô de aru] - möglich
21. 売る [uru] - verkaufen
22. 外で [soto de] - draußen
23. 将来の [shôrai no] - zukünftig
24. 少なくとも [sukunakutomo] - wenigstens
25. 得る、着く、なる [eru, tsuku, naru] - bekommen
26. 悲しい [kanashii] - traurig
27. 文章、原稿、コンポジション [bunshô, genkô, konpojishon] - der Entwurf, der Text
28. 断る、拒否する [kotowaru, kyohi suru] - ablehnen
29. 新聞、新聞社 [shinbun, shinbunsha] - die Zeitung
30. 暗い、黒い [kurai, kuroi] - dunkel
31. 本文、文章、原稿 [honbun, bunshou, genkô] - der Text
32. 歩く [aruku] - laufen
33. 特に [toku ni] - vor allem
34. 生産する、作る [seisan suru, tsukuru] - herstellen
35. 用意できている、準備できている [yôi dekite iru, junbi dekite iru] - fertig sein
36. 留守番電話 [rusuban denwa] - der Anrufbeantorter
37. 異なる、違う [kotonaru, chigau] - verschieden
38. 眠る [nemuru] - schlafen
39. 職業 [shokugyô] - der Beruf
40. 記録する、録音する [kiroku suru, rokuon suru] - aufnehmen
41. 話す、喋る [hanasu, shaberu] - sich unterhalten
42. 誰も、一人も〜ない [dare mo, hitori mo 〜 nai] - niemand
43. 遊ぶ [asobu] - spielen
44. 展開する、開発する、育てる [tenkai suru, kaihatsu suru, sodateru] - entwickeln
45. 階段（複数）[kaidan (fukusû)] - die Treppen (Plural)
46. 雑誌 [zasshi] - die Zeitschrift
47. 難しい、困難な [muzukashii, konnan na] - schwer
48. 雨 [ame] - der Regen
49. 電話をかける、呼ぶ [denwa o kakeru, yobu] - anrufen
50. 面白い [omoshiroi] - lustig
51. 鼻 [hana] - die Nase

B

ポールは出版社で働きます
pôru wa shuppansha de hatarakimasu

ぽーるは若い助手として、出版社おーるらうんどで働いています。彼はものを書く仕事をしています。pôru wa wakai joshu to shite, shuppansha ôruraundo de hataraite imasu. kare wa mono o kaku shigoto o shite imasu.

"ぽーる、私たちの会社の名前はおーるらうんどです。"社長のふぉっくす氏が言います。"そして、これはどんな顧客にも対応する、あらゆる文章構成やでざいんわーくを展開できる、という意味です。わたしたちは、新聞社、雑誌、そしてその他のお客さんから数多くの依頼を受けます。全ての依頼は異なるものですが、わたしたちはどれも断りません。"

"pôru, watashitachi no kaisha no namae wa ôruraundo desu." shachô no fokkusu shi ga iimasu. "soshite, kore wa donna kokyaku nimo taiou suru arayuru bunshô kôsei ya dezain wâku o tenkai dekiru, to iu imi desu. watashitachi wa, shinbunsha, zasshi,

Paul arbeitet in einem Verlag

Paul arbeitet als junger Helfer im Verlag All-Round. Er erledigt Schreibarbeiten.

„Paul, unsere Firma heißt All-Round", sagt der Firmenchef Herr Fox. „Und das heißt, dass wir für jeden Kunden jede Art von Text und Design entwickeln können. Wir bekommen viele Aufträge von Zeitungen, Zeitschriften und anderen Kunden. Alle Aufträge sind verschieden, aber wir lehnen nie einen ab."

soshite sono ta no okyaku san kara kazu ôku no irai o ukemasu. subete no irai wa kotonaru mono desu ga, watashitachi wa dore mo kotowarimasen."

ぽーるは、創造的なすきるを育てることができるので、この仕事がとても好きです。彼は、文章を書いたりでざいんをしたりする創造的な仕事がとても気に入ってます。彼は大学ででざいんを勉強しているので、彼の将来の職業を考慮すると、このばいとは適切だと言えるでしょう。

Paul mag diesen Job sehr, da er kreative Fähigkeiten entwickeln kann. Kreative Arbeit wie Schreiben und Design gefällt ihm. Da er Design an der Universität studiert, ist es ein passender Job für seinen zukünftigen Beruf.

pôru wa, sôzôteki na sukiru o sodateru koto ga dekiru no de, kono shigoto ga totemo suki desu. kare wa, bunshô o kaitari dezain o sitari suru sôzôteki na shigoto ga totemo kini itte masu. kare wa daigaku de dezain o benkyô shite imasu. desukara, kare no shôrai no shokugyô o kôryo suru to, kono baito wa tekisetu da to ieru deshô.

彼のための新しい課題を、ふぉっくす氏も持っています。

Heute hat Herr Fox neue Aufgaben für ihn.

kare no tame no atarashii kadai wo, fokkusu shi wa motte imasu.

"わたしたちには、いくつかの依頼があります。君には、その内の2つを片付けてもらいます。"ふぉっくす氏が言います。"最初の

„Wir haben einige Aufträge. Du kannst zwei davon erledigen", sagt Herr Fox. „Der erste Auftrag ist von

依頼は電話会社からです。彼らは留守番電話をつくっています。彼らは、留守番電話に使う、面白い文章をいくらか必要としています。面白いもの以上によく売れるものはありません。4つか5つめっせーじをつくってください。お願いします。"

"watashitachi niwa, ikutsu ka no irai ga arimasu. kimi niwa, sono uchi no futatsu o katazukete moraimasu." fokkusu shi ga iimasu. "saisho no irai wa denwagaisha kara desu. karera wa rusuban denwa o tsukutte imasu. karera wa, rusuban denwa ni tsukau, omoshiroi bunshô o ikura ka hitsuyô to shite imasu. omoshiroi mono ijô ni yoku ureru mono wa arimasen. yottsu ka itsutsu messêji o tsukutte kudasai. onegai shimasu."

"どれくらいの長さでなければいけませんか？" ぽーるが質問します。"5から30語です。" ふぉっくす氏がこたえます。"2つ目のいらいは、雑誌の"ぐりーんわーるど"からです。この雑誌は動物、鳥、魚などについて書いています。彼らはどんなぺっとに関してでもよいので、原稿を必要としていま

einer Telefonfirma. Sie stellen Telefone mit Anrufbeantwortern her. Sie brauchen ein paar lustige Texte für die Anrufbeantworter. Nichts verkauft sich besser als etwas Lustiges. Entwirf bitte vier, fünf Texte."

„Wie lang sollen sie sein?", fragt Paul.

„Sie können fünf bis dreißig Wörter haben", antwortet Herr Fox. „Der zweite Auftrag ist von der Zeitung ‚Grüne Welt'. Diese Zeitung schreibt über Tiere, Vögel, Fische usw. Sie brauchen einen Text über irgendein Haustier. Er kann lustig oder

す。面白いものでも、悲しいものでも、又はあなたのぺっとに関しての話でもいいです。動物を飼っていますか？"

traurig sein oder einfach eine Geschichte über dein eigenes Haustier. Hast du ein Haustier?"

"dore kurai no nagasa de nakereba ikemasen ka?" pôru ga shitsumon shimasu. "go kara san-jû-go desu." fokkusu shi ga kotaemasu. "soshite, futatsu me no irai wa, zasshi no "gurîn wârudo" kara desu. kono zasshi wa dôbutsu, tori, sakana nado ni tsui te kaite imasu. karera wa donna petto ni kanshite demo yoi no de, genkou o hitsuyô to shite imasu. omoshiroi mono demo, kanashii mono demo, matawa anata no petto ni kanshi te no hanashi demo ii desu. dôbutsu o katte imasu ka?"

"はい。ねこを飼っています。名前はふぇいばりっとです。"ぽーるはこたえます。"それから、ぼくはふぇいばりっとのとりっくについての話がかけると思います。いつまでに用意しなければなりませんか？" "この２つの依頼は明日までに用意しなければなりません。"ふぉっくす氏がこたえます。"わかりました。今から始めていいですか？"ぽーるがたずねます。"はい、ぽーる。"ふぉっくす氏が言います。

„Ja, ich habe eine Katze. Sie heißt Favorite", antwortet Paul. „Und ich denke, ich kann eine Geschichte über ihre Streiche schreiben. Wann sollen die Texte fertig sein?"

„Diese zwei Aufträge sollen bis morgen fertig sein", antwortet Herr Fox.

„Gut. Kann ich anfangen?", fragt Paul.

„Ja", sagt Herr Fox.

"hai. neko o katte imasu. namae wa feibaritto desu." pôru wa kotaemasu. "sorekara, boku wa feibaritto no torikku ni tsui te no hanashi ga kakeru to omoimasu.

itsu made ni yôi shinakereba narimasen ka?" "kono futatsu no irai wa ashita made ni yôi shinakereba narimasen." fokkusu shi ga kotaemasu.

"wakarimashita. ima kara hajimete ii desu ka?" pôru ga tazunemasu. "hai, pôru." fokkusu shi ga iimasu.

ぽーるは次の日原稿を持ってきます。留守番電話用に、5つの文章があります。ふぉっくす氏がそれらを読みます。: 1."もしもし。じゃあ何かいってね。" 2."もしもし。留守番電話だよ。きみは？"

pôru wa tsugi no hi genkô o motte kimasu. rusuban denwa yô ni, itsutsu no bunshô ga arimasu. fokkusu shi ga sorera o yomimasu. : ichi. " moshimoshi. jâ nani ka itte ne. " ni. " moshimoshi. rusuban denwa dayo. kimi wa?"

3."もしもし。今はわたしの留守電以外に誰も家にはいないの。だからわたしの代わりに、留守電と話してね。ぴーという音が鳴るのを待ってね。" 4."これは留守電ではないよ。これは思考記録装置だよ。ぴーという音ののち後に、きみの名前と電話した理由、それからわたしがかけ直す電話番号について考えてね。それから、あなたにかけ直すかど

Paul bringt die Texte am nächsten Tag. Er hat fünf Texte für den Anrufbeantworter. Herr Fox liest sie:

1. „Hallo. Jetzt musst du etwas sagen".

2. „Hallo, ich bin ein Anrufbeantworter. Und was bist du?"

3. „Hallo. Außer meinem Anrufbeantworter ist gerade niemand zu Hause. Du kannst dich mit ihm unterhalten. Warte auf den Piepton".

4. „Das ist kein Anrufbeantworter. Das ist ein Gedankenaufnahmegerät. Nach dem Piepton denke an deinen Namen, den Grund, aus dem du anrufst, und die Nummer, unter der ich dich zurückrufen kann. Und ich

うか 考えるよ。"

san." moshimoshi. ima wa watashi no rusuden igai ni dare mo ie niwa inai no. dakara watashi no kawari ni, rusuden to hanashite ne. pî to iu oto ga naru no o matte ne." yon." kore wa rusuden de wa nai yo. kore wa shikô kiroku sôchi da yo. pî to iu oto no ato ni, kimi no namae to denwa shita riyû, sorekara watashi ga kake naosu denwa bangô ni tsui te kangaete ne. sorekara, anata ni kakenaosu ka dôka kangaeru yo."

5."ぴーという音の後に話してくださいね！あなたには、黙る権利もありますよ。あなたが言うことの全てを記録して使わせてもらいますよ。" "悪くないね。動物については？"ふぉっくす氏が聞きます。ぽーるは彼に別の紙を渡します。ふぉっくす氏が読みます：

go." pî to iu oto no ato ni hanashite kudasai ne! anata niwa, damaru kenri mo arimasu yo. anata ga iu koto no subete o kiroku shite tsukawasete moraimasu yo."
"waruku nai ne. dôbutsu ni tsui te wa?" fokkusu shi ga kikimasu. pôru wa kare ni betsu no kami o watashimasu. fokkusu shi ga yomimasu :

猫のるーる

neko no rûru

歩くとき：できる限り頻繁に、素早く

werde darüber nachdenken, ob ich dich zurückrufe."

5. „Sprechen Sie nach dem Piepton! Sie haben das Recht, Ihre Aussage zu verweigern. Ich werde alles, was Sie sagen, aufzeichnen und verwenden."

„Nicht schlecht. Und was ist mit den Tieren?", fragt Herr Fox. Paul gibt ihm ein anderes Blatt. Herr Fox liest:

Regeln für Katzen

Laufen:

Renne so oft wie möglich schnell und nahe an einem

走りましょう。そして人間の前では、特に：階段の上、彼らが手に何かを持っているとき、暗闇の中、そして彼らが朝起きるときには、できる限り彼らの近くを走りましょう。これで彼らの協調性が鍛えられます。

aruku toki : dekiru kagiri hinpan ni, subayaku hasirimashô. soshite ningen no mae dewa, tokuni : kaidan no ue, karera ga te ni nani ka o motte iru toki, kurayami no naka, soshite karera ga asa okiru toki niwa, dekiru kagiri karera no chikaku o hashirimashô. kore de karera no kyôchôsei ga kitaerare masu.

Menschen vorbei, vor allem: auf Treppen, wenn sie etwas tragen, im Dunkeln und wenn sie morgens aufstehen. Das trainiert ihre Koordination.

べっどの中では：夜は必ず人間の上で寝ましょう。そうすれば、彼又は彼女はべっどの中で寝返りをうてません。彼又は彼女の顔の上にねっころがってみましょう。あなたのしっぽが、彼又は彼女の鼻のちょうど上にあることを確認しましょう。

beddo no naka de wa : yoru wa kanarazu ningen no ue de nemashô. sô sureba, kare matawa kanojo wa beddo no naka de negaeri o utemasen. kare matawa kanojo no kao no ue ni nekkorogatte mimashô. anata

Im Bett:

Schlafe nachts immer auf dem Menschen, damit er sich nicht umdrehen kann. Versuche, auf seinem Gesicht zu liegen. Vergewissere dich, dass dein Schwanz genau auf seiner Nase liegt.

no shippo ga, kare matawa kanojo no hana no chôdo ue ni aru koto o kakunin shimashô.

寝るとき：遊ぶときに充分なえねるぎーを持つためには、猫はたくさん（最低毎日１６時間）寝なければなりません。ふさわしい寝場所をみつけるのは難しくありません。人間が座るのが好きな場所であれば、どこでも良いのです。外にも良い場所はあります。でも雨が降ったり、寒いときにはそれらを利用することができません。その代わりに、開いた窓が利用できます。

neru toki : asobu toki ni jûbun na enerugî o motsu tame niwa, neko wa takusan （saitei mainichi jû-roku-jikan） nenakereba narimasen. fusawashii nebasho o mitsukeru no wa muzukasiku arimasen. ningen ga suwaru no ga suki na basho de areba, doko demo yoi no desu. soto nimo yoi basho wa arimasu. demo ame ga futtari, samui toki niwa sorera o riyô suru koto ga dekimasen. sono kawari ni, hiraita mado ga riyô dekimasu.

ふぉっくす氏は笑います。"よくやった、ぽーる！雑誌"ぐりーんわーるど"は君の原稿を気に入ってくれると思いますよ。"彼は言い

Schlafen:

Um genug Energie zum Spielen zu haben, muss eine Katze viel schlafen (mindestens sechzehn Stunden am Tag). Es ist nicht schwer, einen passenden Schlafplatz zu finden. Jeder Platz, an dem ein Mensch gerne sitzt, ist gut. Draußen gibt es auch viele gute Plätze. Du kannst sie aber nicht verwenden, wenn es regnet oder kalt ist. Du kannst stattdessen das offene Fenster verwenden.

Herr Fox lacht.

„Gute Arbeit, Paul! Ich denke, die Zeitung ‚Grüne Welt' wird deinen Entwurf

ます。　　　　　　　　　　　　　mögen", sagt er.

fokkusu shi wa waraimasu. "yoku yatta, pôru! zasshi "gurîn wârudo" wa kimi no genkô o kiniitte kureru to omoimasu yo." kare wa iimasu.

23

Die Audiodatei

猫のルール

Katzenregeln

A

単語

1. おいしい [oishî] - lecker
2. お皿 [osara] - der Teller
3. かくれんぼ [kakurenbo] - das Versteckspiel
4. キーボード [kîbôdo] - die Tastatur
5. キスをする [kisu o suru] - küssen
6. ゲスト [gesuto] - der Gast
7. ども、ているのに [domo, te iru no ni] - obohl, trotzdem
8. こする [kosuru] - reiben
9. こっそり手に入れる、取る、盗む [kossori te ni ireru, toru, nusumu] - stehlen
10. チャンス、確率 [chansu, kakuritsu] - die Chance
11. トイレ [toire] - die Toilette
12. ときどき、たまに [tokidoki, tamani] - manchmal, ab und zu
13. パニック；パニックにおちいる [panikku; panikku ni ochiiru] - die Panik; in Panik versetzen, in Panik geraten

14. ふりをする [furi o suru] - vorgeben; so tun, als ob
15. 何か [nani ka] - etwas
16. 何もしない [nani mo shinai] - nichts tun
17. 噛む [kamu] - beißen
18. 子供 [kodomo] - das Kind
19. 季節 [kisetsu] - die (Jahres)zeit
20. 宿題 [shukudai] - die Hausaufgaben
21. 少ない；若干の [sukunai; jakkan no] - wenig; ein paar
22. の後ろ、のあと [no ushiro, no ato] - hinter
23. 得る [eru] - bekommen
24. 忘れる [wasureru] - vergessen
25. 惑星 [wakusei] - der Planet
26. 愛 [ai] - die Liebe

27. 愛する；愛するために [aisuru; aisuru tame ni] - lieben; um sich zu lieben
28. 料理をしている [ryôri o siteiru] - kochend
29. 秘密 [himitsu] - das Geheimnis
30. 考える [kangaeru] - nachdenken
31. 蚊 [ka] - die Stechmücke
32. 読んでいる [yonde iru] - lesend
33. 謎、ミステリー [nazo, misuterî] - das Rätsel
34. 走り去る、逃げ出す [hashiri saru, nige dasu] - weglaufen
35. 足 [ashi] - das Bein
36. 踏む [fumu] - treten
37. 隠れる [kakureru] - sich verstecken

B

猫のルール
neko no rûru

"雑誌 "ぐりーんわーるど" が 新しい依頼をしてきました。" ふぉっくす氏は翌日ぽーるに言います。"そしてこれは君への依頼です。彼らは君の文章が気に入って、猫のるーるについてもっと長い文章を欲しがって

Katzenregeln

„Die Zeitschrift ‚Grüne Welt' hat uns einen neuen Auftrag erteilt", sagt Herr Fox am nächsten Tag zu Paul. „Und dieser Auftrag ist für dich. Ihnen hat dein Entwurf gefallen und sie wollen einen längeren Text über ‚Katzenregeln'."

います。" この文章（ぶんしょう）を作る（つくる）のに、ぽーるは２日間（にちかん）かかりました。これです。

Paul braucht zwei Tage für diesen Text. Hier ist er.

"zasshi "gurîn wârudo" ga atarashii irai o shitekimashita." fokkusu shi wa yokujitsu pôru ni iimasu. "soshite kore wa kimi e no irai desu. karera wa kimi no bunshô ga kiniitte, neko no rûru ni tsui te motto nagai bunshô o hoshigatte imasu." kono bunshô o tsukuru noni, pôru wa futsuka kan kakarimashita. kore desu.

猫（ねこ）の秘密（ひみつ）のるーる
neko no himitsu no rûru

Geheime Regeln für Katzen

猫（ねこ）はこの惑星（わくせい）の中（なか）で最（もっと）も優（すぐ）れていて、最（もっと）も素晴（すば）らしい動物（どうぶつ）ではありますが、彼（かれ）らはとてもおかしなことをときどきやります。人間（にんげん）の内（うち）の一人（いちにん）が、若干（じゃっかん）の猫（ねこ）の秘密（ひみつ）をこっそり手（て）に入（い）れました。世界支配（せかいしはい）を引き継ぐ（ひきつぐ）ための人生（じんせい）のるーるです！しかし、これらのるーるがどう猫（ねこ）のためになるかどうかかは、全（まった）くの謎（なぞ）です。

Obwohl Katzen die besten und wundervollsten Tiere auf diesem Planeten sind, tun sie manchmal sehr seltsame Dinge. Einem Menschen ist es gelungen, ein paar Katzengeheimnisse zu stehlen. Es sind Lebensregeln, um die Weltherrschaft zu übernehmen! Es bleibt jedoch ein Rätsel, wie diese Regeln den Katzen helfen sollen.

neko wa kono wakusei no naka de mottomo sugurete ite, mottomo subarashii dôbutsu de wa arimasu ga, karera wa totemo okashina koto o tokidoki yarimasu. ningen no uchi no hitori ga, jattsukan no neko no himitsu o kossori te ni iremashita. sekai shihai o hiki tsugu tame no jinsei no rûru desu! shikashi, korera no rûru ga dô neko no tame ni naru ka dôka wa, mattaku no nazo desu.

お手洗い：お手洗いとといれへは、いつもげすとと一緒に行きましょう。何もする必要はありません。ただ座って、見つめて、たまに彼らの足をこするのです。

otearai : otearai to toire e wa, itsumo gesuto to issho ni ikimashô. nani mo suru hitsuyô wa arimasen. tada suwatte, mitsumete, tamani karera no ashi o kosuru no desu.

どあ：全てのどあは開いていなければいけません。どあを開けるために、たちあがり、悲しそうに人間をみつめましょう。彼がどあを開けるときに通り抜ける必要はありません。この方法で家のどあを開けた後に、どあに立って物思いにふけりましょう。とても寒いとき、又は雨の時、そして蚊の季節の時に、とりわけこの動作は大事です。

doa : subete no doa wa hiraite inakereba ikemasen. doa o akeru tame ni, tachiagari, kanashi sô ni ningen o mitsumemashô. kare ga doa o akeru toki ni tôri nukeru hitsuyô wa arimasen. kono hôhô de ie no doa o aketa nochi ni, doa ni tatte mono omoi ni

Badezimmer:

Gehe immer mit Gästen ins Badezimmer und auf die Toilette. Du musst nichts tun. Sitze einfach nur da, sieh sie an und reibe dich ab und zu an ihren Beinen.

Türen:

Alle Türen müssen offen sein. Um eine Tür zu öffnen, stelle dich mit einem traurigen Blick vor den Menschen. Wenn er eine Tür öffnet, musst du nicht durchgehen. Wenn du auf diese Weise die Haustür geöffnet hast, bleibe in der Tür stehen und denke nach. Das ist vor allem wichtig, wenn es sehr kalt ist oder regnet oder in der Stechmückenzeit.

fukerimashô. totemo samui toki, matawa ame no toki, soshite ka no kisetsu no toki ni, toriwake kono dôsa wa daiji desu.

料理をするとき：料理をしている人間の右足の後ろにだけ、いつも座りましょう。そうすれば、彼らはあなたのことをみることができず、彼らがあなたを踏むちゃんすが高まります。それが起きると、彼らはあなたを手にとり、何か美味しいものをくれるでしょう。

ryôri o suru toki : ryôri o shite iru ningen no migiashi no ushiro ni dake, itsumo suwarimashô. sô sureba, karera wa anata no koto o miru koto ga dekizu, karera ga anata o fumu chansu ga takamarimasu. sore ga okiru to, karera wa anata o te ni tori, nani ka oishii mono o kurerudeshô.

本を読むとき：読んでいる人間の顔に近づいてみてください。目と本の間です。本の上に寝そべるのが一番いい方法です。

hon o yomu toki : yonde iru ningen no kao ni chikazuite mite kudasai. me to hon no aida desu. hon no ue ni nesoberu no ga ichiban ii hôhô desu.

子供の宿題：本やのーとの上に寝そべって、眠っているふりをしましょう。時折ぺんの上に飛び乗りましょう。子供があなたを

Kochen:

Setze dich immer genau hinter den rechten Fuß von kochenden Menschen. So können sie dich nicht sehen und die Chance ist größer, dass sie auf dich treten. Wenn das passiert, nehmen sie dich auf den Arm und geben dir etwas Leckeres zu essen.

Lesen:

Versuche, nahe an das Gesicht der lesenden Person zu kommen, zwischen Augen und Buch. Am besten ist es, sich auf das Buch zu legen.

Hausaufgaben der Kinder:

Lege dich auf Bücher und Hefte und tue so, als ob du schläfst. Springe von Zeit zu Zeit auf den Stift. Beiße, falls

机からどかそうとしたら、噛みましょう。

kodomo no shukudai : hon ya nôto no ue ni nesobette, nemutte iru furi o shimashô. tokiori pen no ue ni tobi norimashô. kodomo ga anata o tsukue kara dokasô to shitara, kamimashô.

こんぴゅーたー：もし人間がこんぴゅーたーで働いていたら、机の上にじゃんぷしてきーぼーどの上を歩きましょう。

konpyûtâ : moshi ningen ga konpyûtâ de hataraite itara, tsukue no ue ni janpu shite kîbôdo no ue o arukimashô.

食べ物：猫はたくさん食べる必要があります。しかし食べることは楽しみのうちの半分にすぎません。残りの半分は、食べ物を手に入れることです。人間が食べるときに、彼らが見てない間に、あなたのしっぽを彼らのお皿にのせましょう。これで、お皿の食べ物を全部手に入れるちゃんすが高まります。てーぶるから食べ物がとれるのであれば、自分のお皿からは決して食べないでください。人間のこっぷから飲めるのであれば、自分の

---

ein Kind versucht, dich vom Tisch zu verscheuchen.

Computer:

Wenn ein Mensch am Computer arbeitet, springe auf den Tisch und laufe über die Tastatur.

Essen:

Katzen müssen viel essen. Aber Essen ist nur der halbe Spaß. Die andere Hälfte ist, das Essen zu bekommen. Wenn Menschen essen, lege deinen Schwanz auf ihren Teller, wenn sie nicht hinsehen. Damit vergrößerst du deine Chancen, einen ganzen Teller Essen zu bekommen. Iss nie von deinem eigenen Teller, wenn du Essen vom Tisch nehmen kannst. Trink nie aus deiner eigenen Schüssel, wenn du

水のお皿からは決して飲まないでください。

tabemono : neko wa takusan taberu hitsuyô ga arimasu. shikashi taberu koto wa tanoshimi no uchi no hanbun ni sugimasen. nokori no hanbun wa, tabemono o te ni ireru koto desu. ningen ga taberu toki ni, karera ga mitenai aida ni, anata no shippo o karera no osara ni nosemashô. kore de, osara no tabemono o zenbu te ni ireru chansu ga takamarimasu. têburu kara tabemono ga toreru no de areba, jibun no osara kara wa kesshite tabenaide kudasai. ningen no koppu kara nomeru no de areba, jibun no mizu no osara kara wa kesshite nomanaide kudasai.

隠れるとき：人間が数日間あなたをみつけられない場所に隠れましょう。人間はあなたが逃げ出したと思い、ぱにっくに陥ります（彼らはぱにっくが大好き）。隠れ場所から出てくるときには、人間はあなたにきすをして、彼らの愛をみせるでしょう。そして、あなたは何かおいしいものをもらえるかもしれません。

kakureru toki : ningen ga sû-jitsu kan anata o mitsukerarenai basho ni kakuremashô. ningen ha anata ga nigedashita to omoi, panikku ni ochiirimasu （karera ha panikku ga daisuki. kakure basho kara dete kuru toki niwa, ningen wa anata ni kisu o shite, karera no ai o miserudeshô. soshite, anata ha nani ka

aus der Tasse eines Menschen trinken kannst.

Verstecken:

Verstecke dich an Orten, an denen dich Menschen ein paar Tage lang nicht finden können. Das wird die Menschen in Panik versetzen (was sie lieben), weil sie glauben, dass du weggelaufen bist. Wenn du aus deinem Versteck hervorkommst, werden sie dich küssen und dir ihre Liebe zeigen. Und du bekommst vielleicht etwas Leckeres.

oishii mono o moraeru ka mo shiremasen.

人間：人間の仕事とは、わたしたちにえさをあたえること、わたしたちと遊ぶこと、そしてわたしたちの小屋を掃除することです。大事なのは、彼らが、家の主を誰だか忘れないことです。

ningen : ningen no shigoto to wa, watashitachi ni esa o ataeru koto, watashitachi to asobu koto, soshite watashitachi no koya o sôji suru koto desu. daiji nano ha, karera ga, ie no aruji o dare da ka wasurenai koto desu.

Menschen:

Die Aufgabe des Menschen ist, uns zu füttern, mit uns zu spielen und unsere Kiste sauber zu machen. Es ist wichtig, dass sie nicht vergessen, wer der Chef im Haus ist.

24

グループワーク

Gruppenarbeit

A

単語

1. 1000 [sen] - tausend
2. １０億 [jû-oku] - Billionen
3. テレビ局 [terebikyoku] - das Fernsehen
4. あった、持っていた [atta, motte ita] - hatte, gehabt haben
5. 君たちのどちらか [kimitachi no dochira ka] - einer von euch
6. エイリアン [eirian] - der Außerirdische
7. キャプテン [kyaputen] - der Kapitän
8. 連続ドラマ [renzoku dorama] - die Serie
9. ダンスした, 踊った [dansu shita, odotta] - getanzt haben
10. ダンスしている、踊っている [dansu shite iru, odotte iru] - tanzend
11. ダンスする、踊る [dansu suru, odoru] - tanzen
12. つけた [tsuketa] - machte an
13. 終えた、終わらせた [oeta, owaraseta] - beendete

14. に対して [ni taishi te] - gegen
15. はじめた [hajimeta] - begann, begonnen haben
16. まで [made] - bis
17. 見た [mita] - sah, schaute, geschaut haben
18. ラジオ、無線 [rajio, musen] - das Radio
19. レーザー [rêzâ] - der Laser
20. 電波探知器 [denpa tanchiki] - der Radar
21. 中心の、真ん中の [chûshin no, mannaka no] - Haupt-, zentral
22. 動いた、揺れた [ugoita, yureta] - sich bewegte
23. 去った、いなくなった [satta, i naku natta] - verlassen haben
24. 同僚、仕事仲間 [dôryô, shigotonakama] - der Kollege
25. 向けた [muke ta] - richtete
26. 地球 [chikyû] - die Erde
27. 宇宙、スペース [uchû, supêsu] - das Weltall
28. 宇宙船 [uchûsen] - das Raumschiff
29. 庭 [niwa] - der Garten
30. 思い出した、覚えていた [omoi dashita, oboete ita] - sich erinnerte
31. 愛した [aishita] - liebte, geliebt haben
32. 戦争 [sensô] - der Krieg
33. 揺れた [yureta] - wackelte
34. 教える [oshieru] - beibringen

35. 来た [kita] - kam
36. 死ぬ、亡くなる [shinu, nakunaru] - sterben
37. 死んだ、亡くなった [shinda, nakunatta] - starb
38. 殺した [koroshita] - tötete, getötet haben
39. 知っていた、知った [shitte ita, shitta] - wusste
40. 知らせた [shiraseta] - informierte, teilte mit
41. 短い [mijikai] - kurz
42. 破壊する、壊す [hakai suru, kowasu] - zerstören
43. 参加する [sanka suru] - mitmachen
44. 笑った、微笑んだ [waratta, hohoenda] - lächelte, gelächelt haben
45. 終わった、出来上がった [owatta, dekiagatta] - fertig
46. 続ける [tsuzukeru] - fortführen
47. 美しい、綺麗な [utsukushii, kirei na] - schön
48. 聞いた [kiita] - hörte, gehört haben
49. 花 [hana] - die Blume
50. 落ちた [ochita] - fiel
51. 落ちる [ochiru] - fallen
52. 見続ける [mi tsuzukeru] - weiter schauen
53. 言った、発言した [itta, hatsugen shita] - sagte
54. 飛んだ [tonda] - flog

B

グループワーク
gurûpu wâku

Gruppenarbeit

でいびっどはじゃーなりすとになりたいです。彼は、大学で勉強しています。今日、彼は大学でらいてぃんぐの授業があります。かいと氏は生徒たちに記事の書き方を教えます。

David will Journalist werden. Er studiert an der Universität. Heute hat er einen Schreibkurs. Herr Kite bringt den Studenten bei, Artikel zu schreiben.

deibiddo wa jânarisuto ni naritai desu. kare ha daigaku de benkyô shite imasu. kyô, kare wa daigaku de raitingu no jugyô ga arimasu. kaito shi wa seitotachi ni kiji no kaki kata o oshiemasu.

"親愛なる諸君"彼は言います。"君たちのうち何人かは、出版社、新聞社又は雑誌、らじお又はてれび局で働くでしょう。これは、ぐるーぷで働くという意味です。ぐるーぷで働くのは簡単ではありません。今から、じゃーなりすてぃっくな文章を、ぐるーぷで書いてみて欲しいのです。男子がひとりと女子がひとり、

„Liebe Freunde", sagt er, „ein paar von euch werden für Verlage, Zeitungen oder Zeitschriften, das Radio oder das Fernsehen arbeiten. Das bedeutet, dass ihr in einer Gruppe arbeiten werdet. Es ist nicht einfach, in einer Gruppe zu arbeiten. Ich möchte, dass ihr jetzt versucht, in einer Gruppe einen journalistischen Text zu schreiben. Ich brauche einen Jungen und ein

ひつよう
必要です。"

"shin'ai naru shokun" kare wa iimasu. "kimitachi no uchi nan-nin ka wa, shuppansha, shinbunsha matawa zasshi, rajio matawa terebikyoku de hataraku deshô. kore wa, gurûpu de hataraku to iu imi desu. gurûpu de hataraku no wa kantan de wa arimasen. ima kara, jânarisutikku na bunshô o, gurûpu de kaite mite hoshii no desu. danshi gahitori to joshi gahitori, hitsuyô desu."

Mädchen."

たくさんの生徒たちがぐるーぷわーくに参加したがります。かいと氏はでいびっどときゃろるをえらびます。きゃろるはすぺいん出身ですが、彼女は英語をとても上手に話します。

takusan no seitotachi ga gurûpuwâku ni sanka shitagarimasu. kaito shi wa deibiddo to kyaroru o erabimasu. kyaroru wa supein shusshin desu ga, kanojo wa eigo o totemo jôzu ni hanasimasu.

Viele Studenten wollen bei der Gruppenarbeit mitmachen. Herr Kite wählt David und Carol. Carol kommt aus Spanien, aber sie spricht sehr gut Englisch.

"この机に座ってください。君たちは今から仕事仲間です。"かいと氏が彼らに言います。

"kono tsukue ni suwatte kudasai. kimitachi wa ima kara shigotonakama desu." kaito shi ga karera ni iimasu.

„Setzt auch bitte an diesen Tisch. Ihr seid jetzt Kollegen", sagt Herr Kite zu ihnen.

"君たちは短い文章を書くのです。君たちのどちらかが文章を始め、そして

„Ihr werdet einen kurzen Text schreiben. Einer von

同僚に渡しましょう。君の同僚は、その文章を読んで書き続けるのです。その後同僚は、文章を君に返し、最初の人がそれを読んで書き続けるのです。そして、あなたの順番が終わるまで続けます。時間は20分あります。す。"かいと氏は彼らに紙を渡し、きゃろるが始めます。彼女は少し考え、そして書きます。

"kimitachi wa mijikai bunshô o kaku no desu. kimitachi no dochira ka ga bunshô o hajime, soshite dôryô ni watashimashô. kimi no dôryô wa, bunshô o yonde kaki tsuzukeru no desu. sono go dôryô wa, bunshô o kimi ni kaeshi, saisho no hito ga sore o yonde kaki tsuzukeru no desu. soshite, anata no junban ga owaru made tsuzukemasu. jikan ha ni-juppun arimasu." kaito shi wa karera ni kami o watashi, kyaroru ga hajimemasu. kanojo wa sukoshi kangae, soshite kakimasu.

ぐるーぷわーく
gurûpu wâku

きゃろる：じゅりあは窓の外を見ていました。彼女の庭の花は、踊っているかのように風の中を揺れていました。彼女はびりーと踊った夜のことを思い出しました。あれは

euch beginnt den Text und gibt ihn dann seinem Kollegen. Der Kollege liest den Text und führt ihn fort. Dann gibt euer Kollege ihn zurück, der Erste liest ihn und führt ihn fort. Und so weiter, bis die Zeit vorbei ist. Ihr habt zwanzig Minuten".

Herr Kite gibt ihnen Papier, und Carol fängt an. Sie denkt kurz nach und schreibt dann.

Gruppenarbeit

Carol: Julia sah aus dem Fenster. Die Blumen in ihrem Garten bewegten sich im Wind, als ob sie tanzten. Sie erinnerte sich an den Abend, an dem sie mit Billy getanzt

1年前のことですが、彼女は全てを覚えていました。― 彼の青い目、彼の微笑み、そして彼の声。彼女にとっては幸せな時間でしたが、今ではもう過ぎ去ってしまいました。どうして彼は彼女と一緒ではなかったのでしょう。

kyaroru: juria wa mado no soto o mite imashita. kanojo no niwa no hana wa, odotte iru ka no yô ni kaze no naka o yurete imashita. kanojo wa birî to odotta yoru no koto o omoidashimashita. are wa ichi-nen mae no koto desu ga, kanojo wa subete o oboete imashita. - kare no aoi me, kare no hohoemi, soshite kare no koe. kanojo ni totte wa shiawase na jikan deshita ga, ima de wa mô sugisatte shimaimashita. dôshite kare wa kanojo to issho de wa nakatta no deshô?

hatte. Das war vor einem Jahr gewesen, aber sie erinnerte sich an alles - seine blauen Augen, sein Lächeln, seine Stimme. Es war eine glückliche Zeit für sie gewesen, aber sie war nun vorbei. Warum war er nicht bei ihr?

でいびっど：この時、宇宙船のきゃぷてん、びりー・ぶりすくは宇宙船、ほわいとすたーにいました。彼には大事な任務があったので、1年前に一緒に踊った、おばかな女の子のことについて考えている時間はありませんでした。彼はほわいとすたーのれーざーを、えいりあんの宇宙船に素早く向けました。そして彼は、無線機をつけ、えいりあん

David: Zu dieser Zeit war Raumschiffkapitän Billy Brisk in seinem Raumschiff White Star. Er hatte eine wichtige Mission und keine Zeit, über dieses dumme Mädchen, mit dem er vor einem Jahr getanzt hatte, nachzudenken. Schnell richtete er den Laser der White Star auf die Raumschiffe Außerirdischer. Dann stellte er das Funkgerät an und sprach zu den Außerirdischen: „Ihr habt

へ話しかけました。"降伏するのに1時間を与えます。もし1時間で降伏しないのであれば、わたしはあなた方を破壊します。"しかし、彼の話が終わる前に、えいりあんのれーざーはほわいとすたーの左えんじんに当たりました。びりーのれーざーはえいりあんの宇宙船に向って発射されはじめ、同時に彼は中央と右のえんじんもつけました。えいりあんのれーざーは動いている右えんじんを破壊し、ほわいとさーをひどく揺らしました。びりーは床に落ち、落ちている間、どのえいりあんの宇宙船を先に破壊しなければいけないのだろうと考えました。

deibiddo: kono toki, uchûsen no kyaputen, birî. burisuku wa uchûsen, howaitosutâ ni imashita. kare niwa daiji na ninmu ga atta no de, ichi-nen mae ni issho ni odotta, obaka na onnanoko no koto ni tsui te kangaete iru jikan wa arimasen deshita. kare wa howaitosutâ no rêza o, eirian no uchûsen ni subayaku mukemashita. soshite kare wa, musenki o tsuke, eirian e hanashikakemashita. "kôfuku suru no ni ichi-jikan o, anata ni ataemasu. moshi ichi-jikan de kôfuku shinai no de areba, watashi wa anatagata o hakai shimasu." shikashi, kare no hanasi ga owaru mae ni, eirian no rêzâ wa howaitosutâ no hidari enjin ni

eine Stunde, um aufzugeben. Wenn ihr in einer Stunde nicht aufgebt, werde ich euch zerstören." Kurz bevor er seine Rede beendet hatte, traf jedoch ein Laser der Außerirdischen den linken Motor der White Star. Billys Laser begann, auf die Raumschiffe der Außerirdischen zu schießen, und gleichzeitig schaltete Billy den Hauptmotor und den rechten Motor an. Der Laser der Außerirdischen zerstörte den funktionierenden rechten Motor, und die White Star wackelte stark. Billy fiel auf den Boden und überlegte währenddessen, welches der Raumschiffe der Außerirdischen er zuerst zerstören musste.

atarimashita. birî no rêzâ wa eirian no uchûsen ni mukatte hasshasare hajime, dôji ni kare wa chûô to migi no enjin mo tsukemashita. eirian no rêzâ wa ugoite iru migi enjin o hakaishi, howaitosutâ o hidoku yurashimashita. birî wa yuka ni ochi, ochite iru aida, dono eirian no uchûsen o saki ni hakai shinakereba ikenai no darô to kangaemashita.

きゃろる：しかし彼は金属の床に自分の頭をぶつけ、即死しました。亡くなる前に彼は、彼のことを愛した、かわいそうで美しい女の子を思い出し、彼女から去ったことを申し訳なく思いました。

kyaroru: shikashi kare wa kinzoku no yuka ni jibun no atama o butsuke, sokushi shimashita. nakunaru mae ni kare wa, kare no koto o aishita, kawaisô de utsukushii onnanoko o omoi dashi, kanojo kara satta koto o môshiwakenaku omoimashita.

人々は、かわいそうなえいりあんとの、このばかげた戦争をすぐに終わらせました。彼らは自分たちの宇宙船とれーざーを全て破壊しました。そしてえいりあんに、人間はにど と彼らに対して戦争は始めないと知らせました。人々は、えいりあんと友達になりたかったのだ、と言いました。じゅりあはそれ

Carol: Aber er schlug mit seinem Kopf auf dem metallenen Boden auf und war sofort tot. Bevor er starb, dachte er noch an das arme schöne Mädchen, das ihn liebte, und es tat ihm sehr leid, dass er es verlassen hatte.

Kurz darauf beendeten die Menschen den dummen Krieg gegen die armen Außerirdischen. Sie zerstörten all ihre eigenen Raumschiffe und Laser und teilten den Außerirdischen mit, dass die Menschen nie wieder einen Krieg gegen sie beginnen würden. Die Menschen sagten, sie wollten

について聞いたとき、とても喜びました。その後、彼女はてれびをつけ、素晴らしいどいつ語の連続どらまを見続けました。

hitobito wa, kawaisô na eirian to no, kono bakageta sensô o sugu ni owarasemashita. karera wa jibuntachi no uchûsen to rêzâ o subete hakai shimasita. sosite eirian ni, ningen wa nidoto karera ni taishi te sensô wa hajimenai to shirasemashita. hitobito wa, eirian to tomodachi ni naritakatta no da, to iimashita. juria wa sore ni tsui te kiita toki, totemo yorokobimashita. sono go, kanojo wa terebi o tsuke, subarashii doitsugo no renzoku dorama o mi tsuzukemashita.

でいびっど：人々は、自分たちの電波探知器とれーざーを全て破壊したので、えいりあんの宇宙船が地球のとても近くに来たことを誰も知りませんでした。何千ものえいりあんのれーざーが地球にあたり、かわいそうでおばかなじゅりあと50億の人々を、たちまち殺しました。地球は破壊されてしまい、そのぱーつは宇宙へ飛んで行きました。

deibiddo: hitobito wa, jibun tachi no denpa tanchiki to rêzâ o subete hakai shita no de, eirian no uchûsen ga chikyû no totemo chikaku ni kita koto o dare mo shirimasen deshita. nan-zen mo no eirian no rêzâ ga chikyû ni atari, kawaisô de obaka na juria to go-jû-

Freunde der Außerirdischen sein. Julia war sehr froh, als sie davon hörte. Dann machte sie den Fernseher an und schaute eine tolle deutsche Serie weiter.

David: Da die Menschen ihre eigenen Radare und Laser zerstört hatten, wusste niemand, dass Raumschiffe der Außerirdischen der Erde sehr nahe kamen. Tausende Laser der Außerirdischen trafen die Erde und töten die arme, dumme Julia und fünf Billionen Menschen in einer Sekunde. Die Erde war zerstört, und ihre Teile flogen in den Weltraum hinaus.

oku no hitobito o, tachimachi koroshimashita. chikyû wa hakai sarete shimai, sono pâtsu ha uchû e tonde ikimashita.

"あなたたちは時間切れになる前に終えたみたいですね。"かいと氏が微笑ながら言いました。

"anatatachi wa jikangire ni naru mae ni oeta mitai desu ne." kaito shi ga hohoemimasu.

"ええと、授業はこれで終了です。次の授業の時に、このぐるーぷわーくでの文章を読み、それについて話したりしましょう。"

"êto, jugyô wa kore de shûryô desu. tsugi no jugyô no toki ni kono gurûpuwâku deno bushô o yomi sore ni tsui te hanashitari shimashô."

„Wie ich sehe, habt ihr euren Text fertig, bevor die Zeit um ist", sagte Herr Kite lächelnd.

„Gut, der Unterricht ist vorbei. Lasst uns das nächste Mal diese Gruppenarbeit lesen und darüber sprechen."

25

Die Audiodatei

ロバートとデイビッドは新しい仕事を探しています

Robert und David suchen einen neuen Job

A

単語

1. アーティスト、芸術家 [âtisuto, geijutsu ka] - der Künstler
2. アイディア、考え、案 [aidia, kangae, an] - die Idee
3. エンジニア [enjinia] - der Ingenieur
4. ギフト、贈り物、プレゼント [gifutô, kurimono, purezento] - die Begabung
5. コンサルティング [konsarutingu] - die Beratung
6. サービスする, 仕える [sâbisu suru, tsukaeru] - bedienen
7. 差し上げる [sasiageru] - geben
8. している間、その間 [shite iru aida, sono kan] - während
9. スパニエル [supanieru] - der Spaniel
10. スペイン人、スペイン語 [supeinjin, supeingo] - spanisch
11. ずるい、ずる賢い [zurui, zurugashikoi] - schlau
12. ねずみ [nezumi] - die Ratte

13. プログラマー [puroguramâ] - der Programmierer
14. ペット [petto] - das Haustier
15. リーダー [rîdâ] - der Führer
16. 予測する、予想する [yosoku suru, yosô suru] - beurteilen
17. 作家、ライター [sakka, raitâ] - der Schriftsteller
18. 個人的な、個人の、自分の [kojinteki na, kojin no, jibun no] - persönlich
19. 医者 [isha] - der Arzt
20. 単調な [tanchô na] - monoton
21. 声に出して [koe ni dashite] - laut
22. 夢 [yume] - der Traum
23. 夢を見る [yume o miru] - träumen
24. 子犬 [koinu] - der Welpe
25. 子猫 [koneko] - das Kätzchen
26. 宣伝、広告 [senden, kôkoku] - die Anzeige
27. 年、年齢 [toshi, nenrei] - das Alter
28. 広告 [kôkoku] - das Inserat
29. 推薦、おすすめ [suisen, osusume] - die Empfehlung
30. 推薦する、すすめる [suisen suru, susumeru] - empfehlen
31. 方法、やりかた [hôhô, yarikata] - die Methode
32. 旅行 [ryokô] - reisen
33. おそらく [osoraku] - vielleicht
34. 欄、題目 [ran, daimoku] - die Rubrik
35. 汚い、汚れた [kitanai, yogore ta] - dreckig
36. 路上 [rojô] - die Straße
37. 長いあいだ、長いこと [nagai aida, nagai koto] - lange
38. 生活する [seikatsu suru] - leben
39. 求人広告 [kyûjin kôkoku] - die Stellenanzeige
40. 職業紹介 [shokugyô shôkai] - die Arbeitsvermittlung
41. 獣医 [jûi] - der Tierarzt
42. 自然 [shizen] - die Natur
43. 芸術、アート [geijutsu, âto] - die Kunst
44. 見つけた、見つかった、わかった [mitsuketa, mitsukatta, wakatta] - gefunden haben
45. 質問表 [shitsumonhyô] - der Fragebogen
46. 農家 [nôka] - der Bauer
47. 飼育員 [shiikuin] - der Tierpfleger
48. 近所の人 [kinjo no hito] - der Nachbar
49. 通訳、翻訳家 [tsûyaku, hon'yaku ka] - der Übersetzer
50. 食べ物 [tabemono] - das Essen

B

ロバートとデイビッドは新しい仕事を探しています

robâto to deibiddo wa atarashii shigoto o sagashite imasu

ろばーととでいびっどはでいびっどの家にいます。でいびっどは朝食の後、てーぶるをそうじ掃除していて、ろばーとは新聞の宣伝とこうこく広告を読んでいます。彼は動物という欄を読んでいます。でいびっどの妹のなんしーも部屋にいます。彼女はべっどの下に隠れている猫を捕まえようとしています。

robâto to deibiddo wa deibiddo no ie ni imasu. deibiddo wa chôshoku no nochi, têburu o sôji shiteite, robâto wa shinbun no senden to kôkoku o yonde imasu. kare wa dôbutsu to iu ran o yonde imasu. deibiddo no imôto no nanshî mo heya ni imasu. kanojo wa beddo no shita ni kakurete iru neko o tsukamaeyô to shite imasu.

"新聞にはたくさんの無料のぺっとがのっているよ。ぼくなら猫か犬を選ぶと思うな。でいびっど、どう思う？"ろばーとがでいびっどに聞きます。"なんしー、猫をいじめない

Robert und David suchen einen neuen Job

Robert und David sind bei David zu Hause. David macht den Tisch nach dem Frühstück sauber, und Robert liest Anzeigen und Inserate in der Zeitung. Er liest die Rubrik ‚Tiere'. Davids Schwester Nancy ist auch im Zimmer. Sie versucht, die Katze, die sich unterm Bett versteckt, zu fangen.

„Es gibt so viele kostenlose Tiere in der Zeitung. Ich denke, ich werde mir eine Katze oder einen Hund aussuchen. Was meinst du, David?", fragt Robert.

で！" でいびっどが怒ったように言います。

"shinbun niwa takusan no muryô no petto ga notte iru yo. boku nara neko ka inu o erabu to omou na. deibiddo, dô omou?" robâto ga deibiddo ni kikimasu.
"nanshî, neko o ijimenaide!" deibiddo ga okotta yô ni iimasu.

"新聞（しんぶん）にはたくさんの無料（むりょう）のぺっとがのっているよ。ぼくなら猫（ねこ）か犬（いぬ）を選（えら）ぶと思（おも）うな。でいびっど、どう思（おも）う？" ろばーとがでいびっどに聞（き）きます。"なんしー、猫（ねこ）をいじめないで！" でいびっどが怒（おこ）ったように言（い）います。

"êto, robâto. sonna ni waruku nai aidia da ne. petto wa itsumo kimitachi ga kaettekuru no o ie de matte ite, kimitachi ga ie ni kaettekite nani ka tabemono o ageru toki, totemo yorokobu n da yo. soshite, asaban ni sanpo shite koya o sôji suru no o wasurete wa ikenai yo. tamani wa, yuka o sôji suru ka, petto o jûi ni tsurete ikanakereba ikenai yo. dakara dôbutsu o kau mae ni, yoku kangaerun da."

"ええと、ここにいくつか広告があるよ。きいてね。" ロバートはそう言い、声をだして読み始めます：

"ねずみのような、汚い白い犬を見つけました。おそらく、路上で長いあいだ生活していたのでしょう。お金を払ってくれる人に売ります。"

„Nancy, hör auf, die Katze zu ärgern", sagt David wütend.

„Na ja, Robert, das ist keine schlechte Idee. Dein Haustier wartet immer zu Hause auf dich und ist so glücklich, wenn du nach Hause kommst und ihm Futter gibst. Und vergiss nicht, dass du morgens und abends mit deinem Tier Gassi gehen oder seine Kiste sauber machen musst. Manchmal musst du den Boden putzen oder mit dem Tier zum Tierarzt gehen. Also, denk gut darüber nach, bevor du dir ein Haustier anschaffst."

„Also, hier sind ein paar Anzeigen. Hör zu", sagt Robert und beginnt, laut vorzulesen:

„Habe einen dreckigen, weißen Hund gefunden, sieht aus wie eine Ratte. Hat vielleicht lange auf der

こっちにもうひとつ：

"スペイン犬、スペイン語を話します。無料で渡します。それから、無料の子犬は、スパニエルと、近所のずる賢い犬のハーフです。"

"êto, koko ni ikutsu ka kôkoku ga aru yo. kîte ne." robâto wa sô ii, koe o dashite yomi hajimemasu : "nezumi no yô na, kitanai shiroi inu o mitsukemashita. osoraku rojô de nagai aida seikatsu shite ita no deshô. okane o haratte kureru hito ni urimasu." kocchi ni mô hitotsu : "supein ken, supeingo o hanashimasu. muryô de watashimasu. sorekara, muryô no koinutachi wa, supanieru to, kinjo no zurukashikoi inu no hâfu desu."

ろばーとはでいびっどを見ます。"どうやって犬がすぺいん語を話せるの。" "犬はすぺいん語を理解するのかもしれないね。すぺいん語、わかるの。" でいびっどが笑いながらききます。

"すぺいん語はわからないよ。きいて、もうひとつ広告があるよ：" 農場の子猫を無料で差し上げます。食べ物も食べられます。彼らは何でも食べるでしょう。"

robâto wa deibiddo o mimasu. "dô yatte inu ga supeingo o hanaseru no?" "inu wa supeingo o rikai suru no ka mo shirenai ne. supeingo, wakaru no?" deibiddo ga warai nagara kikimasu. "supeingo ha wakaranai yo. kiite, mô hitotsu kôkoku ga aru yo :

Straße gelebt. Ich gebe ihn für Geld her.

Und hier noch eine:

Spanischer Hund, spricht Spanisch. Gebe ihn kostenlos ab. Und kostenloser Welpe, halb Spaniel, halb schlauer Nachbarshund."

Robert sieht David an: „Wie kann ein Hund Spanisch sprechen?"

„Ein Hund kann Spanisch verstehen. Verstehst du Spanisch?", fragt David grinsend.

„Ich verstehe kein Spanisch. Hör zu, hier ist noch eine Anzeige:

Gebe kostenlos Kätzchen vom Bauernhof her. Fertig zum Essen. Sie essen alles."

"nôjô no koneko o muryô de sashiagemasu. tabemono mo taberaremasu. karera wa nan demo taberu deshô."

ろばーとは新聞をめくります。"ええと、ぺっとは急がなくてもいいと思うんだ。仕事のほうを探さなきゃ。"彼は求人広告をみつけ、声を出して読みます。

robâto wa shinbun o mekurimasu. "êto, petto wa isoganakute mo ii to omou n da. shigoto no hô o sagasanakya." kare wa kyûjin kôkoku o mitsuke, koe o dashite yomimasu.

Robert blättert die Zeitung um. „Na gut, ich denke, Tiere können warten. Ich suche besser einen Job." Er findet die Stellenanzeigen und liest laut:

"自分に合った仕事を探していますか？職業こんさるてぃんぐの"すーたぶるぱーそねる（ふさわしい人材）"があなたをお手伝いします。わたしたちのこんさるたんとはあなた個人の才能を評価し、最もふさわしい職業をあなたに推薦します。"

"jibun ni atta shigoto o sagashite imasu ka? shokugyô konsarutingu no "sûtaburupâsoneru (fusawashii jinzai)" ga anata o otetsudai shimasu. watashitachi no konsarutanto wa anata kojin no sainô o hyôka shi, mottomo fusawashii shokugyô o, anata ni suisen shimasu."

„Suchen Sie nach einem passenden Job? Die Arbeitsvermittlung ‚Passende Mitarbeiter' kann Ihnen helfen. Unsere Berater beurteilen Ihre persönliche Begabung und erstellen Ihnen eine Empfehlung für den passendsten Beruf."

ろばーとは見上げて言います。"でいびっど、どう

思う。" "あなたにとって一番の仕事は、海の中でとらっくを洗って浮かべることよ。" なんしーはそう言い、部屋の外へ素早く走っていきます。

robâto wa miagete iimasu. "deibiddo, dô omou?" "anata ni totte ichiban no shigoto wa, umi no naka de torakku o aratte ukaberu koto yo." nanshî wa sô ii, heya no soto e subayaku hashitte ikimasu.

"悪くないあいでぃあだね。さあ、もうすぐいこうよ。" でぃびっどはそうこたえ、なんしーが少し前にやかんに置いた猫を、気をつけてどかします。

"waruku nai aidia da ne. sâ, mou sugu ikoô yo." deibiddo wa sô kotae, nanshî ga ip-pun mae ni yakan ni oita neko o, ki o tsukete dokashimasu.

ろばーととでぃびっどは自転車で職業紹介の "すーたぶるぱーそねる（ふさわしい人材）" に着きます。列はないので、中へ入ります。二人の女性がいます。そのうちの一人は電話で話をしています。別の女性は何かを書いています。彼女はろばーととでぃびっどに、座るよう頼みます。

Robert sieht auf und sagt: „Was meinst du, David?"

„Der beste Job für euch ist, einen Laster im Meer zu waschen und ihn wegschwimmen zu lassen", sagt Nancy und rennt dann schnell aus dem Zimmer.

„Keine schlechte Idee. Lass uns gleich gehen", antwortet David und holt vorsichtig die Katze aus dem Kessel, in den Nancy sie kurz zuvor gelegt hatte.

Robert und David fahren mit dem Fahrrad zur Arbeitsvermittlung ‚Passende Mitarbeiter'. Es gibt keine Schlange und sie gehen hinein. Zwei Frauen sind da. Eine von ihnen telefoniert. Die andere schreibt etwas. Sie bittet Robert und David, Platz zu nehmen. Sie heißt

彼女の名前はしゃーぷさんです。彼女は彼らの名前と年齢を聞きます。

robâto to deibiddo wa jitensha de shokugyô shôkai no "sûtaburupâsoneru（fusawashii jinzai）" ni tsukimasu. retsu wa nai no de, naka e hairimasu. futari no josei ga imasu. sono uchi no hitori wa denwa de hanashi o shite imasu. betsu no josei wa nani ka o kaite imasu. kanojo wa robâto to deibiddo ni, suwaru yô tanomimasu. kanojo no namae wa shâpu san desu. kanojo wa karera no namae to nenrei o kikimasu.

Frau Sharp. Sie fragt sie nach ihren Namen und ihrem Alter.

"ええと、わたしたちが利用する方法を説明させてください。見てください、5種類の職業があります。

"êto, watashitachi ga riyô suru hôhô o setsumei sasete kudasai. mite kudasai, go shurui no shokugyô ga arimasu.

„Gut, lasst mich euch die Methode, nach der wir arbeiten, erklären. Seht, es gibt fünf Berufskategorien:

1種類目は人間と自然。職業：農家、飼育員など。

1. Die Erste ist Mensch - Natur. Berufe: Bauer, Tierpfleger usw.

2種類目は人間と機械。職業：ぱいろっと、たくしー運転手、とらっく運転手など。

2. Die Zweite ist Mensch - Maschine. Berufe: Pilot, Taxifahrer, Lastwagenfahrer usw.

3種類目は人間と人間。職業：医者、教師、じゃーなりすと

3. Die Dritte ist Mensch - Mensch. Berufe: Arzt, Lehrer, Journalist usw.

4. Die Vierte ist Mensch -

など。

4種類目は人間とこんぴゅーたー。
職業：翻訳家、えんじにあ、ぷろぐらまーなど。

5種類目は人間とあーと。職業：作家、あーてぃすと、歌手など。

is-shurui-me wa ningen to shizen. shokugô：nôka, shiikuin nado. ni-shurui-me wa ningen to kikai. shokugyô：pairotto, takushî untenshu, torakku untenshu nado. san-shurui-me wa ningen to ningen. shokugyô：isha, sensei, jânarisuto nado. yon-shurui-me wa ningen to konpyûtâ. shokugyô：hon'yakuka, enjinia, puroguramâ nado. go-shurui-me wa ningen to âto. shokugyô：sakka, âtisuto, kashu nado.

Computer. Berufe: Übersetzer, Ingenieur, Programmierer usw.

5. Die Fünfte ist Mensch - Kunst. Berufe: Schriftsteller, Künstler, Sänger usw.

わたしたちは、あなたたちについてもっと知ってから、ふさわしい職業を推薦します。まず、あなたたちの才能を評価させてください。あなたがたが、何が好きで何が好きでないかを知らなければなりません。その後、どの種類の職業があなた方に最もふさわしいかを知ることができます。では、質問表を埋めてください。"

watashitachi wa, anatatachi ni tsui te motto shitte

Wir erstellen Empfehlungen für passende Berufe erst, wenn wir euch besser kennengelernt haben. Lasst mich zuerst eure persönlichen Begabungen beurteilen. Ich muss wissen, was ihr mögt und was ihr nicht mögt. Dann wissen wir, welcher Beruf am besten zu euch passt.

kara, fusawashii shokugyô o suisen shimasu. mazu, anatatachi no sainô o hyôka sasete kudasai. anatagata ga, nani ga suki de nani ga suki de nai ka o shiranakereba narimasen. sono go, dono shurui no shokugyô ga anata gata ni mottomo fusawashii ka o shiru koto ga dekimasu. de wa, shitsumon hyô o umete kudasai."

しゃーぷさんはそう言い、彼らに質問表を渡します。でいびっどとろばーとは質問表を埋めます。

shâpu san wa sô ii, karera ni shitsumonhyô o watashimasu. deibiddo to robâto wa shitsumonhyô o umemasu.

質問表
shitsumonhyô

名前：でいびっどついーたー

namae : deibiddo tsuittâ

機械を見る－どちらでもない

人と話す－好き

接客する－どちらでもない

車、とらっくを運転する－好き

屋内で働く－好き

屋外で働く－好き

Füllt jetzt bitte den Fragebogen aus", sagt Frau Sharp und gibt ihnen die Fragebögen. David und Robert füllen die Fragebögen aus.

Fragebogen

Name: David Tweeter

Maschinen beobachten - Habe ich nichts dagegen

Mit Menschen sprechen - Mag ich

Kunden bedienen - Habe ich nichts dagegen

Autos, Lastwagen fahren - Mag ich

Im Büro arbeiten - Mag ich

Draußen arbeiten - Mag ich

Mir viel merken - Habe ich

たくさん記憶する－どちらでもない

旅行－好き　評価、

確認する－嫌い

汚れる作業－どちらでもない

単調な作業－嫌い

厳しい作業－どちらでもない

りーだーになる－どちらでもない

ちーむで働く－どちらでもない

働いている間に夢を見る－好き

とれーにんぐする－どちらでもない

創造的な作業－好き

文章を書く－好き

kikai o miru - dochira de mo nai

hito to hanasu - suki

sekkyaku suru - dochira de mo nai

kuruma, torakku o unten suru - suki

yanai de hataraku - suki

yagai de hataraku - suki

takusan kioku suru - dochira de mo nai

ryokô - suki

hyôka, kakunin suru - kirai

nichts dagegen

Reisen - Mag ich

Bewerten, kontrollieren - Hasse ich

Dreckige Arbeit - Habe ich nichts dagegen

Monotone Arbeit - Hasse ich

Schwere Arbeit - Habe ich nichts dagegen

Führer sein - Habe ich nichts dagegen

In der Gruppe arbeiten - Habe ich nichts dagegen

Während der Arbeit träumen - Mag ich

Trainieren - Habe ich nichts dagegen

Kreative Arbeit - Mag ich

Mit Texten arbeiten - Mag ich

yogoreru sagyô - dochira de mo nai

tanchô na sagyô - kirai

kibishii sagyô - dochira de mo nai

rîdâ ni naru - dochira de mo nai

chîmu de hataraku - dochira de mo nai

hataraite iru aida ni yume o miru - suki

torêningu suru - dochira de mo nai
sôzôteki na sagyô - suki
bunshô wo kaku - suki

質問表
shitsumonhyô

名前：ろばーとげんしゃー

namae : robâto genshâ

機械を見る - どちらでもない

人と話す - 好き

接客する - どちらでもない

車、とらっくを運転する - どちらでもない

屋内で働く - 好き

屋外で働く - 好き

たくさん記憶する - どちらでもない

旅行 - 好き

評価、確認する - どちらでもない

Fragebogen

Name: Robert Genscher

Maschinen beobachten - Habe ich nichts dagegen

Mit Menschen sprechen - Mag ich

Kunden bedienen - Habe ich nichts dagegen

Autos, Lastwagen fahren - Habe ich nichts dagegen

Im Büro arbeiten - Mag ich

Draußen arbeiten - Mag ich

Mir viel merken - Habe ich nichts dagegen

Reisen - Mag ich

Bewerten, kontrollieren - Habe ich nichts dagegen

Dreckige Arbeit - Habe ich

汚れる作業 - どちらでもない
単調な作業 - 嫌い
厳しい作業 - どちらでもない
りーだーになる - 嫌い
ちーむで働く - 好き
働いている間に夢を見る - 好き
とれーにんぐする - どちらでもない
創造的な作業 - 好き
文章を書く - 好き

kikai o miru - dochira de mo nai
hito to hanasu - suki
sekkyaku suru - dochira de mo nai
kuruma, torakku o unten suru - dochira de mo nai
yanai de hataraku - suki
yagai de hataraku - suki
takusan kioku suru - dochira de mo nai
ryokô - suki
hyôka, kakunin suru - dochira de mo nai
yogoreru sagyô - dochira de mo nai
tanchô na sagyô - kirai
kibishii sagyô - dochira de mo nai
rîdâ ni naru - kirai
chîmu de hataraku - suki
hataraite iru aida ni yume o miru - suki
torêningu suru - dochira de mo nai
sôzôteki na sagyô - suki
bunshô o kaku - suki

nichts dagegen
Monotone Arbeit - Hasse ich
Schwere Arbeit - Habe ich nichts dagegen
Führer sein - Hasse ich
In der Gruppe arbeiten - Mag ich
Während der Arbeit träumen - Mag ich
Trainieren - Habe ich nichts dagegen
Kreative Arbeit - Mag ich
Mit Texten arbeiten - Mag ich.

26

"サンフランシスコニュース"へ応募
Bewerbung bei den "San Francisco News"

A

単語

1. １７ [jû-nana] - siebzehn
2. ２１ [ni-jû-ichi] - einundzwanzig
3. 情報 [jôhô] - die Information, die Angabe
4. かもしれない [ka mo shirenai] - könnte, kann
5. さようなら [sayônara] - Auf Wiedersehen
6. ステータス、事態、関係；家族関係 [sutêtasu, jitai, kankei; kazoku kankei] - der Stand; der Familienstand

7. について知った、について学んだ [ni tsui te shitta, ni tsui te mananda] - kennengelernt haben
8. パトロール、[patorôru,] - die Patrouille, die Streife
9. 用紙、フォーム [yôshi, fômu] - das Formular
10. ミス、さん [misu, san] - Fräulein
11. レポーター [repôtâ] - der Reporter
12. レポートする [repôto suru] - berichten
13. 調書、レポート [chôsho, repôto] - der Bericht
14. 下線を引く [kasen o hiku] - unterstreichen
15. 与えた、渡した、あげた [ataeta, watashita, ageta] - gab
16. 乗った、取った、使った、食べた、飲んだ [notta, totta, tsukatta, tabeta, nonda] - nahm
17. ミドルネーム [midoru nêmu] - der zweite Name
18. 働いた [hataraita] - gearbeitet haben
19. 犯罪人、罪人 [hanzainin, zainin] - der Verbrecher
20. 行った [itta] - ging
21. 勧めた、推薦した [susumeta, suisen shita] - empfohlen haben
22. 去る、なくなる、出る [saru, nakunaru, deru] - verlassen
23. 同伴する [dôhan suru] - begleiten
24. 国籍 [kokuseki] - die Nationalität
25. 女性の [josei no] - weiblich
26. 学歴、教育 [gakureki, kyôiku] - die Ausbildung
27. 応募する [ôbo suru] - sich bewerben
28. 性別 [seibetsu] - das Geschlecht
29. 流暢に、上手に [ryûchou ni, jôzu ni] - fließend
30. 独身の [dokushin no] - ledig
31. 男性の [dansei no] - männlich
32. 空欄の、空白の [kûran no, kûhaku no] - leer
33. 埋める、記入する [umeru, kinyû suru] - ausfüllen
34. 時間通りに [jikan dôri ni] - pünktlich
35. 人事部 [jinjibu] - die Personalabteilung
36. 星印（＊）[hoshijirushi（＊）] - das Sternchen
37. 編集者 [henshûsha] - der Herausgeber
38. 評価した、予想した [hyôka shita, yosô shita] - ausgewertet haben
39. 警察 [keisatsu] - die Polizei
40. 質問した、聞いた、頼んだ [shitsumon shita, kiita, tanonda] - gefragt haben
41. 週 [shû] - die Oche
42. 項目 [kômoku] - das Feld

B

"サンフランシスコニュース"へ応募
"sanfuranshisuko nyûsu" e ôbo

しゃーぷさんはでいびっどとろばーとの質問票の回答を評価しました。彼女は、彼らの才能について知ったとき、彼らにふさわしい職業を推薦をすることができました。

shâpu san wa deibiddo to robâto no shitsumonhyô no kaitô o hyôka shimashita. kanojo wa, karera no sainô ni tsui te shitta toki, karera ni fusawashii shokugyô o suisen suru koto ga dekimashita.

彼女は、3番目の職種が彼らには最も合っていると言いました。それは、医者、先生、またはじゃーなりすとなどです。しゃーぷさんは彼らに、"さんふらんしすこにゅーす"という新聞社での仕事に応募するように勧めました。その新聞社は、犯罪欄の調書を書ける学生たちに向けて、あるばいとを与えました。その後、ろばーととでいびっど

Bewerbung bei den ‚San Francisco News'

Frau Sharp wertete Davids und Roberts Antworten im Fragebogen aus. Indem sie ihre persönlichen Begabungen kennenlernte, konnte sie ihnen Empfehlungen für passende Berufe geben.

Sie sagte, dass die dritte Berufskategorie am besten zu ihnen passte. Sie könnten als Arzt, Lehrer oder Journalist arbeiten. Frau Sharp empfahl ihnen, sich um einen Job bei der Zeitung ‚San Francisco News' zu bewerben. Die hatte einen Nebenjob für Studenten zu vergeben, die Polizeiberichte in der Rubrik über Verbrechen verfassen konnten. Also gingen Robert und David in die Personalabteilung der Zeitung

は新聞社、"さんふらんしすこにゅーす"の人事部に行き、仕事に応募しました。kanojo wa, san-ban-me no shokushu ga karera niwa mottomo atte iru to iimashita. sore wa, isha, sensei, matawa jânarisuto nado desu. shâpu san wa karera ni, "sanfuranshisuko nyûsu" to iu shinbunsha de no shigoto ni ôbo suru yô ni susumemashita. sono shinbunsha wa, hanzairan no chôsho o kakeru gakuseitachi ni mukete, arubaito o ataemashita. sono go, robâto to deibiddo wa shinbunsha, "san sanfuranshisuko nyûsu" no jinjibu ni iki, kono shigoto ni ôbo shimashita.

‚San Francisco News' und bewarben sich um den Job.

"わたしたちは職業紹介の"すーたぶるぱーそねる"へ今日行きました。"でいびっどが、人事部長のすりむさんに言います。"彼らが、こちらの新聞社へ応募するよう、わたしたちに推薦しました。"

„Wir waren heute bei der Arbeitsvermittlung Passende Mitarbeiter", sagte David zu Frau Slim, der Leiterin der Personalabteilung. „Sie haben uns empfohlen, uns bei Ihrer Zeitung zu bewerben."

"watashitachi wa shokugyô shôkai no "sûtaburupâsoneru" e kyô ikimashita." deibiddo ga, jinjibuchô no surimu san ni iimasu. "karera ga, kochira no shinbunsha e ôbo suru yô, watashitachi ni suisen shimashita."

"ええと、以前にれぽーたーとして働いたことはありますか?"すりむさんが質問

„Habt ihr schon als Reporter gearbeitet?", fragte Frau Slim.

しました。

"êto, izen ni repôtâ to shi te hataraita koto wa arimasu ka?" surimu san ga shitsumon shimashita.

"いいえ、ありません。"でいびっどがこたえました。

"îe, arimasen." deibiddo ga kotaemashita.

"これらの個人情報用紙に記入してください。"すりむさんはそう言って、彼らに２つの用紙を渡しました。ろばーととでいびっどは個人情報用紙に記入しました。

"korera no kojin jôhô yôshi ni kinyû shite kudasai." surimu san wa sô itte, karera ni futatsu no yôshi o watashimashita. robâto to deibiddo wa kojin jôhô yôshi ni kinyû shimashita.

個人情報用紙
kojin jôhô yôshi

星印＊の項目は必ず埋めてください。その他の項目は空欄でも構いません。

hoshijirushi no kômoku wa kanarazu umete kudasai. sono ta no kômoku wa kûran de mo kamaimasen.

名前＊ーでいびっど

みどるねーむ

"Nein", antwortete David.

"Füllt bitte diese Formulare mit euren persönlichen Angaben aus", sagte Frau Slim und gab ihnen zwei Formulare. Robert und David füllten sie aus.

Persönliche Angaben

Alle mit einem Sternchen * markierten Felder müssen ausgefüllt werden. Die anderen Felder können leer gelassen werden.

Vorname - David

Zweiter Name

みょうじ
名字 *－ついーたー

せいべつ かせん ひ　　　　おとこ
性別 *（下線を引いてください）－ 男
おんな
　女

ねんれい　とし
年齢 *－20歳

こくせき
国籍 *－あめりか

はいぐうかんけい かせん ひ
配偶関係（下線を引いてください）－
どくしんきこん
独身既婚

じゅうしょ　　　　どお　ばん
住所 *－くいーん通り11番、さんふら
んしすこ、あめりか

がくれき だいがく　かいせい
学歴－大学3回生で、じゃーなりず
　　べんきょう
むを勉強しています。

いぜん　　　はたら
以前どこで働いたことがありますか？－2
　　かげつのうじょう はたら
ヶ月農場で働きました。

なに けいけん　　　　　　　　　しゃ
何の経験とすきるがありますか？*－車
　　　　　　　うんてん
ととらっくが運転でき、こんぴゅーたーが
つか
使えます。

ごがく　　　　りゅうちょう　ご
語学 *0－なし,10－流暢 －すぺいん語－8,

Nachname - Tweeter

Geschlecht (unterstreiche) - <u>männlich</u> weiblich

Alter - Zwanzig

Nationalität - Amerikaner

Familienstand (unterstreiche) - <u>ledig</u> verheiratet

Addresse - 11 Queen street, San Francisco, USA

Ausbildung - Ich studiere Journalismus im dritten Jahr an der Universität

Wo haben Sie zuvor gearbeitet? - Ich habe zwei Monate auf einem Bauernhof gearbeitet

Welche Erfahrung und Fähigkeiten haben Sie? - Ich kann Auto und Lastwagen fahren und mit dem Computer arbeiten.

Sprachen 0 - nein, 10 - fließend -

えいご
英語 -10

うんてんめんきょしょう かせん ひ
運転免許証*(下線を引いてください)-いいえ はい 種類:BC、とらっくを
うんてん
運転できます。

ひつよう しごと かせん ひ
必要な仕事*(下線を引いてください)-
せいしゃいん まいしゅう
正社員 あるばいと:毎週１５
じかん きぼうしゅうにゅうがく じきゅう
時間 希望収入額 - 時給１５
どる

namae - deibiddo

midorunêmu

myôji - tsuîtâ

seibetsu (kasen wo hiite kudasai) - <u>otoko</u> onna

nenrei - ni-jus-sai

kokuseki - amerika

haigû kankei (kasen wo hiite kudasai) - <u>dokushin</u> kikon

jûsho - kuîn dôri jû-ichi-ban, san furanshisuko, amerika

gakureki - daigaku no san-kai sei de, jânarizumu o benkyô shite imasu.

izen doko de hataraita koto ga arimasu ka? - ni-kagetsu nôjô de hatarakimashita.

nan no keiken to sukiru ga arimasu ka? - kuruma to torakku ga unten deki, konpyûtâ ga tsukaemasu.

gogaku zero - nashi, jû - ryûchô - supeingo - hachi, Spanisch - 8, Englisch - 10

Führerschein (unterstreiche) - Nein <u>Ja</u> Typ: BC Kann Lastwagen fahren.

Sie brauchen einen Job (unterstreiche) - Vollzeit

<u>Teilzeit</u>: 15 Stunden die Woche

Sie wollen verdienen - 15 Dollar die Stunde

eigo - jû

unten menkyoshô (kasen wo hiite kudasai) - îe <u>hai</u>
shurui : BC, torakku o unten dekimasu.

hitsuyô na shigoto (kasen wo hiite kudasai) - seishain <u>arubaito</u> : maishû jû-go-jikan

kasegitai gaku - jikyû jû-go-doru

個人情報用紙
kojinjôhô yôshi

ほししるし　こうもく　かなら　う
星　印＊の　項　目　は　必　ず　埋めてくださ
た　こうもく　くうらん　かま
い。その他の　項　目　は　空　欄　でも　構　いま
せん。

hoshijirushi no kômoku wa kanarazu umete kudasai. sono ta no kômoku wa kûran de mo kamaimasen.

なまえ
名　前＊-ろばーと

みどるねーむ

みょうじ
名　字＊-げんしゃー

せいべつ　かせん　ひ　　　　　おとこ
性　別＊(下　線　を引いてください)- 男
おんな
女

ねんれい　　とし
年　齢＊-21 歳

こくせき
国　籍＊-どいつ

かぞく　　　　　　　かせん　ひ
家　族すてーたす(下　線　を引いてください)-

Persönliche Angaben

Alle mit einem Sternchen * markierten Felder müssen ausgefüllt werden. Die anderen Felder können leer gelassen werden.

Vorname - Robert

Zweiter Name

Nachname - Genscher

Geschlecht (unterstreiche) - <u>männlich</u> weiblich

Alter - einundzwanzig

Nationalität - Deutscher

Familienstand (unter-streiche) - <u>ledig</u> verheiratet

どくしん
独身 既婚

じゅうしょ　がくせいりょう　　　ごうしつ
住所＊－学生寮２１８号室、
だいがくどお　　ばん
大学通り３６番、さんふらんしすこ、
　　　　がくれき　だいがく　かいせい
あめりか 学歴－大学２回生で、こ
　　　　　　　　　　　　べんきょう
んぴゅーたーでざいんを勉強していま
す。

いぜん　　　　はたら
以前どこで働いたことがありますか？－２
かげつのうじょう　はたら
ヶ月農場で働きました。

なに　けいけん
何の経験とすきるがありますか？＊－こん
　　　　　　つか
ぴゅーたーが使えます。

ごがく　　　　　　りゅうちょう　　ご
語学＊０－なし，１０－流暢－どいつ語－１０、
えいご
英語－８

うんてんめんきょしょう　かせん　ひ
運転免許証＊（下線を引いてくだ
　　　　　　　しゅるい
さい）－いいえはい 種類：

ひつよう　しごと　かせん　ひ
必要な仕事＊（下線を引いてください）－
せいしゃいん　　　　　　　まいしゅう
正社員あるばいと：毎週１５
じかん
時間

きぼうしゅうにゅうがく　じきゅう
希望収入額－時給１５どる

Addresse - Zimer 218, Studentenwohnheim, College Street 36, San Francisco, USA

Ausbildung - Ich studiere Computerdesign im zweiten Jahr an der Universität

Wo haben Sie zuvor gearbeitet? - Ich habe zwei Monate auf einem Bauernhof gearbeitet

Welche Erfahrung und Fähigkeiten haben Sie? - Ich kann mit dem Computer umgehen

Sprachen 0 - nein, 10 - fließend - Deutsch - 10, Englisch - 8

Führerschein (unter-streiche) - <u>Nein</u> Ja Typ:

Sie brauchen einen Job (unterstreiche) - Vollzeit <u>Teilzeit</u>: 15 Stunden die Woche

Sie wollen verdienen - 15 Dollar die Stunde

namae - robâto

midorunêmu

myôji - genshâ

seibetsu (kasen wo hiite kudasai) - <u>otoko</u> onna

nenrei - ni-jûi-ssai

kokuseki - doitsu

kazoku sutêtasu (kasen) - <u>dokushin</u> kikon

jûsho - gakusei ryô ni-ichi-hachi-gô-shitsu, daigaku dôri sanjû-roku-ban, san furanshisuko, amerika

gakureki - daigaku no ni-kai-sei de, konpyûtâ dezain o benkyô shite imasu.

izen doko de hatarai ta koto ga arimasu ka? - ni-kagetsu nôjô de hatarakimashita.

nan no keiken to sukiru ga arimasu ka? - konpyûtâ ga tsukaemasu.

gogaku zero - nashi, jû - ryûchô - doitsugo - jû, eigo - hachi

unten menkyoshô (kasen wo hiite kudasai)- <u>îe</u> hai shurui :

hitsuyô na shigoto (kasen wo hiite kudasai)- seishain <u>arubaito</u> : maishû jû-go-jikan

kasegitai gaku - jikyû jû-go-doru

すりむさんは彼らの個人情報用紙を"さんふらんしすこにゅーす"の編集者へ持って行きました。

"編集者は同意をしました。"すりむさんは戻ってきて言いました。"あなたた

Frau Slim brachte die Formulare mit ihren persönlichen Angaben zum Herausgeber der ‚San Francisco News'.

„Der Herausgeber ist einverstanden", sagte Frau Slim, als sie zurückkam. „Ihr begleitet

ちは警察ぱとろーるに同伴をして、それから犯罪欄の調書を書きます。ぱとかーが明日１７時にあなたたちを迎えにきます。時間通りにそこにいてくださいね。" "もちろんです。"ろばーとがこたえました。"はい、時間通りにそこにいます。"でいびっどは言いました。"さようなら" "さようなら"すりむさんはこたえました。

surimu san wa karera no kojin jôhô yôshi o
"sanfuranshisuko nyûsu" no henshûsha e motte ikimashita. "henshûsha wa dôi o shimashita," surimu san wa modotte kite ii mashita.
"anatatachi wa keisatsu patorôru ni dôhan o shite, sore kara hanzairan no chôsho o kakimasu. patokâ ga ashita jû-nana-ji ni anatatachi o mukae ni kimasu. jikan dôri ni soko ni ite kudasai ne?"
"mochiron desu." robâto ga kotaemashita.
"hai, jikan dôri ni soko ni imasu." deibiddo wa iimashita. "sayônara" "sayônara" surimu san wa kotaemashita.

eine Polizeistreife und schreibt dann Berichte für die Kriminalrubrik. Morgen um siebzehn Uhr werdet ihr von einem Polizeiauto abgeholt. Seid pünktlich da, ok?"

„Klar", antwortete Robert.

„Ja, wir werden pünktlich sein", sagte David. „Auf Wiedersehen".

„Auf Wiedersehen", antwortete Frau Slim.

27

Die Audiodatei

警察パトロール（パート１）
Die Polizeistreife (Teil 1)

A

単語

1. １００ [hyaku] - hundert
2. １２ [jû-ni] - zwölf
3. アラーム、警報 [arâmu, keihô] - der Alarm
4. サイレン [sairen] - die Sirene
5. シートベルト [shîtoberuto] - der Sicherheitsgurt
6. した、やった、行った [shita, yatta, okonatta] - tat
7. 閉まっている [shimatte iru] - geschlossen sein
8. シートベルトをしめる [shîtoberuto o shimeru] - sich anschnallen
9. スピード違反者 [supîdo ihansha] - der Raser
10. ちくしょう [chikushô] - verdammt

11. どうしたの？、何があったの？ [dô shita no?, nani ga atta no?] - Was ist los?
12. マイク [maiku] - das Mikrofon
13. みんな、全員 [minna, zen'in] - alle
14. 制限時速 [seigen jisoku] - die Geschwindigkeitbegrenzung
15. わかった、理解した [wakatta, rikai shita] - verstanden haben
16. 乾かす [kawakasu] -trocken
17. 会った、合った [atta, atta] - getroffen haben, kennengelernt haben
18. 値段、価格 [nedan, kakaku] - der Preis
19. 加速、スピード；加速する、スピード違反をする [kasoku, supîdo; kasoku suru, supîdo ihan o suru] - die Geschwindigkeit; rasen
20. 同伴した [dôhan shita] - begleitet haben
21. 警察無線 [keisatsu musen] - der Polizeifunk
22. 吠えた [hoeta] - bellte
23. 鳴り渡る [nariwataru] - heulend
24. 周りを見る、見て回る、見渡す [mawari o miru, mitemawaru, miwatasu] - sich umsehen
25. （運転を）始めた [(unten o) hajimeta] - fuhr los
26. 巡査部長 [junsabuchô] - der Polizeihauptmeister
27. 待った [matta] - wartete
28. 恐れる、怖がる [osoreru, kowagaru] - ängstlich
29. 飛ばして行った [tobashite itta] - raste vorbei
30. 手錠 [tejô] - die Handschellen
31. 泣いた、叫んだ [naita, sakenda] - rief, gerufen haben
32. 泥棒 [dorobô] - der Diebstahl
33. 泥棒 [dorobô] - der Dieb
34. 泥棒（複数） [dorobô (fukusû)] - die Diebe (Plural)
35. 試みた、やってみた [kokoro mita, yatte mita] - versuchte
36. 見せた [miseta] - zeigte
37. 警察官 [keisatsukan] - der Polizist
38. 踏んだ [funda] - trat
39. アクセル [akuseru] - das Gaspedal
40. 追跡 [tsuiseki] - die Verfolgung
41. 運転した [unten shita] - fuhr
42. 銃 [jû] - die Waffe
43. 鍵 [kagi] - der Schlüssel
44. 開けた、開いた [aketa, hiraita] - öffnete
45. 隠した [kakushita] - sich versteckte
46. 高い [takai] - hoch

B

警察パトロール（パート１）
keisatsu patorôru （pâto ichi）

翌日、ろばーととでいびっどは新聞社"さんふらんしすこにゅーす"の建物に、17時に到着しました。ぱとかーはすでに彼らを待っていました。"こんにちは。わたしは巡査部長のふらんく・すとりくとです。"でいびっどとろばーとが車にくると、彼はそう言いました。

yokujitsu, robâto to deibiddo wa shinbunsha "san furanshisuko nyûsu" no tatemono ni, jû-nana-ji ni tôchaku shimashita. patokâ wa sude ni karera o matte imashita. "konnichiwa. watashi wa junsabuchô no furanku sutorikuto desu." deibiddo to robâto ga kuruma ni kuru to, kare wa sô ii mashita.

"こんにちは。お会いできて嬉しいです。ぼくの名前はろばーとです。ぼくたちはあなたに同伴しなければなりません。"ろばーとがこたえました。"こんにちは。ぼくはろばーとです。ぼくたちを長い間待っていましたか。"で

Die Polizeistreife (Teil 1)

Am nächsten Tag kamen Robert und David um siebzehn Uhr zum Gebäude der Zeitung ‚San Francisco News'. Das Polizeiauto wartete schon auf sie. Ein Polizist stieg aus dem Auto.

„Hallo. Ich bin Polizeihauptmeister Frank Strict", sagte er, als David und Robert zum Auto kamen.

"Hallo, schön, Sie kennenzulernen. Ich heiße Robert. Wir sollen Sie heute begleiten", antwortete Robert.

„Hallo, ich bin David. Haben Sie schon lange auf uns gewartet?", fragte David.

いびっどが質問しました。

"konnichiwa. oai dekite ureshii desu. boku no namae wa robâto desu. bokutachi wa anata ni dôhan shinakereba narimasen." robâto ga kotaemashita.

"konnichiwa. boku wa robâto desu. bokutachi o nagai aida matte imashita ka?" deibiddo ga shitsumon shimashita.

"いいえ。今、着いたところです。さあ、車に乗りましょう。今から街のぱとろーるを始めます。"警察官が言いました。
彼らは全員ぱとかーに乗り込みました。

"îe. ima, tsuita tokoro desu. sâ, kuruma ni norimashô. ima kara machi no patorôru o hajimemasu." keisatsukan ga ii mashita. karera wa zen'in patokâ ni norikomimashita.

"Nein, ich bin gerade erst gekommen. Lasst uns einsteigen. Wir fangen jetzt mit der Streife in der Stadt an", sagte der Polizist. Sie stiegen alles ins Polizeiauto.

"君たちは警察ぱとろーるの同伴は初めてですか。"すとりくと巡査部長がえんじんをかけながら質問しました。

"kimitachi wa keisatsu patorôru no dôhan wa hajimete desu ka?" sutorikuto junsa buchô ga enjin o kake nagara shitsumon shimashita.

"Begleitet ihr zum ersten Mal eine Polizeistreife?", fragte Polizeihaupt-meister Strict und machte den Motor an.

"ぼくたちは、今まで警察ぱとろーるに同伴をしたことがありません。"でいびっど

"Wir haben noch nie eine Polizeistreife begleitet", antwortete David.

がこたえました。このとき、警察の無線が鳴りました。:"P11とP07、注意して聞いてください。青い車が大学通り沿いをすぴーど違反しています。"

"bokutachi wa, ima made keisatsu patorôru ni dôhan o shita koto ga arimasen." deibiddo ga kotaemashita. kono toki, keisatsu no musen ga narimashita : "pî-jû-ichi to pî-zero-nana, chûi shite kiite kudasai! aoi kuruma ga daigaku dôri zoi o supîdo ihan shite imasu."

"P07、了解です。"すとりくと巡査部長はまいくで言いました。そして彼は男の子たちに言いました:"私たちの車はP07番です。"大きな青い車は、とても速いすぴーどで彼らを飛ばして行きました。ふらんく巡査部長はまいくを再び取って言いました。"こちらP07番です。すぴーど違反をしている青い車をみつけました。追跡を開始します。"その後、彼は男の子たちにいいます。

"pî-zero-nana,, ryôkai desu." sutorikuto junsabuchô wa maiku de iimashita. soshite kare wa

In diesem Moment meldete sich der Polizeifunk: „Achtung P11 und P07! Ein blaues Auto fährt zu schnell auf der Universitätsstraße."

„P07 ist dran", sagte Polizeihauptmeister Strict ins Mikrofon. Dann sagte er zu den Jungs: „Die Nummer unseres Autos ist P07." Ein großes blaues Auto raste mit hoher Geschwindigkeit an ihnen vorbei. Frank Strict nahm das Mikrofon und sagte: „Hier spricht P07. Ich sehe das rasende Auto. Nehme die Verfolgung auf". Dann sagte er zu den Jungs:

otokonokotachi ni iimashita："watashitachi no kuruma ha pî-zero-nana-ban desu." ôki na aoi kuruma wa, totemo hayai supîdo de karera o tobashite ikimashita. furanku junsabuchô ha maiku o futatabi totte iimashita. "kochira pî-zero-nana-ban desu. supîdo ihan o shite iru aoi kuruma o mitsukemashita. tsuiseki o kaishi shimasu." sono go, kare wa otokonokotachi ni iimasu.

"しーとべるとを閉めてください。"ぱとかーは素早く発進しました。巡査部長は、あくせるをいっぱいに踏んで、さいれんをつけました。彼らは鳴り渡るさいれんと共に、建物、車そしてばすを飛ばして行きました。ふらんく巡査部長は青いくるまを停車させました。巡査部長は車から出てすぴーど違反者のところまで行きました。でいびっどとろばーとは彼の後を行きます。

"shîtoberuto o shimete kudasai." patokâ wa subayaku hasshin shimashita. junsabuchô wa, akuseru o ippai ni-funde, sairen o tsukemashita. karera wa nariwataru sairen to tomo ni, tatemono, kuruma soshite basu o tobashite ikimasita. furanku junsabuchô wa aoi kuruma o teisha sasemashita. junsabuchô wa kuruma kara dete supîdo ihansha no tokoro made ikimashita. deibiddo to robâto wa kare

„Bitte anschnallen!" Das Polizeiauto fuhr schnell los. Der Polizeihaupt-meister trat das Gaspedal voll durch und machte die Sirene an. Mit heulender Sirene rasten sie an Gebäuden, Autos und Bussen vorbei. Frank Strict brachte das blaue Auto zum Anhalten. Der Polizeihauptmeister stieg aus dem Auto aus und ging zu dem Raser. David und Robert gingen ihm nach.

no ato o ikimasu.

"わたしは巡査部長のふらんくすとりくとです。運転免許証を見せてください。"警察官がすぴーど違反者に言いました。"わたしの運転免許証はこれです。"運転手は自分の運転免許証を見せました。"どうしたんですか。"彼は怒りながら言いました。

"watashi wa junsabuchô furanku sutorikuto desu. unten menkyoshô o misete kudasai." keisatsukan ga supîdo ihansha ni iimashita. "watashi no unten menkyoshô wa kore desu." untenshu ga jibun no unten menkyoshô o misemashita. "dô shita n desu ka?" kare wa ikari nagara iimashita.

"あなたは街の中を時速１２０きろで運転をしていました。制限時速は５０きろです。"巡査部長が言いました。
"ああ、これ。ほら、わたしは車を洗ったばかりなのです。だから、乾かすために少し速く運転していたんですよ。"男はずる賢い笑みを浮かべて言いました。

„Ich bin Polizeibeamter Frank Strict. Zeigen Sie mir bitte Ihren Führerschein", sagte der Polizist zu dem Raser.

„Hier ist mein Führerschein." Der Fahrer zeigte seinen Führerschein. „Was ist los?", fragte er wütend.

„Sie sind mit hundertzwanzig km/h durch die Stadt gefahren. Die Geschwindigkeits-begrenzung ist fünfzig", sagte der Polizeihaupt-meister.

„Ach so, das. Wissen Sie, ich habe gerade mein Auto gewaschen. Ich bin ein bisschen schneller gefahren, damit es trocknet", sagte der

"車を洗うのには、お金がたくさんかかりますか。"警察官は聞きました。"いいえ、そんなに。１２どるでしたよ。"すぴーど違反者は言いました。

"anata wa machi no naka o jisoku hyaku-ni-juk-kiro de unten o shite imashita. seigen jisoku wa go-juk-kiro desu." junsabuchô ga iimashita. "â, kore. hora, watashi wa kuruma o aratta bakari na no desu. dakara, kawakasu tame ni sukoshi hayaku unten shite ita n desu yo." otoko wa ijiwaru na emi de iimashita. "kuruma o arau no niwa, okane ga takusan kakarimasu ka?" keisatsukan wa kikimashita. "îe, sonnani. jû-ni-doru deshita yo." supîdo ihansha iimashita.

"あなたは値段を知らないようですね。"すとりくと巡査部長は言いました。

"本当は２１２どるなんですよ、なぜならあなたは車を乾かすのに２００どる支払うからです。これが違反切符です。良い一日を。"警察官は言いました。彼は２００どる分のすぴーど違反切符と運転免許証をすぴーど違反者に渡してぱとかーへ戻りました。

Mann mit einem schlauen Grinsen.

„Ist es teuer, Ihr Auto zu waschen?", fragte der Polizist.

„Nein. Es kostet zwölf Dollar", sagte der Raser.

„Sie kennen die Preise nicht", sagte Polizei-hauptmeister Strict. „In Wirklichkeit kostet es Sie zweihundertzwölf Dollar, denn Sie werden zweihundert Dollar fürs Trocknen zahlen. Hier ist der Strafzettel. Einen schönen Tag noch", sagte der Polizist. Er gab dem Raser einen Strafzettel für Geschwindigkeits-überschreitung über zweihundert Dollar und seinen Führerschein und ging zurück zum Polizeiauto.

"anata wa nedan o shiranai yô desu ne." sutorikuto junsabuchô wa iimashita. "hontôwa ni-hyaku-jû-ni-doru na n desu yo, naze nara anata wa kuruma o kawakasu no ni ni-hyaku-doru shiharau kara desu. kore ga supîdo ihankippu desu. yoi ichi nichi o." keisatsukan wa iimashita. kare ha ni-hyaku-doru bun no supîdo ihankippu to unten menkyoshô o supîdo ihansha ni watashite patokâ e modorimashita.

"ふらんくさん、あなたはたくさんのすぴーど違反者との経験があるんですね、違いますか。"でいびっどが警察官に聞きました。"たくさんありますね。"ふらんくさんがえんじんをかけながら言いました。"初めは、彼らは怒った虎や、ずる賢い狐のようなのです。でもわたしが話したのちには、彼らは怖がる子猫か、間抜けな猿のように見えます。あの青い車の人のように。"

„Frank, du hast viel Erfahrung mit Rasern, nicht wahr?", fragte David den Polizisten.

„Ich habe schon viele kennengelernt", sagte Frank und machte den Motor an. „Zu erst sehen sie wie wütende Tiger oder schlaue Füchse aus. Aber nachdem ich mit ihnen gesprochen habe, sehen sie wie ängstliche Kätzchen oder dumme Affen aus. Wie der im blauen Auto."

"furanku san, anata wa takusan no supîdo ihansha to no keiken ga aru n desu ne, chigaimasu ka?" deibiddo ga keisatsukan ni kikimashita. "takusan arimasu ne." furanku san ga enjin o kake nagara iimashita. "hajime wa, karera wa okotta tora ya, zurugashikoi kitsune no yô na no desu. demo watashi ga hanashita nochi niwa, karera wa kowagaru koneko ka, manuke na saru no yô ni miemasu. ano aoi kuruma no hito no yô ni."

その時、小さな白い車が、街の公園から離れていない道沿いを、ゆっくりと走っていました。あるお店の近くで車は止まりました。男性と女性が車から降りてきて、お店まで行きました。お店は閉まっていました。男は周りを見回しました。そして彼は鍵をいくつか素早く取り出して、どあを開けようとしました。最後に、彼はどあを開け、二人は中に入って行きました。

sono toki, chîsa na shiroi kuruma ga, machi no kôen kara hanarete inai michi zoi o, yukkuri to hashitte imashita. aru omise no chikaku de kuruma wa tomarimashita. dansei to josei ga kuruma kara orite kite, omise made ikimashita. omise wa shimatte imashita. otoko wa mawari o mimawashimashita. soshite kare wa kagi o ikutsu ka subayaku tori dashite, doa o akeyô to shimashita. saigo ni, kare wa doa o ake, futari wa naka ni haitte ikimashita.

"みて。ここには本当にたくさんのどれすがある。"女性が言いました。彼女は大きなかばんを取り出して、全てをその中に入れ始めました。かばんがいっぱいになると、

In der Zwischenzeit fuhr ein kleines, weißes Auto nicht weit vom Stadtpark langsam die Straße entlang. Das Auto hielt in der Nähe eines Ladens. Ein Mann und eine Frau stiegen aus und gingen zu dem Laden. Er war geschlossen. Der Mann sah sich um. Dann holte er schnell einige Schlüssel hervor und versuchte, die Tür zu öffnen. Schließlich öffnete er sie, und sie gingen hinein.

„Sieh, so viele Kleider", sagte die Frau. Sie holte eine große Tasche hervor und begann, alles hineinzupacken. Als die Tasche voll war, brachte sie sie

彼女はそれを車へ持って行き、戻ってきました。"急いで全部をつめて。わあ。なんて素敵な帽子なんだ。" 男は言いました。彼はお店のうぃんどーから大きな黒い帽子を取って、かぶりました。

"mite! koko niwa hontô ni takusan no doresu ga aru!" josei ga iimashita. kanojo wa ôki na kaban o tori dashite, subete o sono naka ni ire hajimemashita. kaban ga ippai ni naru to, kanojo wa sore o kuruma e motte iki, soshite modotte kimashita. "isoide zenbu o tsumete! wâ! nan te suteki na bôshi na n da!" otoko wa iimashita. kare wa omise no windô kara ôki na kuroi bôshi o totte, kaburimashita.

"この赤いどれすをみて。すごく気に入った。" 女はそう言い、素早く赤いどれすを着ました。彼女は他のかばんは持っていませんでした。なので彼女は、他のものも手にとって、外へ走り出てそれらを車につめました。そして彼女は、もっと他のものを運ぶために、中へ走っていきました。

"kono akai doresu o mite! sugoku kiniitta!" onna wa sô ii, subayaku akai doresu o kimashita. kanojo wa hoka no kaban wa motte imasen deshita. na no

zum Auto und kam zurück.

„Nimm schnell alles! Oh! Was für ein schöner Hut!", sagte der Mann. Er nahm einen großen schwarzen Hut aus dem Schaufenster und zog ihn auf.

„Sieh dir dieses rote Kleid an! Das finde ich toll!", sagte die Frau und zog schnell das rote Kleid an. Sie hatte keine Taschen mehr. Deswegen nahm sie mehr Sachen in die Hände, rannte nach draußen und packte sie ins Auto. Dann rannte sie nach drinnen, um noch mehr Dinge zu holen.

de kanojo wa, hoka no mono mo te ni totte, soto e hashiri dete sorera o kuruma ni tsumemashita. soshite kanojo wa, motto hoka no mono o hakobu tame ni naka e hashitte ikimashita.

無線が鳴ったとき、ぱとかーP07は街の公園沿いをゆっくり運転していました。"全てのぱとろーる隊、注意して聞いてください。街の公園の近くのお店から窃盗警報がなりました。お店の住所はぱーく通り72番です。"

musen ga natta toki, patokâ pî-zero-nana wa machi no kôen zoi o yukkuri unten shite imashita. "subete no patorôru tai, chûi shite kiite kudasai. machi no kôen no chikaku no omise kara settou keihô ga narimashita. omise no jûsho wa pâkudôri nana-jû-ni-ban desu."

"P07、了解しました。"ふらんくさんはまいくで言いました。"わたしは現場のとても近くにいます。そこに向かいます。"彼らはお店をすぐに見つけ、白い車まで運転して行きました。そして彼らは車から出て行き、その後ろに隠れました。赤いどれすを着た女が、お店から

Das Polizeiauto P07 fuhr gerade langsam den Stadtpark entlang, als sich der Funk meldete: „Achtung, alle Einheiten. Wir haben einen Einbruchsalarm aus einem Laden in der Nähe des Stadtparks. Die Adresse des Ladens ist Parkstraße 72."

„P07 ist dran", sagte Frank ins Mikro. „Ich bin ganz in der Nähe. Fahre dorthin." Sie hatten den Laden schnell gefunden und fuhren zu dem weißen Auto. Dann stiegen sie aus dem Auto aus und versteckten sich dahinter. Die Frau im roten Kleid kam aus

走って出てきました。彼女はいくつかのどれすをぱとかーの上に置いて、走ってお店の中へ戻って行きました。女はとても素早くこれらの行為を行いました。彼女はそれがぱとかーだったことに気づかなかったのです。

"pî-zero-nana, ryôkai shimashita." furanku san wa maiku de iimashita. "watashi wa genba no totemo chikaku ni imasu. soko ni mukaimasu." karera wa omise o sugu ni mitsuke, shiroi kuruma made unten shite ikimashita. soshite karera wa kuruma kara dete iki, sono ushiro ni kakuremashita. akai doresu o kita onna ga, omise kara hashitte dete kimashita. kanojo wa ikutsu ka no doresu o patokâ no ue ni oite, hashitte omise no naka e modotte ikimashita. onna wa totemo subayaku korera no kôi wo okonaimashita. kanojo wa sore ga patokâ datta koto ni kizukanakatta no desu!

"ちくしょう。警察署に銃を忘れてきた。"ふらんくさんが言いました。ろばーととでいびっどはすとりくと巡査を見て、お互いに驚きました。警察官はとても混乱していたので、でいびっどとろばーとは、彼が自分たちの助けを必要として

dem Laden gerannt. Sie legte einige Kleider auf das Polizeiauto und rannte zurück in den Laden. Die Frau tat das sehr schnell. Sie sah nicht, dass es ein Polizeiauto war.

„Verdammt! Ich habe meine Waffe auf der Polizeiwache vergessen!", sagte Frank. Robert und David sahen Polizei-hauptmeister Strict und dann einander überrascht an. Der Polizist war so verwirrt, dass David und Robert verstanden, dass er Hilfe

いる、と理解しました。女が店から再び走り出て、ぱとかーの上にどれすをおき、走り戻って行きます。その後、でいびっどがふらんくさんに言いました："ぼくたち、銃をもっているふりならできますよ。"

"chikushô! keisatsusho ni jû o wasurete kita!" furanku san ga iimashita. robâto to deibiddo wa sutorikuto junsa o mite, soshite otagai ni odorokimashita. keisatsukan wa totemo konran shite ita no de, deibiddo to robâto wa, kare ga jibuntachi no tasuke wo hituyô to shite iru, to rikai shimashita. onna ga mise kara futatabi hashiri dete, patokâ no ue ni doresu o oki, hashiri modotte ikimasu. sono go, deibiddo ga furanku san ni iimashita : "bokutachi, jû o motte iru furi nara dekimasu yo."

"そうしよう。"ふらんくさんはこたえました。"でも、立ち上がらないで。泥棒たちは銃を持っているかもしれません。"彼はそう言い、それから叫びました。"警察です！店の中にいる者は、全員手を上げ、一人ずつゆっくりと店の外へ出てきなさい。"彼らは1分ほど待ちました。誰も出てきませんでした。その後、ろばーとは

brauchte. Die Frau rannte wieder aus dem Laden, legte Kleider auf das Polizeiauto und rannte zurück. Dann sagte David zu Frank: „Wir können so tun, als ob wir Waffen haben."

„Lasst uns das machen", antwortete Frank. „Aber ihr steht nicht auf. Die Diebe haben vielleicht Waffen", sagte er und rief dann: „Hier spricht die Polizei! Alle, die im Laden sind, heben ihre Hände und kommen langsam einer nach dem anderen aus raus!"

Sie warteten eine Minute. Niemand kam. Dann hatte

思いつきました。

"sô shiyô!" furanku san wa kotaemashita.
"demo, tachiagaranaide. dorobôtachi wa jû o motte iru ka mo shiremasen." kare wa sô ii, sore kara sakebimashita. "keisatsu desu! mise no naka ni iru mono wa, zen'in te o age, hitori zutsu yukkuri to mise no soto e dete kinasai!" karera wa ip-pun hodo machimashita. dare mo dete kimasen deshita. sono go, robâto wa omoitsukimashita.

"もし今出てこないのであれば、警察犬を使って追跡します。"彼はそう叫び、怒った大きな犬のように吠えました。泥棒たちは手をあげ、すぐに外へ走って出てきました。ふらんくさんは急いで彼らに手錠をかけ、ぱとかーに乗せました。そして彼はろばーとに言いました:"犬を持っているふりをしたのは名案でした。わたしはすでに二度も銃を忘れています。忘れたのが3回目だと、もし彼らが知れば、彼らはわたしを解雇するか、もしくはわたしにおふぃすわーくをさせるかもしれません。あなたたちは、このことを誰にもいいませんよね。"

"moshi ima dete konai no de areba, keisatsu ken o

Robert eine Idee.

"Wenn ihr nicht rauskommt, hetzen wir den Polizeihund auf euch!", rief er und bellte wie ein großer, wütender Hund. Die Diebe kamen sofort mit erhobenen Händen herausgerannt. Frank legte ihnen schnell Handschellen an und brachte sie ins Polizeiauto. Dann sagte er zu Robert: „Das war eine gute Idee, so zu tun, als ob wir einen Hund hätten. Weißt du, ich habe meine Waffe schon zweimal vergessen. Wenn sie herausfinden, dass ich sie zum dritten Mal vergessen habe, feuern sie mich vielleicht oder lassen mich Büroarbeit machen. Ihr erzählt es doch niemandem, oder?"

tsukatte tsuiseki shimasu!" kare wa sô sakebi, okotta ôki na inu no yô ni hoemashita. dorobôtachi wa te o age, sugu ni soto e hashitte dete kimashita. furanku san wa isoide karera ni tejô o kake, patokâ ni nosemashita. soshite kare wa robâto ni iimashita :"inu o motte iru furi o shita no wa meian deshita! watashi wa sudeni ni-do mo jû o wasurete imasu. wasureta no ga san-kai-me da to, moshi karera ga shireba, karera wa watashi o kaiko suru ka, moshikuwa watashi ni ofisuwâku o saseru ka mo shiremasen. anatatachi wa, kono koto o dare nimo iimasen yo ne?"

"もちろん、言いません。"ろばーとが言いました。"決して言いません。"でいびっどが言いました。"君たち、私を助けてくれて本当にありがとうございます。"ふらんくさんは彼らと力強く握手しました。

„Natürlich nicht!", sagte Robert.

„Nie", sagte David.

„Vielen Dank für eure Hilfe, Jungs!" Frank schüttelte ihnen kräftig die Hand.

"mochiron, iimasen!" robâto ga iimashita.
"kesshite iimasen." deibiddo ga iimashita.
"kimitachi, watashi o tasukete kurete hontô ni arigatô gozaimasu!" furanku san wa karera to chikarazuyoku akushu shimashita.

28

警察パトロール（パート2）
Die Polizeistreife (Teil 2)

A

単語

1. なった [natta] - klingelte
2. ガラス [garasu] - das Glas
3. ショッピングセンター [shoppingu sentâ] - das Einkaufszentrum
4. すいません [suimasen] - Entschuldigen Sie
5. なくなる [nakunaru] - weg
6. ポケット [poketto] - die Tasche
7. ボタン [botan] - der Knopf
8. まだ [mada] - noch
9. みた、目撃した [mita, mokugeki shita] - sah
10. ほとんどない [hotondo nai] - selten
11. も [mo] - auch
12. レジ;レジ係 [reji; rejigakari] - die Kasse; der Kassierer
13. わたしの [watashi no] - mein

14. 連れて行った、[tsurete itta] - gebracht haben
15. 向いた、曲がった [muita, magatta] - sich drehte
16. 守る [mamoru] - beschützen
17. 金庫 [kinko] - der Tresor
18. こっそり、密かに、秘密に [kossori, hisoka ni, himitsu ni] - heimlich
19. 応えた、答えた [kotaeta, kotaeta] - antwortete
20. 押す [osu] - drücken
21. 携帯電話 [keitai denwa] - das Handy
22. 撃った [utta] - schoss; angeschossen haen
23. 敬具 [keigu] - Hochachtungsvoll
24. 昨日 [kinô] - gestern
25. 普通の、普段の、いつもの [futsuu no, fudan no, itsumo no] - gewöhnlich
26. 泥棒 [dorobô] - der Dieb
27. 強盗、盗賊 [gôtô, tôzoku] - der Räuber
28. 窃盗、強盗 [settou, gôtô] - der Raubüberfall
29. 無意識に [muishiki ni] - bewusstlos
30. 現金、キャッシュ [genkin, kyasshu] - das Geld, das Bargeld
31. 男性、人（複数）[dansei, hito（fukusuu）] - die Männer (Plural)
32. 盗まれた [nusumareta] - gestohlen wurden
33. 許す [yurusu] - entschuldigen
34. 誰か [dare ka] - jemand
35. 誰の [dare no] - wessen
36. 賢い、頭のいい [kashikoi, atama no ii] - schlau
37. 跳ね返る [hanekaeru] - zurückprallen
38. 開けたまま、開いた [aketa mama, hiraita] - geöffnet
39. 電話 [denwa] - das Telefon

B

警察パトロール（パート２）
keisatsu patorôru （pâto ni）

Die Polizeistreife (Teil 2)

翌日、ろばーととでいびっどは、再びふらんく巡査部長に同伴していました。女性が彼らのほうにやってきた時、彼ら

Am nächsten Tag begleiteten Robert und David Frank wieder. Sie standen neben einem großen Einkaufs-zentrum,

は大きなしょっぴんぐせんたーの近くに立っていました。

yokujitsu, robâto to deibiddo wa, futatabi furanku junsabuchô ni dôhan shite imashita. josei ga karera no hô ni yattekita toki, karera wa ôki na shoppingu sentâ no chikaku ni tatte imashita.

"お願いします、助けてもらえますか?"彼女に尋ねました。"もちろん。何があったんですか?"ふらんく巡査部長は聞きました。"携帯電話がないんです。盗まれたのだと思います。""今日、携帯電話は使いましたか?：警察官は聞きます。

"onegai shimasu, tasukete moraemasu ka?" kanojo ni tazunemashita. "mochiron. nani ga atta n desu ka?" furanku junsa buchô wa kikimashita. "keitai denwa ga nai n desu. nusumareta no da to omoimasu." "kyô, keitai denwa wa tukaimasita ka? : keisatsukan wa kikimasu.

"しょっぴんぐせんたーを出る前に使いました。"彼女は答えました。"中へ入りましょう。"ふらんくさんは言います。彼らはしょっぴんぐせんたーの中に入り、見て回りました。そこには、たくさんの人がいました。

als eine Frau zu ihnen kam.

„Können Sie mir bitte helfen?", fragte sie.

„Natürlich. Was ist passiert?", fragte Frank.

"Mein Handy ist weg. Ich glaube, es wurde gestohlen."

"Haben Sie es heute schon benutzt?", fragte der Polizist.

„Ich habe es benutzt, bevor ich das Einkaufszentrum verlassen habe", antwortete die Frau.

„Lasst uns reingehen", sagte Frank. Sie gingen ins Einkaufszentrum und sahen sich um. Viele Leute waren

"昔ながらのとりっくを試してみましょう。"ふらんくさんは自分の電話を取り出しながら言いました。

"shoppingu sentâ o deru mae ni tsukaimashita." kanojo wa kotaemashita. "naka e hairimashô." furanku san wa iimasu. karera wa shoppingu sentâ no naka ni hairi, mitemawarimashita. soko niwa, takusan no hito ga imashita. "mukashinagara no torikku o tameshite mimashô." furanku san wa jibun no denwa o tori dashi nagara iimashita.

"あなたの電話番号は何ですか？"彼は女性に聞きます。彼女は彼に伝え、彼は彼女の番号に電話をしました。彼らから離れていないところで、携帯電話がなりました。彼らはそれがなったところまで行きました。そこには列がありました。列の中の男が警察官を見て、そして素早く目をそらしました。警察官は近くに行き、注意深く耳を傾けました。電話は男のぽけっとの中でなっています。

"anata no denwa bangô wa nan desu ka?" kare wa josei ni kikimasu. kanojo wa kare ni tsutae, kare wa kanojo no bangô ni denwa o shimashita. karera kara da.

„Lasst uns einen alten Trick versuchen", sagte Frank und holte sein eigenes Handy hervor.

„Wie ist Ihre Nummer?", fragte er die Frau. Sie sagte sie ihm, und er wählte. Nicht weit von ihnen klingelte ein Handy. Sie gingen zu der Stelle, an der es klingelte. Dort war eine Schlange. Ein Mann in der Schlange sah den Polizisten an und schaute dann schnell weg. Der Polizist ging näher hin und horchte aufmerksam. Das Handy klingelte in der Tasche des Mannes.

hanarete inai tokoro de, keitai denwa ga narimashita. karera wa sore ga natta tokoro made ikimashita. soko niwa retsu ga arimashita. retsu no naka no otoko ga keisatsukan o mite, soshite subayaku me o sorashimasita. keisatsukan wa chikaku ni iki, chûibukaku mimi o katamukemashita. denwa wa otoko no poketto no naka de natte imasu.

"すいません。" ふらんくさんは言いました。男は彼を見ました。"すいません。あなたのでんわがなっていますよ。" ふらんくさんは言いました。"どこですか?" 男は言いました。

"そこ、あなたのぽけっとの中ですよ。" ふらんくさんは言いました。"いいえ、違いますよ。" 男は言いました。"なっていますよ。" ふらんくさんは言いました。"わたしのではありません。" 男は言いました。

"suimasen." furanku san wa iimashita. otoko wa kare o mimashita. "suimasen. anata no denwa ga natte imasu yo." Furanku san wa iimashita. "doko desu ka?" otoko wa iimashita. "soko, anata no poketto no naka desu yo." furanku san wa iimashita. "îe, chigaimasu yo." otoko wa iimashita. "natte imasu yo." furanku san wa iimashita. "watashi no de wa arimasen." otoko wa iimashita.

"それでは、誰の電話があなたのぽけっとでな

„Entschuldigen Sie", sagte Frank. Der Mann sah ihn an.

„Entschuldigen Sie, Ihr Handy klingelt", sagte Frank.

„Wo?", sagte der Mann.

„Hier, in ihrer Tasche", sagte Frank.

„Nein, es klingelt nicht", sagte der Mann.

„Doch, es klingelt", sagte Frank.

„Das ist nicht meins", sagte der Mann.

„Wessen Telefon klingelt dann in Ihrer Tasche?",

っているのですか？"ふらんくさんが聞きました。

"知らないですよ。"男が答えました。"わたしにみせてください。"ふらんくさんはそう言い、男のぽけっとの中から電話を取り出しました。"ああ、わたしの電話よ！"女性が叫びました。"あなたの電話をうけとってください。"ふらんくさんはそう言い、彼女に電話を渡します。

"sore de wa, dare no denwa ga anata no poketto de natte iru no desu ka?" furanku san ga kikimashita.
"shiranai desu yo." otoko ga kotaemashita. "watashi ni misete kudasai." furanku san wa sô ii, otoko no poketto no naka kara denwa o tori dashimashita. "â, watashi no denwa yo!" josei ga sakebimashita.
"anata no denwa o uketotte kudasai." furanku san wa sô ii, kanojo ni denwa o watashimasu.

"いいですか？"ふらんくはそう聞いて、男のぽけっとの中に再び手を入れました。彼は別の電話を取り出しました。そして、またもう一つ取り出しました。"これらもあなたの電話ではないのですか？"ふらんくさんは男に聞きました。男は首を振り、目を反らしま

fragte Frank.

„Ich weiß es nicht", antwortete der Mann.

„Zeigen Sie es mir bitte", sagte Frank und holte das Handy aus der Tasche des Mannes.

„Oh, das ist meins!", rief die Frau.

„Hier, nehmen Sie Ihr Telefon", sagte Frank und gab es ihr.

„Darf ich?", fragte Frank und steckte seine Hand wieder in die Tasche des Mannes. Er holte ein anderes Handy hervor und dann noch eins.

„Gehören die auch nicht Ihnen?", fragte Frank den Mann.

Der Mann schüttelte den

した。

"ii desu ka?" furanku wa sô kii te, otoko no poketto no naka ni futatabi te o iremashita. kare wa betsu no denwa o tori dashimashita. soshite, mata mô hitotsu tori dashimasita. "korera mo anata no denwa de wa nai no desu ka?" furanku san wa otoko ni kikimashita. otoko wa kubi o furi, me o sorashimashita.

"何ておかしな電話だ！"ふらんくさんは叫びました。"彼らは持ち主から逃げてきて、この男のぽけっとの中に入り込んだんだ！そして彼のぽけっとで今、なっているんですよね？""そうですね。"男は言いました。"わたしの仕事は人々を守ることですよね。なので、わたしはあなたを彼らから守ります。わたしの車にのってください。どんな電話もあなたのぽけっとに入り込めないところへ、わたしがあなたを連れて行きますよ。警察署へいくんですよ。"警察官が言いました。

"nani te okashi na denwa da!" furanku san wa sakebimashita. "karera wa mochinushi kara nigete kite, kono otoko no poketto no naka ni hairikonda n da! soshite kare no poketto de ima, natte iru n desu yo ne?" "sô desu ne." otoko wa iimashita. "watashi no shigoto wa hitobito o mamoru koto desu yo ne. na no de, watashi wa anata o karera kara mamorimasu.

Kopf und sah weg.

„Was für seltsame Handys!", rief Frank. „Sie sind ihren Besitzern davongelaufen und in die Tasche dieses Mannes gesprungen! Und jetzt klingeln sie in seiner Tasche, oder nicht?"

„Ja, das tun sie", sagte der Mann.

„Wie Sie wissen, ist es mein Job, Menschen zu beschützen. Und ich werde Sie vor ihnen beschützen. Steigen Sie in mein Auto, und ich bringe Sie an einen Ort, wo kein Telefon in Ihre Tasche springen kann. Wir fahren aufs Revier", sagte der Polizist.

watashi no kuruma ni notte kudasai. donna denwa mo anata no poketto ni hairikomenai tokoro e, watashi ga anata o tsurete ikimasu yo. keisatsusho e iku n desu yo." keisatsukan ga iimashita.

そして、彼は男の腕を掴み、ぱとかーまで連れて行きました。"わたしは、おばかな犯罪者たちが好きなんです。"彼らが泥棒を警察所へ連れて行ったあとに、ふらんく・すとりくとはにやりと笑いました。"賢いのにはあったことがありますか?"でいびっどが聞きました。"はい、ありますよ。でも、ほとんどありません。"警察官が答えました。"賢い犯罪者を捕まえるのは、大変だからです。"

soshite, kare wa otoko no ude o tsukami, patokâ made tsure te ikimashita. "watashi wa, obaka na hanzaisha tachi ga suki na n desu." karera ga dorobô o keisatsusho e tsure te itta ato ni, furanku sutorikuto wa niyari to waraimashita. "kashikoi no niwa atta koto ga arimasu ka?" deibiddo ga kikimashita. "hai, arimasu yo. demo, hotondo arimasen." keisatsukan ga kotaemashita. "kashikoi dorobô o tsukamaeru no wa, taihen da kara desu."

その間、二人の男がえくすぷれす銀行

Dann nahm er den Mann am Arm und brachte ihn zum Auto.

„Ich mag dumme Verbrecher", sagte Frank Strict grinsend, nachdem sie den Dieb aufs Revier gebracht hatten.

„Hast du schon schlaue getroffen?", fragte David.

„Ja, das habe ich. Aber es passiert selten"; antwortete der Polizist. „Denn es ist sehr schwer, einen schlauen Verbrecher zu fangen."

In der Zwischenzeit betraten zwei Männer die Express Bank. Einer von

の中へ入りました。男の一人が列に並びました。別の男はれじまで行って、れじ係に紙切れを渡しました。れじ係は紙切れを受け取って、読みます。"拝啓、わたしはえくすぷれす銀行の強盗です。全ての現金をわたしに出してください。もし出さなければ、銃を使います。ありがとうございます。敬具、ぼぶ"

sonokan, futari no otoko ga ekusupuresu ginkô no naka e hairimashita. otoko no hitori ga retsu ni narabimashita. betsu no otoko wa reji made itte, rejigakari ni kamikire o watashimashita. rejigakari ha kamikire o uketotte, yomimasu. "haikei, watashi wa ekusupuresu ginkô no gôtô desu. subete no genkin o watashi ni dashite kudasai. moshi dasanakereba, jû o tsukaimasu. arigatô gozaimasu. keigu, bobu"

"お手伝いできると思います。"れじ係は、警報ぼたんをこっそり押しながら言いました。"しかし、お金は昨日、わたしが金庫に鍵をかけて入れてしまったんです。金庫はまだ開けられてません。誰かに金庫を開け、お金を持ってくるように頼みます。大丈夫です

ihnen stellte sich in der Schlange an. Ein anderer ging zur Kasse und gab dem Kassierer einen Zettel. Der Kassierer nahm den Zettel und las.

„Sehr geehrter Herr,

das ist ein Raubüberfall auf die Express Bank. Geben Sie mir alles Geld. Wenn Sie es nicht tun, werde ich meine Waffe benutzen. Danke.

Hochachtungsvoll,

Bob"

„Ich denke, ich kann Ihnen helfen", sagte der Kassierer, während er heimlich den Alarmknopf drückte. „Aber das Geld wurde gestern von mir im Tresor eingeschlossen. Der Tresor ist noch nicht geöffnet. Ich werde jemanden bitten, den Tresor zu öffnen und das "otetsudai dekiru to omoimasu." rejigakari wa, keihô botan o kossori oshi nagara iimashita. "shikashi, okane wa kinô, watashi ga kinko ni kagi o kakete irete shimatta n desu. kinko wa mada akerarete imasen. dare ka ni kinko o ake, okane o motte kuru yô ni tanomimasu. daijôbu desu ka?"

"わかりました！急いでやってください！" 強盗が答えました。"お金をばっぐにつめている間、こーひーを入れましょうか？" れじがかり係が聞きます。"いいえ、だいじょうぶです。お金だけで。" 強盗が答えました。

"wakari mashita! isoide yatte kudasai!" gôtô ga kotaemashita. "okane o baggu ni tsumete iru aida, kôhî o ire mashô ka?" rejigakari ga kikimasu. "îe, daijôbu desu. okane dake de." gôtô ga kotaemashita.

ぱとかーP07の無線が鳴りました：全てのぱとろーる隊、注意して聞いてください。えくすぷれす銀行の強盗警報がなりました。"
"P07、了解しました。" すとりくと巡査部長がこたえました。彼はあくせるをいっぱいに踏み、車を素早く発進させました。銀行に到着したとき、他のぱとかーは、

Geld zu bringen. Okay?"

„Okay. Aber schnell!", antwortete der Räuber.

„Hätten Sie gerne eine Tasse Kaffee, während das Geld in Taschen gepackt wird?", fragte der Kassierer.

„Nein, danke. Nur Geld", antwortete der Räuber.

Der Funk im Polizeiauto P07 meldete sich: „Achtung, alle Einheiten. Überfallalarm in der Express Bank."

„P07 ist dran", antwortete Polizeihauptmeister Strict. Er trat aufs Gas, und das Auto fuhr schnell los. Als sie an der Bank ankamen, war noch kein anderes

まだいませんでした。

patokâ pî-zero-nana no musen ga narimashita： subete no patorôru tai, chûi shite kiite kudasai. ekusupuresu ginkô no gôtô keihô ga narimashita."
"pî-zero-nana, ryôkai shimashita." sutorikuto junsabuchô ga kotaemashita. kare wa akuseru o ippai ni fumi, kuruma o subayaku hasshin sasemashita. ginkô ni tôchaku shita toki ni, hoka no patokâ wa, mada imasen deshita.

"もし中へ入れば、おもしろい調書ができるね。"でいびっどが言いました。"君たちは必要なことをやってください。わたしは、裏のどあから中へ入ります。"巡査部長が言いました。彼は銃を手に取り、銀行の裏のどあへ素早く行きました。

"moshi naka e haireba, omoshiroi chôsho ga dekiru ne." deibiddo ga iimashita. "anatatachi ga hitsuyô na koto o shite kudasai. watashi wa, ura no doa kara naka e hairimasu." junsabuchô ga iimashita. kare wa jû o te ni tori, ginkô no ura no doa e subayaku ikimashita.

でいびっどとろばーとは、入り口のどあから銀行の中へ入りました。彼らは、れじの近くに男が立っているのをみつけました。彼はぽけっとの中に片手を入れて辺りを

Polizeiauto da.

„Das wird ein interessanter Bericht, wenn wir reingehen", sagte David.

„Ihr Jungs macht, was ihr braucht. Ich gehe durch die Hintertür rein", sagte Polizeihauptmeister Strict. Er holte seine Waffe raus und ging schnell zur Hintertür der Bank.

David und Robert betraten die Bank durch die Eingangstür. Sie sahen einen Mann in der Nähe der Kasse stehen. Er hatte eine Hand in seiner Tasche und sah sich um. Der Mann, der

見回しました。ぼぶと一緒に来た男は、列からはなれて彼の方へ来ました。"お金はどこだい？"彼はぼぶに聞きました。"ろじゃー、ばっぐに詰められてるってれじ係が言ってたよ。"ぼぶが答えました。

deibiddo to robâto wa, iriguchi no doa kara ginkô no naka e hairimashita. karera wa, reji no chikaku ni otoko ga tatte iru no o mitsukemashita. kare wa poketto no naka ni katate o irete atari o mimawashimashita. bobu to issho ni kita otoko wa, retsu kara hanarete kare no hô e kimashita. "okane wa doko dai?" kare wa bobu ni kikimashita. "rojâ, baggu ni tsumerarete rutte rejigakari ga itteta yo." bobu ga kotaemashita.

"待ち疲れたよ！"ろじゃーが言いました。彼は銃を取り出して、れじ係へ向けました。"今すぐお金を全部もってこい！"強盗はれじ係へそう叫びました。そして彼は、部屋の真ん中まで行き、叫びました。"全員聞け！俺は強盗だ！誰も動くな！"この瞬間、れじの近くの誰かが動きました。銃を持った強盗は、見もせずに彼を撃ちました。ぼぶが床へ倒れ、叫

mit ihm gekommen war, ging aus der Schlange zu ihm.

„Wo ist das Geld?", fragte er Bob.

„Roger, der Kassierer hat gesagt, dass es in Taschen gepackt wird", antwortete der andere Räuber.

„Ich habe es satt, zu warten", sagte Roger. Er holte seine Waffe hervor und richtete sie auf den Kassierer. „Bringen Sie jetzt alles Geld!", schrie er. Dann ging er in die Mitte des Raums und rief: „Alle herhören! Das ist ein Räuberüberfall! Niemand bewegt sich!" In diesem Moment bewegte sich jemand in der Nähe der Kasse. Der Räuber mit der Waffe schoss auf ihn, ohne hinzuschauen. Der andere

びました：〝ろじゃー！ばかものめ！俺を撃ったな！〟

"machi tukareta yo!" rojâ ga iimashita. kare wa jû o tori dashite, sore o rejigakari e mukemashita.

"imasugu okane o zenbu motte koi!" gôtô wa rejigakari e sô sakebimashita. soshite kare wa, heya no mannaka made iki, sakebimashita. "zen'in kike! ore wa gôtô da! dare mo ugokuna!" kono shunkan, reji no chikaku no dareka ga ugokimashita. jû o motta gôtô wa, mi mo sezu ni kare o uchimashita. bobu ga yuka e taore, sakebimashita : "rojâ! bakamono me! ore o utta na!"

〝わあ、ぼびー！君だとは、知らなかったんだ！〟ろじゃーが言いました。この瞬間、れじがかり係は素早く外へ逃げました。〝れじがかり係が逃げて、まだお金が届かないよ！〟ろじゃーがぼぶに向って叫びました。〝警察がすぐ来るかもしれない！どうすればいい？〟

"wâ, bobî! kimi da to ha, shiranakatta n da!" rojâ, ga iimashita. kono shunkan, rejigakari wa subayaku soto e nigemashita. "rejigakari ga nigete, mada okane ga todokanai yo!" rojâ ga bobu ni mukatte sakebimashita. "keisatsu ga sugu kuru ka mo shirenai! dô sureba ii?"

〝何か大きなものを取るんだ！がらすを割って、お金を取るんだ、早く！〟ぼぶは叫びま

Räuber fiel auf den Boden und rief: „Roger! Du Vollidiot! Verdammt! Du hast mich angeschossen!"

„Oh, Bobby! Ich habe nicht gesehen, dass du das bist!", sagte Roger. In diesem Moment rannte der Kassierer schnell nach draußen.

„Der Kassierer ist weggerannt, und das Geld ist noch nicht hierher gebracht worden!", rief Roger Bob zu. „Die Polizei kann jeden Moment kommen! Was sollen wir machen?"

„Nimm etwas Großes, zerschlag das Glas und nimm das Geld! Schnell!",

した。ろじゃーは金属のいすを取り、れじのがらすにぶつけました。それはもちろん普通のがらすではないので、割れませんでした。しかし、いすが跳ね返って強盗の頭に当たりました！彼は、意識をなくして床へ倒れました。この瞬間、すとりくと巡査部長は中へ走って行き、強盗に素早く手錠をかけました。彼はでいびっどとろばーとのほうを向きました。"言ったでしょう！犯罪者のほとんどが、ただのおばかだって！"彼が言いました。

"nani ka ôki na mono o toru n da! garasu o watte, okane o toru n da, hayaku!" bobu wa sakebimashita. rojâ wa kinzoku no isu o tori, reji no garasu ni butsukemashita. sore wa mochiron futsû no garasu de wa nai no de, waremasen deshita. shikashi, isu ga hanekaette gôtô no atama ni atarimashita! kare wa, ishiki o nakushite yuka e taoremashita. kono shunkan, sutorikuto junsabuchô wa naka e hashitte iki, gôtô ni subayaku tejô o kakemashita. kare wa deibiddo to robâto no hô o mukimashita. "itta deshô! hanzaisha no hotondo ga, tada no obaka datte!" kare ga iimashita.

rief Bob. Roger nahm einen metallenen Stuhl und schlug auf das Glas der Kasse. Natürlich war es kein gewöhnliches Glas und zerbrach nicht. Doch der Stuhl prallte zurück und traf den Räuber am Kopf! Er fiel bewusstlos zu Boden. In diesem Moment kam Polizeihauptmeister Strict hereingerannt und legte den Räubern schnell Handschellen an. Er drehte sich zu David und Robert um.

„Hab ich es doch gesagt! Die meisten Verbrecher sind einfach nur dumm!", sagte er.

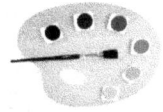

29

Die Audiodatei

留学生の学校とオペア
Schule für Austauschschüler (SAS) und Au-pair

A

単語

1. アメリカ [amerika] - die Vereinigten Staaten, die USA
2. インターネットのサイト [intânetto no saito] - die Website
3. から [kara] - seit
4. コース [kôsu] - der Kurs
5. スタンダードの、普通の [sutandâdo no, futsû no] - der Standard, Standard-
6. なぜなら、だから [naze nara, da kara] - da, weil
7. ホストファミリー [hosuto famirî] - die Gastfamilie
8. も、また [mo, mata] - auch
9. メール [mêru] - die E-Mail
10. 一番近くの [ichiban chikaku no] - nächste
11. 不公平 [fukôhei] - ungerecht

12. 二度 [ni-do] - zweimal
13. 人 [hito] - die Person
14. 住んでいた [sunde ita] - lebte
15. 使用人 [shiyônin] - der Bediensteter
16. 勉強していた、習っていた [benkyô shiteita, naratte ita] - lern
17. 北米とユーラシア [hokubei to yûrashia] - Nordamerika und Eurasien
18. 参加する [sanka suru] - kommen in
19. 参加者 [sankasha] - der Teilnehmer
20. 可能性 [kanôsei] - die Möglichkeit
21. 問題 [mondai] - das Problem
22. 国 [kuni] - das Land
23. 変える；変わる；変更 [kaeru, kawaru; henkô] - ändern; sich ändern; die Änderung
24. 契約書 [keiyakusho] - die Vereinbarung
25. 娘 [musume] - die Tochter
26. 希望; 願う [kibou, negau] - die Hoffnung; hoffen
27. 年上の [toshiue no] - älter
28. 手紙（複数）[tegami (fukusû)] - der Briefe (Plural)
29. 支払う、払う [shiharau, harau] - bezahlen, zahlen
30. 支払った、払った [shiharatta, haratta] - bezahlte, gezahlt haben
31. 書いた、手紙を書いた [kaita, tegami o kaita] - schrieb
32. 村 [mura] - das Dorf
33. 応募、コンテスト [ôbo, contesto] - die Ausschreibung, der Wettbewerb
34. 訪問した [houmon shita] - besuchte
35. 送った [okutta] - schickte
36. 過ぎていた [sugite ita] - abgelaufen war
37. 決める [kimeru] - auswählen, sich entscheiden für
38. 決めた [kimeta] - sich entschied für
39. 電話した [denwa shita] - rief an

B

留学生の学校（SFS）とオペア
ryûgakusei no gakkou （SFS） to opea

Schule für Austauschschüler (SAS) und Au-pair

ろばーとの 妹（いもうと）、弟（おとうと）、そして 両親（りょうしん）はどいつに住んでいました。彼（かれ）らは

Roberts Schwester, Bruder und Eltern lebten in Deutschland. Sie wohnten in Hannover.

はのーふぁーに住んでいました。妹の名前はがびです。彼女は２０歳でした。彼女は１１歳のときから英語を勉強していました。がびは１５歳のときに、SFSぷろぐらむに参加したいと思いました。SFSは、ゆーらしあの高校生がほすとふぁみりーと一緒に住み、あめりかの学校で勉強をしながら、あめりかで１年過ごせるぷろぐらむです。ぷろぐらむは無料です。航空券代、ほすとふぁみりーへの下宿代、食事代、あめりかの学校での学費は、すべてSFSによって支払われます。しかし、彼女がいんたーねっとのさいとから募集に関して知ったときには、すでに募集期限は過ぎていました。

robâto no imôto, otôto, soshite ryôshin ha doitsu ni sunde imashita. karera wa hanôfâ ni sunde imashita. imôto no namae wa gabi desu. kanojo wa ni-jus-sai deshita. kanojo wa jû-is-sai no toki kara eigo o benkyô shite imashita. gabi wa jû-go-sai no toki ni,

Seine Schwester hieß Gabi. Sie war zwanzig Jahre alt. Sie lernte Englisch, seit sie elf war. Als Gabi fünfzehn war, wollte sie an dem Programm SAS teilnehmen. SAS gibt Highschool-Schülern aus Eurasien die Möglichkeit, ein Jahr in den USA zu verbringen, in einer Gastfamilie zu leben und eine amerikanische Schule zu besuchen. Das Programm ist kostenlos. Das Flugticket, die Unterkunft in der Familie, Essen und das Besuchen der amerikanische Schule werden von SAS gezahlt. Aber als sie sich auf der Website über die Ausschreibung informierte, war die Frist schon abgelaufen.

SFS puroguramu ni sanka shitai to omoimasita. SFS wa, yûrashia no kôkôsei ga hosuto famirî to issho ni sumi, amerika no gakkou de benkyô shi nagara, amerika de ichi-nen sugoseru puroguramu desu. puroguramu wa muryô desu. kôkûken dai, hosuto famirî e no geshukudai, shokujidai, amerika no gakkou deno gakuhi wa, subete SFS ni yotte shiharawaremasu. shikashi, kanojo ga intânetto no saito kara boshû ni kanshi te shitta toki niwa sudeni boshûkigen wa sugite imashita.

その後、彼女はおぺあぷろぐらむについて知りました。このぷろぐらむで、参加者はほすとふぁみりーと一緒に住み、子供のお世話をし、語学こーすで勉強をしながら、別の国で一年か二年過ごすことができます。ろばーとがさんふらんしすこで勉強していたので、がびは彼へめーるを書きました。

Dann erfuhr sie von dem Au-pair-Programm. Dieses Programm ermöglicht es den Teilnehmern, ein oder zwei Jahre in einem anderen Land zu verbringen, bei einer Gastfamilie zu leben, sich um die Kinder zu kümmern und eine Sprachschule zu besuchen. Da Robert gerade in San Francisco studierte, schrieb Gabi ihm eine E-Mail.

sonogo, kanojo wa opea puroguramu ni tsui te shirimashita. kono puroguramu wa, hosuto famirî to issho ni sumi, kodomo no osewa o shi, gogakukôsu de benkyô o shi nagara, betsu no kuni de ichi-nen ka ni-nen sugosu koto ga dekimasu. robâto ga san sanfuranshisuko de benkyô shite ita no de, gabi wa kare e mêru o kakimashita.

あめりかで彼女のためにほすとふぁみりーをみつるように、彼女は彼に頼みました。

Sie bat ihn darum, eine Gastfamilie für sie in den USA

ろばーとは新聞と、広告があるいんたーねっとのさいとをみました。彼は、http://www.aupair-orld.net/とhttp://www.placementaupair.com/で、あめりか出身のほすとふぁみりーを見つけました。そしてろばーとはさんふらんしすこにあるおぺあ紹介所をたずねました。彼は、女性に相談にのってもらいました。彼女の名前はありす・さんふらわーです。

amerika de kanojo no tame ni hosuto famirî o mitsukeru yô ni, kanojo wa kare ni tanomimashita. robâto wa shinbun to, kôkoku ga aru intânetto no saito o mimashita. kare wa, http : / / www. aupair - world. net / to http : / / www. placementaupair. com / de, amerika shusshin no hosuto famirî o mitsukemashita. soshite robâto wa san furanshisuko ni aru opea shôkaijo o tazunemashita. kare wa, josei ni sôdan ni notte moraimashita. kanojo no namae wa arisu sanfurawâ desu.

"ぼくの妹はどいつ出身です。彼女はあめりか人の家族のおぺあになりたがっています。この件を、手伝ってもらえますか。"ろばーとはありすさんに聞きました。

"喜んでお手伝いします。わたしたちは、

zu finden. Robert sah Zeitungen und Websites mit Anzeigen durch. Er fand amerikanische Gastfamilien auf http://www.aupair-world.net/ und http://www.placementaupair.com/. Dann ging Robert zu einer Au-pair-Vermittlung in San Francisco. Er wurde von einer Frau beraten. Sie hieß Alice Sunflower.

„Meine Schwester ist aus Deutschland. Sie würde gerne als Au-pair bei einer amerikanischen Familie arbeiten. Können Sie mir helfen?", fragte Robert Alice.

„Natürlich, sehr gerne. Wir vermitteln Au-pairs an

あめりか中の家族におぺあを手配しています。おぺあは、ほすとふぁみりーに参加し、家事を手伝って、子供のお世話をする人です。ほすとふぁみりーは、食べ物、部屋、お小遣いをおぺあに与えます。お小遣いは２００どるから６００どるかもしれません。ほすとふぁみりーは、おぺあの語学こーすの支払いもしなければなりません。"ありすが言いました。"良い家族と、良くない家族がいますよね。"ろばーとが質問します。

"boku no imôto wa doitsu shusshin desu. kanojo wa amerikajin no kazoku no opea ni naritagatte imasu. kono ken o, tetsudatte moraemasu ka?" robâto wa arisu san ni kikimashita. "yorokon de otetsudai shimasu. watashitachi wa, amerikajû no kazoku ni opea o tehai shite imasu. opea wa, hosuto famirî ni sanka shi, kaji o tetsudatte, kodomo no osewa o suru hito desu. hosuto famirî wa, tabemono, heya, okozukai o opea ni ataemasu. okozukai wa ni-hyaku-doru kara rop-pyaku-doru ka mo shiremasen. hosuto famirî wa, opea no gogaku kôsu no shiharai mo shinakereba narimasen." arisu ga iimashita. "yoi kazoku to, yoku nai kazoku ga imasu yo ne?" robâto ga shitsumon shimasu.

"家族を選ぶのについては、二つ問題

Familien überall in der USA. Ein Au-pair kommt in eine Gastfamilie, um im Haus zu helfen und sich um die Kinder zu kümmern. Die Gastfamilie gibt dem Au-pair Essen, ein Zimmer und Taschengeld. Das Taschengeld liegt zwischen zweihundert und sechshundert Dollar. Die Gastfamilie muss auch einen Sprachkurs für das Au-pair bezahlen", sagte Alice.

„Gibt es gute und schlechte Familien?", fragte Robert.

„Es gibt zwei Probleme bei der Wahl einer Familie. Zum einen

があるんです。まず、家族の中には、おぺあのことを、家族全員分の料理や掃除、洗濯、庭仕事などを含む、家事全てをやらなけらばならない使用人だと思っている人がいるのです。しかし、おぺあは使用人ではありません。おぺあは、年下の子供のいる親の手伝いをする、家族内の年上の娘や、息子のようなものなのです。

彼らの権利を守るために、おぺあはほすとふぁみりーと契約書を作らなければなりません。おぺあ紹介所やほすとふぁみりーが"すたんだーど"な契約書を使うときは、信じないでくださいね。"すたんだーど"な契約書などありません。不公平である場合は、おぺあは契約書のどの部分でも変えることができるんです。おぺあとほすとふぁみりーがする全てのことは、契約書に書かれていなければなりません。

denken manche Familien, dass ein Au-pair ein Bediensteter sei, der alles im Haus machen muss, einschließlich für die ganze Familie kochen, putzen, waschen, Gartenarbeit usw. Aber ein Au-pair ist kein Bediensteter. Ein Au-pair ist wie eine ältere Tochter oder ein älterer Sohn der Familie, der den Eltern mit den jüngeren Kindern hilft. Um ihre Rechte zu schützen, müssen die Au-pairs eine Vereinbarung mit der Gastfamilie ausarbeiten. Glaub bloß nicht, wenn Au-pair-Vermittlungen oder Gastfamilien sagen, dass sie eine Standardvereinbarung verwenden. Es gibt keine Standardvereinbarung. Das Au-pair kann jeden Teil der Vereinbarung ändern, wenn sie ungerecht ist. Alles, was ein Au-pair und die Gastfamilie machen, muss schriftlich in der Vereinbarung festgehalten werden.

"kazoku o erabu no ni tsui te wa, futatsu mondai ga aru n desu. mazu, kazoku no naka ni wa, opea no koto o, kazoku zen'in bun no ryôri ya sôji, sentaku, niwashigoto nado o fukumu, kaji subete o yaranakeraba naranai shiyônin da to omotte iru hito ga iru no desu. shikashi, opea wa shiyônin de wa arimasen. opea wa, toshishita no kodomo no iru oya no tetsudai o suru, kazoku nai no toshiue no musume ya, musuko no yô na mono na no desu. karera no kenri o mamoru tame ni, opea wa hosuto famirî to keiyakusho o tsukuranakereba narimasen. opea shôkaijo ya hosuto famirî ga "sutandâdo" na keiyakusho o tsukau toki wa, shinjinaide kudasai ne. "sutandâdo" na keiyakusho nado arimasen. fukouhei de aru baai wa, opea wa keiyakusho no dono bubun de mo kaeru koto ga dekiru n desu. opea to hosuto famirî ga suru subete no koto wa, keiyakusho ni kakarete inakereba narimasen.

二つ目の問題はこちらです：家族の中には、語学こーすがなく、空き時間におぺあが行けるところが少ししかない、小さな村に住んでいる家族がいます。この場合には、おぺあが、一番近くの大きな街にいくときのちけっと往復分を、ほすとふぁみりーが支払わなければならない、と契約書の中に含める必要があります。週に一度や二度かもしれません。"

Das zweite Problem ist: Manche Familien leben in kleinen Dörfern, in denen es keine Sprachkurse und wenige Orte gibt, wo das Au-pair in seiner Freizeit hingehen kann. In diesem Fall muss die Vereinbarung enthalten, dass die Gastfamilie für Hin- und Rückfahrkarten in die nächste größere Stadt zahlen muss, wenn das Au-pair dorthin fährt. Das kann ein- oder zweimal die Woche sein."

futatsu me no mondai wa kochira desu : kazoku no naka niwa, gogaku kôsu ga naku, akijikan ni opea ga ikeru tokoro ga sukoshi shika nai, chîsa na mura ni sunde iru kazoku ga imasu. kono baai niwa, opea ga, ichiban chikaku no ôki na machi ni iku toki no chiketto ôfukubun o, hosuto famirî ga shiharawanakereba naranai, to keiyakusho no naka ni fukumeru hitsuyô ga arimasu. shû ni ichi-do ya ni-do ka mo shiremasen."

"なるほど。ぼくの妹はさんふらんしすこの家族を希望しています。この街で、良い家族をみつけてもらえますか？"ろばーとが質問しました。

„Alles klar. Meine Schwester hätte gerne eine Familie aus San Francisco. Können Sie eine gute Familie in dieser Stadt finden?", fragte Robert.

"naruhodo. boku no imôto wa san furanshisuko no kazoku o kibô shite imasu. kono machi de, yoi kazoku o mitsukete moraemasu ka?" robâto ga shitsumon shimasu.

"ええと、さんふらんしすこの家族は現在２０組ほどいます。"ありすは答えました。彼女は、彼らのうちの何人かに電話をかけました。ほすとふぁみりーはどいつからのおぺあを喜びました。ほとんどの家族が、がびからの写真付きの手紙をほしがりました。彼らのうち何人かは、彼女が少しは英語を話すかを確認するために、が

„Na ja, im Moment haben wir etwa zwanzig Familien aus San Francisco", antwortete Alice. Sie rief ein paar von ihnen an. Die Gastfamilien waren froh, ein Au-pair-Mädchen aus Deutschland zu bekommen. Die meisten Familien wollten einen Brief mit einem Foto von Gabi. Manche wollten sie auch anrufen, um sicherzugehen,

びに電話をしたがりました。なので、ろばーとは彼らに彼女の電話番号を渡しました。
何人かのほすとふぁみりーはがびに電話をしました。そして、彼女は彼らに手紙を送りました。最後に彼女は、ふさわしい家族を選んで、ありすの助けで彼らとの契約書を作りました。家族は、どいつからあめりかまでのちけっとを支払いました。
最後に、希望と夢いっぱいに、がびはあめりかへ出発しました。

"êto, san furanshisuko no kazoku wa genzai ni-juk-kumi hodo imasu." arisu wa kotaemashita. kanojo wa, karera no uchi no nan-nin ka ni denwa o kakemashita. hosuto famirî wa doitsu kara no opea o yorokobimashita. hotondo no kazoku ga, gabi kara no shashintsuki no tegami o hoshigarimashita. karera no uchi nan-nin ka wa, kanojo ga sukoshi wa eigo o hanasu ka o kakunin suru tame ni, gabi ni denwa o shitagarimashita. na no de, robâto wa karera ni kanojo no denwa bangô o watashimashita. nan-nin ka no hosuto famirî wa gabi ni denwa o shimashita. soshite, kanojo wa karera ni tegami o okurimashita. saigo ni kanojo wa, fusawashii kazoku o erande, arisu no tasuke de karera to no keiyakusho o tsukurimashita. kazoku wa, doitsu

dass sie ein bisschen Englisch sprach. Also gab Robert ihnen ihre Telefonnummer.

Ein paar Gastfamilien riefen Gabi an. Dann schickte sie ihnen Briefe. Schließlich entschied sie sich für eine passende Familie und arbeitete mit Alices Hilfe eine Vereinbarung mit ihnen aus. Die Familie bezahlte das Ticket von Deutschland in die USA. Schließlich fuhr Gabi voller Hoffnungen und Träumen in die USA.

kara amerika made no chiketto o shiharaimashita.
saigo niwa, kibô to yume ippai ni, gabi wa amerika e shuppatsu shimashita.

日独辞書
Wörterbuch Japanisch-Deutsch

１０ [jû] - zehn
１００ [hyaku] - hundert
1000 [sen] - tausend
１０億 [jû-oku] - Billionen
１０番目の [jû-ban-me no] - zehnter
１１ [jû-ichi] - elf
１２ [jû-ni] - zwölf
１５；１５歳 [jû-go; jû-go-sai] - fünfzehn; fünfzehn Jahre alt
１７ [jû-nana] - siebzehn
２０；２０歳 [ni-jû; ni-jus-sai, hatachi] - zwanzig; zwanzig Jahre alt
２１ [ni-jû-ichi] - einundzwanzig
２５ [ni-jû-go] - fünfundzwanzig
２番目の [ni-ban-me no] - zweiter
３、３人；３人の女の子 [san, san-nin, san-nin no onnanoko] - drei; drei Mädchen
３０ [san-jû] - dreißig
３０分 [san-jip-pun] - dreißig Minuten, eine halbe Stunde
３番目の [san-ban-me no] - dritter
４、４つ、４冊；４冊の本 [yon, yottsu, yon-satsu; yon-satsu no hon] - vier; vier Bücher
４４ [yon-jû-yon] - vierundvierzig
４番目の [yon-ban-me no] - vierter
５、５つ；５つの銀行 [go, itsutsu; itsutsu no ginkô] - fünf; fünf Banken
５番目の [go-ban-me no] - fünfter
６、６冊、６つ；６冊のノート [roku, roku-satsu, muttsu; roku-satsu no nôto] - sechs; sechs Notizbücher
60 [roku-jû] - sechzig
６番目の [roku-ban-me no] - sechster

７、７冊；７冊のノート [nana, nana-satsu; nana-satsu no nôto] - sieben; sieben Notizbücher
７番目の [nana-ban-me no] - siebter
８、８冊；８冊のノート [hachi, has-satsu; has-satsu no nôto] - acht; acht Notizbücher
８時半に [hachi-ji-han ni] - um halb neun
８番目の [hachi-ban-me no] - achter
９ [kyû] - neun
９番目の [kyû-ban-me no] - neunter
CD [shîdî] - die CD
CDプレーヤー [shîdî purêyâ] - der CD-Spieler
DVD [dîbuidî] - die DVD
アーティスト、芸術家 [âtisuto, geijutsu ka] - der Künstler
アイスクリーム [aisu kurîmu] - das Eis
アイディア、考え、案 [aidia, kangae, an] - die Idee
アクセル [akuseru] - das Gaspedal
あける [akeru] - aufmachen
アスピリン（鎮痛剤） [asupirin (chintsûzai)] - das Aspirin
あたま、長、リーダー [atama, chô, rîdâ; e mukau] - der Kopf
あった、持っていた [atta, motte ita] - hatte, gehabt haben
あとで、あとに [ato de, ato ni] - nach
アドベンチャー、冒険 [adobenchâ, bôken] - das Abenteuer
あなた [anata] - du/ihr
あなたの；あなたの英語 [anata no; anata no eigo] -

dein/deine/dein/deine; dein Englisch
あなたは [anata wa] - du
あの、あれ [ano, are] - jener/jene/jenes
アメリカ [amerika] - die Vereinigten Staaten, die USA
アメリカ人 [amerikajin] - der Amerikaner, die Amerikanerin
アメリカ人（複数） [amerikajin (fukusû)] - die Amerikaner (Plural)
アラーム、警報 [arâmu, keihô] - der Alarm
いいえ、いいえ、ちがいます [iie, chigaimasu] - nein
いくつかの、何人かの、いくらかの；何人かの人々 [ikutsuka no, nan-nin ka no, ikura ka no; nan-nin ka no hitobito] - ein paar, einige; ein paar Menschen
いじめる、邪魔をする、困らせる [ijimeru, jama o suru, komaraseru] - ärgern
いす [isu] - der Stuhl
いなくなる、消える [i naku naru, kieru] - weg sein, verschwinden
いやがる、嫌う [iyagaru, kirau] - hassen
インターネットのサイト [intânetto no saito] - die Website
エアーショー [eâ shô] - die Flugschau
エイリアン [eirian] - der Außerirdische
エネルギー、元気 [enerugî, genki] - die Energie
エレベーター [erebêtâ] - der Aufzug
エンジニア [enjinia] - der Ingenieur
エンジン [enjin] - der Motor
おい！、やあ！ [oi!, yâ!] - Hey!, Hallo!
おいしい [oishî] - lecker
オーナー、持ち主 [ônâ, mochinushi] - der Besitzer
おそらく [osoraku] - vielleicht
オフィス [ofisu] - das Büro
おもちゃ [omocha] - das Spielzeug
おやつ、スナック [oyatsu, sunakku] - der Imbiss
およそ、ほど [oyoso, hodo] - etwa
お互いを知る [otagai o shiru] - sich kennen
お客さん、カスタマー [okyaku san, kasutamâ] - der Kunde
お店 [omise] - der Laden
お店（複数） [omise (fukusû)] - die Läden (Plural)
お母さん、母親 [okâsan, hahaoya] - Mama, die Mutter
お気に入りの、好きな [okiniiri no, suki na] - Lieblings-
お気に入りの映画 [okiniiri no eiga] - der Lieblingsfilm
お皿 [osara] - der Teller
お腹がすいている；わたしはお腹がすいています [onaka ga suite iru; watashi wa onaka ga suite imasu] – Hunger haben; Ich habe Hunger.
お茶 [ocha] - der Tee
お金 [okane] - das Geld
お風呂、浴室；バスタブ [ofuro, yokushitsu; basutabu] - das Bad; das Badezimmer; die Badewanne
かくれんぼ [kakurenbo] - das Versteckspiel
ガス [gasu] - das Gas
カップ [kappu] - die Tasse
カナダ [kanada] - Kanada

カナダ人 [kanadajin] - der Kanadier, die Kanadierin
カナダ人（複数） [kanadajin (fukusû)] - die Kanadier (Plural)
かばん [kaban] - die Tasche
カフェ [kafe] - das Café
かもしれない [ka mo shirenai] - könnte, kann
から、出身; アメリカ出身 [kara, shusshin; amerika shusshin] - seit, aus; aus den USA
ガラス [garasu] - das Glas
から去って、から離れて [kara satte, kara hanarete] - weg
カンガルー [kangarû] - das Känguru
キーボード [kîbôdo] - die Tastatur
キスをする [kisu o suru] - küssen
ギフト、贈り物、プレゼント [gifutô, kurimono, purezento] - die Begabung
キャプテン [kyaputen] - der Kapitän
キロメートル(km) [kirômêtoru (km)] - der Kilometer
くじら, シャチ [kujira, shachi] - der Wal; der Schwertwal
クラス、授業 [kurasu, jugyô] - die Klasse
クラブ [kurabu] - der Verein
グレー、灰色 [gurê, haiiro] - grau
ケーブル [kêburu] - das Kabel
ゲスト [gesuto] - der Gast
コース [kôsu] - der Kurs
コーヒー [kôhî] - der Kaffee
コーヒーメーカー [kôhî mêkâ] - die Kaffeemaschine
ここ [koko] - hier (Ort)
ここに、こちらに [koko ni, kochira ni] - hierher (Richtung)
こする [kosuru] - reiben

こたえ、解決策 [kotae, kaiketsusaku] - die Lösung
こたえる；こたえ [kotaeru; kotae] - antorten, erwidern; die Antort
こちらは [kochira wa] - hier ist
こっそり、密かに、秘密に [kossori, hisoka ni, himitsu ni] - heimlich
こっそり手に入れる、取る、盗む [kossori te ni ireru, toru, nusumu] - stehlen
ゴム [gomu] - der Gummi
これ、この; この本 [kore, kono; kono hon] - dieser/diese/ dieses; dieses Buch
コンサルタント [konsarutanto] - der Berater
コンサルティング [konsarutingu] - die Beratung
コントロールする [kontorôru suru] - kontrollieren
こんにちは [konnichiwa] - hallo
コンピューター [konpyûtâ] - der Computer
サービスする，仕える [sâbisu suru, tsukaeru] - bedienen
サイレン [sairen] - die Sirene
さようなら、じゃあまた [sayônara, jâ mata] - Auf Wiedersehen, tschüss
さらに、もっと、より [sarani, motto, yori] - mehr
さん、氏 [san, shi] - Herr, Hr.
サンドイッチ [sandoicchi] - das Butterbrot, das Sandwich
サンドイッチ（複数） [sandoicchi (fukusû)] - die Sandwichs (Plural)
シートベルト [shîtoberuto] - der Sicherheitsgurt
シートベルトをしめる [shîtoberuto o shimeru] - sich anschnallen

した、やった、行った [shita, yatta, okonatta] - tat
したい；サラは何か飲みたいです。 [shitai; sara wa nani ka nomitai desu.] - wollen; Sara will etwas trinken.
したかった [shitakatta] - ollte
しっぽ [shippo] - der Schwanz
している間、その間 [shite iru aida, sono kan] - während
してはいけない [shite wa ikenai] - nicht dürfen
してもよい、することができる；わたしは読むことができる。 [shite mo yoi, suru koto ga dekiru; watashi wa yomu koto ga dekiru.] - können; Ich kann lesen.
してもよい、することが許可されている；私は彼女のベッドに座ってもいいですか。 [shite mo yoi, suru koto ga kyoka sarete iru; watasi wa kanojo no beddo ni suwatte mo ii desu ka?] - dürfen; Darf ich mich auf Ihr Bett sitzen?
しなければならない；わたしは行かなければなりません。 [shinakereba naranai; watashi wa ikanakereba narimasen.] - müssen. Ich muss gehen.
シマウマ [shimauma] - das Zebra
ジャーナリスト [jânarisuto] - der Journalist
ジャンプする、飛び降りる；ジャンプ [janpu suru, tobi oriru; janpu] - springen; der Sprung
しよう；一緒に行こう！ [shiyô; issho ni ikô!] - lass uns; Lass uns zusammen gehen!
ジョギングする [jyogingu suru] - Zum Joggen

ショッピングセンター [shoppingu sentâ] - das Einkaufszentrum
すいません [suimasen] - Entschuldigen Sie
スーパー [sûpâ] - der Supermarkt
スキル、腕前 [sukiru, udemae] - die Fähigkeit
スタンダードの、普通の [sutandâdo no, futsû no] - der Standard, Standard-
ステータス、事態、関係；家族関係 [sutêtasu, jitai, kankei; kazoku kankei] - der Stand; der Familienstand
ストーリー、物語、話 [sutôrî, monogatari, hanashi] - die Geschichte
スパニエル [supanieru] - der Spaniel
スピーチ [supîchi] - die Rede
スピード違反者 [supîdo ihansha] - der Raser
スペイン人、スペイン語 [supeinjin, supeingo] - spanisch
スペイン人の、スペイン語の [supeinjin no, supeingo no] - spanisch
スポーツ；スポーツ店 [supôtsu; supôtsuten] - der Sport; das Sportgeschäft
スポーツバイク [supôtsu baiku] - das Sportfahrrad
ズボン（複数）[zubon (fukusû)] - die Hose (Plural)
する、やる、行う [suru, yaru, okonau] - machen
ずるい、いたずらに、ずる賢い [zurui, itazura ni, zurugashikoi] - schlau

する必要はない [suru hitsuyô ha nai] - nicht müssen
そこ [soko] - dort
そして、その後 [soshite, sono go] - dann
その [sono] - sein/seine/sein/seine
その後 [sono go] - danach
それ [sore] - er/sie/es
それら、あれら（複数）[sorera, arera（fukusû）] - jene (Plural)
たいへん、とても [taihen, totemo] - sehr
タイヤ [taiya] - das Rad
だから、では [dakara, dewa] - deswegen
たくさん [takusan] - viel
たくさんの、多くの [takusan no, ôku no] - viel / viele
タクシー [takushî] - das Taxi
タクシードライバー [takushî doraibâ] - der Taxifahrer
たたく、あてる [tataku, ateru] - schlagen
だった [datta] - war
たったの、唯一の [tatta no, yuiitsu no] - nur
ためす、してみる [tamesu, shite miru] - versuchen
ために [tame ni] - für
タンカー [tankâ] - der Tanker
ダンスした，踊った [dansu shita, odotta] - getanzt haben
ダンスしている、踊っている [dansu shite iru, odotte iru] - tanzend
ダンスする、踊る [dansu suru, odoru] - tanzen
チーム [chîmu] - die Mannschaft
ちくしょう [chikushô] - verdammt
チケット、券 [chiketto, ken] - die Fahrkarte
チャンス、確率 [chansu, kakuritsu] - die Chance
つけた [tsuketa] - machte an
つける [tsukeru] - anmachen
であった [de atta] - gewesen waren
デイビッドの本 [deibiddo no hon] - Davids Buch
テーブル、机 [têburu, tsukue] - der Tisch
テーブル、机（複数）[têburu, tsukue（fukusû）] - die Tische (Plural)
できるだけ頻繁に [dekiru dake hinpan ni] - so oft wie möglich
デザイン [dezain] - das Design
テスト、試験 [tesuto, shiken] - die Prüfung
テストに通過する [tesuto ni tsûka suru] - eine Prüfung bestehen
テストをする [tesuto o suru] - prüfen
ではない [de wa nai] - nicht
でも、しかし [de mo, shikashi] - aber
テレビ [terebi] - der Fernseher
テレビ局 [terebikyoku] - das Fernsehen
と [to] - und
ドア [doa] - die Tür
（という）こと；わたしはこの本が面白いことを知っています [(to iu) koto; watashi wa kono hon ga omoshiroi koto o shitte imasu] - dass; Ich weiß, dass dieses Buch interessant ist.
ということ [to iu koto] - dass
ドイツ人 [doitsujin] - der Deutscher, die Deutsche

ドイツ人（複数）[doitsujin (fukusû)] - die Deutschen (Plural)
トイレ [toire] - die Toilette
どう、どういう [dô, dô iu] - wie
どうか、お願いします [dô ka, onegai shimasu] - bitte
どうしたの？、何があったの？ [dô shita no?, nani ga atta no?] - Was ist los?
とき [toki] - wenn
ときどき、たまに [tokidoki, tamani] - manchmal, ab und zu
どこ、どちら [doko, dochira] - wo
ところで [tokoro de] - übrigens
とても、かなり [totemo, kanari] - ziemlich
とめる、とまる [tomeru, tomaru] - anhalten
ども、ているのに [domo, te iru no ni] - obohl, trotzdem
トラック [torakku] - der Lastwagen
トリック、技 [torikku, waza] - der Trick
とる、使う、持って行く、食べる、飲む [toru, tsukau, motte iku, taberu, nomu] - nehmen
どれだけ [dore dake] - wie viel
と一緒に、で [to issho ni, de] - mit
と同じように、同じ程度に [to onaji yô ni, to onaji teido ni] - wie
なくなる [nakunaru] - weg
なぜなら、だから、から、ので [naze nara, da kara, kara, no de] - da, weil, no de
なった [natta] - klingelte
など、等 [nado, tô] - usw.
なに；何のテーブルですか？ [nani; nan no têburu desu ka?] - was, welcher/welche/welches/welche; Welcher Tisch?
なる、（これから）する [naru, (korekara) suru] - sein, werden
に、で [ni, de] - in
について知った、について学んだ [ni tsui te shitta, ni tsui te mananda] - kennengelernt haben
に対して [ni taishi te] - gegen
に沿って [ni sotte] - entlang
に注意を払う、を尊重する [ni chûi o harau, o sonchô suru] - achten auf
ねずみ [nezumi] - die Ratte
ノート [nôto] - das Notizbuch
ノート（複数）[nôto (fukusû)] - die Notizbücher (Plural)
のそばに、で、にて [no soba ni, de, nite] - an, bei
の上に、について [no ue ni, ni tsui te] - auf
の上の、以上の、をこえた [no ue no, ijô no, o koe ta] - über
の下に [no shita ni] - unter
の中に [no naka ni] - in
の代わりに [no kawari ni] - stattdessen, anstelle von
の前に [no mae ni] - vor
の後、の後で [no ato, no ato de] - nach
の後ろ、のあと [no ushiro, no ato] - hinter
の間 [no aida] - zwischen
はい、はい、そうです [hai, hai, sô desu] - ja
ばかげた、ばかな [bakage ta, baka na] - dumm
バケツ [baketsu] - der Eimer
はじめた [hajimeta] - begann, begonnen haben
はじめに、最初に [hajime ni, saisho ni] - erst

バス；バスで行く [basu; basu de iku] - der Bus; mit dem Bus fahren
バター [batâ] - die Butter
パトロール、 [patorôru,] - die Patrouille, die Streife
パニック；パニックにおちいる [panikku; panikku ni ochiiru] - die Panik; in Panik versetzen, in Panik geraten
パパ、お父さん [papa, otôsan] - der Vater, Papa
パラシュート [parashûto] - der Fallschirm
パラシュートをする人 [parashûto o suru hito] - der Fallschirmspringer
パラシュート人形 [parashûto ningyô] - die Fallschirmspringerpuppe
パン [pan] - das Brot
ハンドルをきる [handoru o kiru] - lenken
ピーという音 [pî toiu oto] - der Piepton
ビデオカセット [bideo kasetto] - die Videokassette
ビデオショップ [bideoshoppu] - die Videothek
ひどい、命とりの [hidoi, inochitori no] - tödlich
ひとつ；一冊の本 [hitotsu; is-satsu no hon] – ein; ein Buch
ひとりずつ [hitori zutsu] - einer nach dem anderen
ふたつ [futatsu] - zwei
ふりをする [furi o suru] - vorgeben; so tun, als ob
ブレーキ [burêki] - die Bremse
ブレーキをかける [burêki o kakeru] - bremsen

フレーズ、文 [furêzu, bun] - der Satz
フレンドリーな [furendorî na] - freundlich
プログラマー [puroguramâ] - der Programmierer
プログラム [puroguramu] - das Programm
ベッド [beddo] - das Bett
ペット [petto] - das Haustier
ベッド（複数）- [beddo（fukusû）] - die Betten (Plural)
ペン [pen] - der Stift
ペン（複数）[pen（fukusû）] - die Stifte (Plural)
ポーランド [pôrando] - Polen
ポケット [poketto] - die Tasche
ポジション、場所 [pojishon, basho] - die Position
ホストファミリー [hosuto famirî] - die Gastfamilie
ボタン [botan] - der Knopf
ホテル [hoteru] - das Hotel
ホテル（複数）[hoteru（fukusû）] - die Hotels (Plural)
ほとんどない [hotondo nai] - selten
マイク [maiku] - das Mikrofon
まだ、それでも、引き続き [mada, soredemo, hiki tsuzuki] - noch, weiterhin
また、同じく、再び、もう一度 [mata, onajiku, futatabi, mou ichido] - auch, wieder
マットレス [mattoresu] - die Matratze
まで [made] - bis
まるい [marui] - rund
ミス、さん [misu, san] - Fräulein
みせる、しめす [miseru, shimesu] - zeigen

みた、目撃した [mita, mokugeki shita] - sah
ミドルネーム [midoru nêmu] - der zweite Name
みる、わかる、理解する [miru, wakaru, rikai suru] - sehen
みんな、全員 [minna, zen'in] - alle
メートル [mêtoru] - der Meter
メール [mêru] - die E-Mail
メモ [memo] - die Notiz
メンバー [menbâ] - das Mitglied
も、また [mo, mata] - auch
もうすでに [mô sudeni] - schon
もう一人 [mou hitori] - noch einen
もし [moshi] - wenn
もちろん [mochiron] - natürlich
もの、こと [mono, koto] - das Ding, die Sache
やあ、こんにちは [yâ konnichiwa] - hi
やかん [yakan] - der Kessel, der Teekessel
ゆっくりと [yukkuri to] - langsam
よい、おいしい、上手に [yoi, oishii, jôzu ni] - gut
より；ジョージはリンダより年上です [yori; jôji wa rinda yori toshiue desu] - als; George ist älter als Linda.
より大きな [yori ôkina] - größer
より少ない [yori sukunai] - weniger
より良い [yori yoi] - besser
より近い [yori chikai] - näher
より遠く、さらに [yori tôku, sarani] - weiter
ライオン [raion] - der Löwe
ラジオ、無線 [rajio, musen] - das Radio
リーダー [rîdâ] - der Führer
リスト；リストする [risuto; risuto suru] - die Liste
リハビリ [rihabiri] - die Rehabilitation
リハビリする [rihabiri suru] - gesund pflegen
ルール、規則 [rûru, kisoku] - die Regel
レーザー [rêzâ] - der Laser
レジ；レジ係 [reji; rejigakari] - die Kasse; der Kassierer
レポーター [repôtâ] - der Reporter
レポートする [repôto suru] - berichten
レンジ、かまど [renji, kamado] - der Herd
わあ！ああ！ [wâ! â!] - Oh!
わかった、オーケー、理解した [wakatta, ôkê, rikai shita] - Okay, verstanden haben
わずかに [wazuka ni] - leicht
わたしたちに [watashitachi ni] - uns
わたしたちの [watashitachi no] - unser/unsere/unser/unsere
わたしたちは [watashitachi wa] - wir
わたしに、わたしを [watashi ni, niwatashi o] - mich
わたしの、自分の [watashi no, jibun no] - mein/meine/mein/meine
わたしは [watashi wa] - ich
わたしは音楽を聞きます。[watashi wa ongaku o kikimasu.] - Ich höre Musik.
を横切って、を渡って [o yoko gitte, o wattate] - über
を気にかける、を大事にする [o ki ni kakeru, o daiji ni suru] - sich kümmern um

一ヵ月前 [ik-kagetsu mae] - vor einem Monat
一定の、定期的な [ittei no, teikiteki na] - beständig
一方で、その間に [ippô de, sono kan ni] - in der Zwischenzeit
一番近くの [ichiban chikaku no] - nächste
一瞬、その時、その瞬間 [isshun, sono toki, sono shunkan] - der Moment
一緒に [issho ni] - zusammen
上着 [uwagi] - die Jacke
下に [shita ni] - nach unten
下線を引く [kasen o hiku] - unterstreichen
不公平 [fukôhei] - ungerecht
与えた、渡した、あげた [ataeta, watashita, ageta] - gab
与える、渡す [ataeru, watasu] - geben
世界 [sekai] - die Welt
両親 [ryôshin] - die Eltern
中に、中へ [naka ni, naka e] - in
中心; 中心街 [chûshin; chûshingai] - das Zentrum; das Stadtzentrum
中心の、真ん中の [chûshin no, mannaka no] - Haupt-, zentral
中断、休憩 [chûdan, kyûkei] - die Pause
乗った、取った、使った、食べた、飲んだ [notta, totta, tsukatta, tabeta, nonda] - nahm
乾かす [kawakasu] - trocken
予定、計画 [yotei, keikaku] - der Plan
予定している [yotei shite iru] - planen, vorhaben
予測する、予想する [yosoku suru, yosô suru] - beurteilen

事故 [jiko] - der Unfall
二度 [ni-do] - zweimal
人 [hito] - die Person
人、人々 [hito, hitobito] - die Menschen
人事部 [jinjibu] - die Personalabteilung
人命救助のトリック [jinmei kyûjo no torikku] - der Rettungstrick
人形 [ningyô] - die Puppe
人間 [ningen] - der Mensch
今、現在 [ima, genzai] - jetzt, zurzeit, gerade
今すぐに [ima sugu ni] - sofort
今日、本日 [kyô, honjitsu] - heute
仕事; 職業紹介所 [shigoto; shokugyô shôkaijo] - die Arbeit; die Arbeitsvermittlung
仕事がたくさんある [shigoto ga takusan aru] - viel zu tun haben
他の、別の [hoka no, ta no, betsu no] - anderer/ander/anderes/andere
付近 [fukin] - die Nähe
代わりに [kawari ni] - anstelle von
企業、会社 [kigyô, kaisha] - die Firma
企業、会社（複数） [kigyô, kaisha (fukusû)] - die Firmen (Plural)
会う; 知り合う [au, shiri au] - treffen; kennenlernen
会った、合った [atta, atta] - getroffen haben, kennengelernt haben
会社 [kaisha] - die Firma
住んでいた [sunde ita] - lebte
住んでいる [sunde iru] - leben, wohnen, ohnhaft
住所 [jûsho] - die Adresse

何か、何か〜するもの、何物か [nani ka, nani ka surumono, nanimono ka] - etwas
何もしない [nani mo shinai] - nichts tun
何も〜ない [nani mo nai] - nichts
何らかの；何らかの本 [nanra ka no; nanra ka no hon] - irgendwelcher/irgendwelche/irgendwelches/irgendwelche; irgendwelche Bücher
作る、料理をする [tsukuru, ryôri o suru] - machen
作家、ライター [sakka, raitâ] - der Schriftsteller
使う、費やす、かける、過ごす [tsukau, tsuiyasu, kakeru, sugosu] - ausgeben, verwenden
使用人 [shiyônin] - der Bediensteter
例 [rei] - das Beispiel
例えば [tatoeba] - zum Beispiel
信じる；自分の目を信じない [shinjiru; jibun no me o shinjinai] - glauben; seinen Augen nicht trauen
個人的な、個人の、自分の [kojinteki na, kojin no, jibun no] - persönlich
個別に、別々に [kobetsu ni, betsubetsu ni] - einzeln
値段、価格 [nedan, kakaku] - der Preis
健康 [kenkô] - die Gesundheit
働いた [hataraita] - gearbeitet haben
兄、弟 [ani, otôto] - der Bruder
先生 [sensei] - der Lehrer, die Lehrerin
先生（複数） [sensei (fukusû)] - die Lehrer (Plural)
全て、全部 [subete, zenbu] - alles

全ての、それぞれの；毎朝 [subete no, sorezore no; maiasa] - jeder/jede/jedes; jeden Morgen
公園 [kôen] - der Park
公園（複数） [kôen (fukusû)] - die Parks (Plural)
写真（複数） [shashin (fukusû)] - die Bilder, die Fotos (Plural)
写真をとる；カメラマン、写真家 [shashin o toru; kameraman, shashinka] - fotografieren; der Fotograf
冷たい [tsumetai] - kalt
冷たさ [tsumetasa] - die Kälte
出版社 [shuppansha] - der Verlag
分 [fun] - die Minute
列 [retsu] - die Schlange
別の、違う [betsu no, chigau] - ein anderer/eine andere/ein anderes
到着する [tôchaku suru] - ankommen
制限時速 [seigen jisoku] - die Geschwindigkeitbegrenzung
前、前に、前の [mae, mae ni, mae no] - vor
前輪 [zenrin] - die Vorderräder
創造的な [sôzôteki na] - kreativ
加速、スピード；加速する、スピード違反をする [kasoku, supîdo; kasoku suru, supîdo ihan o suru] - die Geschwindigkeit; rasen
助ける、救助する [tasukeru, kyûjo suru] - retten
助手 [joshu] - der Helfer
勉強していた、習っていた [benkyô shiteita, naratte ita] - lern
勉強する [benkyô suru] - studieren
動いた、揺れた [ugoita, yureta] - sich bewegte
動物 [dôbutsu] - das Tier

動物園 [dôbutsuen] - der Zoo
勧めた、推薦した [susumeta, suisen shita] - empfohlen haben
化学 [kagaku] - die Chemie
北米とユーラシア [hokubei to yûrashia] - Nordamerika und Eurasien
医療の [iryô no] - medizinisch
医者 [isha] - der Arzt
半分の [hanbun no] - halb
協調、調和 [kyôchô, chôwa] - die Koordination
単語、言葉 [tango, kotoba] - das Wort, die Vokabel
単語、言葉（複数）[tango, kotoba（fukusû）] - die Wörter (Plural)
単調な [tanchô na] - monoton
去った、いなくなった [satta, i naku natta] - verlassen haben
去る、なくなる、出る [saru, nakunaru, deru] - verlassen
参加する [sanka suru] - kommen in, mitmachen
参加者 [sankasha] - der Teilnehmer
友達 [tomodachi] - der Freund, die Freundin
取る、手に入れる、得る [toru, te ni ireru, eru] - erhalten
受話器 [juwaki] - der Telefonhörer, der Hörer
可能である [kanô de aru] - möglich
可能性 [kanôsei] - die Möglichkeit
台所、キッチン [daidokoro, kicchin] - die Küche
右に [migi ni] - rechts
合っている、ぴったりの、ふさわしい [atte iru, pittari no, fusawashii] - passend
同じ [onaji] - der/die/das Gleiche
同じく、も [onajiku, mo] - auch

同伴した [dôhan shita] - begleitet haben
同伴する [dôhan suru] - begleiten
同僚、仕事仲間 [dôryô, shigotonakama] - der Kollege
同意する [dôi suru] - einverstanden sein
同時に [dôji ni] - gleichzeitig
同様に、同じく [dôyô ni, onajiku] - auch
名前；名前を挙げる、教える [namae; namae o ageru, oshieru] - der Name; nennen
向いた、曲がった [muita, magatta] - sich drehte
向けた [muke ta] - richtete
君たちのどちらか [kimitachi no dochira ka] - einer von euch
吠えた [hoeta] - bellte
周りを見る、見て回る、見渡す [mawari o miru, mitemawaru, miwatasu] - sich umsehen
命 [inochi] - das Leben
命令する、言いつける [meirei suru, iitsukeru] - befehlen
問題 [mondai] - das Problem
喜んでいる [yorokonde iru] - glücklich
噛む [kamu] - beißen
固まる、凍える、凍る [katamaru, kogoeru, kôru] - erstarren
国 [kuni] - das Land
国籍 [kokuseki] - die Nationalität
土曜日 [doyôbi] - der Samstag
地図 [chizu] - die Karte
地球 [chikyû] - die Erde
埋める、記入する [umeru, kinyû suru] - ausfüllen
声 [koe] - die Stimme
声に出して [koe ni dashite] - laut

売る [uru] - verkaufen
変える；変わる; 変更 [kaeru, kawaru; henkô] - ändern; sich ändern; die Änderung
夕方 [yûgata] - der Abend
外で [soto de] - draußen
夜 [yoru] - die Nacht
夢 [yume] - der Traum
夢を見る [yume o miru] - träumen
大きな／大きい／より大きな／一番大きい [ôki na/ôkii/yori ôki na/ichiban ôkii] - groß/größer/am größten
大丈夫ですか？ [daijyôbu desuka?] - Alles klar?
大事な [daiji na] - wichtig
大変な [taihen na] - schwer
大好き [daisuki] -lieben
大学 [daigaku] - die Universität, die Uni
失う、なくす [ushinau, nakusu] - verlieren
契約書 [keiyakusho] - die Vereinbarung
女の子 [onnanoko] - das Mädchen
女性 [josei] - die Frau
女性の [josei no] - weiblich
好き；彼女は緑茶が好きです。[suki; kanojo wa ryokucha ga sukidesu.] - mögen; sie mag grünen Tee.
姉、妹 [ane, imôto] - die Schwester
始める、始まる [hajimeru, hajimaru] - beginnen, anfangen
娘 [musume] - die Tochter
嬉しい [ureshii] - froh
子供 [kodomo] - das Kind
子供たち（複数） [kodomotachi (fukusû)] - die Kinder (Plural)
子犬 [koinu] - der Welpe

子猫 [koneko] - das Kätzchen
季節 [kisetsu] - die (Jahres)zeit
学ぶ、習う [manabu, narau] - lernen
学歴、教育 [gakureki, kyôiku] - die Ausbildung
宇宙、スペース [uchû, supêsu] - das Weltall
宇宙船 [uchûsen] - das Raumschiff
守る [mamoru] - beschützen
宣伝、広告 [senden, kôkoku] - die Anzeige
家、家庭; 帰宅する、家に帰る [ie, katei; kitaku suru, ie ni kaeru] - das Haus, das Zuhause; nach Hause gehen
家に帰る [ie ni kaeru] - nach Hause gehen
家具 [kagu] - die Möbel
家族 [kazoku] - die Familie
宿題 [shukudai] - die Hausaufgaben
寮 [ryô] - das Studentenwohnheim
専門書 [senmonsho] - das Fachbuch
将来の [shôrai no] - zukünftig
小さい、少ない、少しの、小さな [chîsai, sukunai, sukoshi no, chîsa na] - klein
少ない; 若干の [sukunai; jakkan no] - wenig; ein paar
少なくとも [sukunakutomo] - wenigstens
屋根 [yane] - das Dach
展開する、開発する、育てる [tenkai suru, kaihatsu suru, sodateru] - entwickeln
岸 [kishi] - die Küste
巡査部長 [junsabuchô] - der Polizeihauptmeister
左に [hidari ni] - links
差し上げる [sasiageru] - geben

希望; 願う [kibou, negau] - die Hoffnung; hoffen
常に [tsune ni] - immer
帽子 [bôshi] - der Hut
年、年齢 [toshi, nenrei] - das Alter
年上の [toshiue no] - älter
幸せ [shiawase] - das Glück
幼稚園 [yôchien] - der Kindergarten
広い [hiroi] - weit
広がる、移る [hirogaru, utsuru] - übergreifen
広告 [kôkoku] - das Inserat, die Werbung
広場 [hiroba] - der Platz
床 [yuka] - der Boden
店員 [ten'in] - der Verkäufer, die Verkäuferin
座る、着席する [suwaru, chakuseki suru] - sitzen, sich setzen, sich hinsetzen
座席; 座る [zaseki; suwaru] - der Sitz; sich setzen
庭 [niwa] - der Garten, der Hof
式典 [shikiten] - die Feier
引っ張る、引く [hipparu, hiku] - ziehen
強い、強く [tsuyoi, tsuyoku] - stark
強盗、盗賊 [gôtô, tôzoku] - der Räuber
彼に [kare ni] - ihm
彼の; 彼のベッド [kare no; kare no beddo] - sein/seine/sein/seine; sein Bett
彼は [kare wa] - er
彼らの；彼らの荷物 [karera no; karera no nimotsu] - ihr/ihre/ihr/ihre; ihre Fracht
彼らは、彼女は [karera wa, kanojo wa] - sie
彼女、女の子の友達 [kanojo, onnanoko no tomodachi] - die Freundin
彼女の; 彼女の本 [kanojo no; kanojo no hon] - ihr/ihre/ihr; ihr Buch
彼氏、男の子の友達 [kareshi, otokonoko no tomodachi] - der Freund
待つ [matsu] - warten
待った [matta] - wartete
従業員、労働者 [jûgyôin, rôdôsha] - der Arbeiter
得る、着く、なる [eru, tsuku, naru] - bekommen
微笑む [hohoemu] - lächeln
心配しないで！[shinpai shinaide!] - Mach dir keinen Kopf!
心配する [shinpai suru] - sich Sorgen machen
必要である、必要とする [hitsuyô de aru, hitsuyô to suru] - brauchen
忘れる [wasureru] - vergessen
応えた、答えた [kotaeta, kotaeta] - antwortete
応募、コンテスト [ôbo, contesto] - die Ausschreibung, der Wettbewerb
応募する [ôbo suru] - sich bewerben
怒った、怒っている [okotta, okotte iru] - wütend
思い出した、覚えていた [omoi dashita, oboete ita] - sich erinnerte
思索する、考える [shisaku suru, kangaeru] - nachdenken
性別 [seibetsu] - das Geschlecht
恐れる、怖がる [osoreru, kowagaru] - ängstlich
恥ずかしがる、恥じる; 彼は恥ずかしがっている [hazukashigaru, hajiru; kare wa hazukashigatte iru] - sich schämen; er schämt sich

息子 [musuko] - der Sohn
悪い、良くない [warui, yoku nai] - schlecht
悪いと思う；申し訳ありません、ごめんなさい [warui to omou; môshiwake arimasen, gomennasai] - leid tun; Es tut mir leid.
悲しい [kanashii] - traurig
情報 [jôhô] - die Information, die Angabe
惑星 [wakusei] - der Planet
愛 [ai] - die Liebe
愛した [aishita] - liebte, geliebt haben
愛する；愛するために [aisuru; aisuru tame ni] - lieben; um sich zu lieben
感謝する；ありがとうございます、ありがとう [kansha suru; arigatô gozaimasu, arigatô] - danken; Danke schön, Danke
戦争 [sensô] - der Krieg
戻って来る [modotte kuru] - zurückkommen
手伝い、助け；助ける、手伝う [tetsudai, tasuke; tasukeru, tetsudau] - die Hilfe; helfen
手作業 [tesagyô] - die Handarbeit
手紙（複数）[tegami (fukusû)] - der Briefe (Plural)
手錠 [tejô] - die Handschellen
押す [osu] - werfen, stoßen, drücken
持っている、飼っている、ある；彼／彼女／それは持っている；彼は本を一冊持っている [motte iru, katte iru, aru; kare /kanojo/sore wa motte iru; kare wa hon wo is-satsu motte iru] - haben; er/sie/es hat; Er hat ein Buch.

捕まえる、掴む [tsukamaeru, tsukamu] - fangen
推薦、おすすめ [suisen, osusume] - die Empfehlung
推薦する、すすめる [suisen suru, susumeru] - empfehlen
揺れた [yureta] - wackelte
揺れる [yureru] - schaukeln
搬入する、積む；搬入作業員 [hannyû suru, tsumu; hannyû sagyôin] - laden, verladen, beladen; der Verlader
携帯電話 [keitai denwa] - das Handy
撃った [utta] - schoss; angeschossen haen
操縦士、パイロット [sôjûshi, pairotto] - der Pilot
支払う、払う [shiharau, harau] - bezahlen, zahlen
支払った、払った [shiharatta, haratta] - bezahlte, gezahlt haben
放す、自由にする [hanasu, jiyû ni suru] - freisetzen
故障中 [koshôchû] - außer Betrieb
救う、助ける [sukuu, tasukeru] - retten
救助サービス [kyûjo sâbisu] - der Rettungsdienst
教える [oshieru] - beibringen
教室 [kyôshitsu] - das Klassenzimmer
敬具 [keigu] - Hochachtungsvoll
数字 [sûji] - die Nummer
文章、原稿、コンポジション [bunshô, genkô, konpojishon] - der Entwurf, der Text
（文章などを）書く、作成する [(bunshou nado o) kaku, sakusei suru] - entwerfen, verfassen

料理をしている [ryôri o siteiru] - kochend
断る、拒否する [kotowaru, kyohi suru] - ablehnen
新しい [atarashii] - neu
新聞、新聞社 [shinbun, shinbunsha] - die Zeitung
方法、やりかた [hôhô, yarikata] - die Methode
旅行 [ryokô] - reisen
日；毎日；毎日の、日々の [nichi; mainichi; mainichi no, hibi no] - der Tag; jeden Tag; täglich
明日 [ashita] - morgen
星 [hoshi] - der Stern
星印（＊）[hoshijirushi（＊）] - das Sternchen
映画 [eiga] - der Film
昨日 [kinô] - gestern
時；２時です [ji; ni-ji desu] - Uhr; Es ist zwei Uhr.
時計をみる [tokei o miru] - auf die Uhr schauen
時間；毎時、一時間毎に [jikan; maiji, ichi-jikan goto ni] - die Stunde, die Zeit; stündlich
時間通りに [jikan dôri ni] - pünktlich
普通の、普段の、いつもの [futsuu no, fudan no, itsumo no] - gewöhnlich
暖かい [atatakai] - warm
暖める [atatameru] - wärmen, aufwärmen
暗い、黒い [kurai, kuroi] - dunkel
書いた、手紙を書いた [kaita, tegami o kaita] - schrieb
書く [kaku] - schreiben
月曜日 [getsuyôbi] - Montag
服 [fuku] - die Kleidung

朝 [asa] - der Morgen
朝食 [chôshoku] - das Frühstück
朝食をとる [chôshoku o toru] - frühstücken
本 [hon] - das Buch
本当に [hontô ni] - wirklich
本当の、実際の [hontô no, jissai no] - wirklich, echt
本文、文章、原稿 [honbun, bunshou, genkô] - der Text
本棚 [hondana] - das Bücherregal
机、デスク [tsukue, desuku] - der Schreibtisch
村 [mura] - das Dorf
来た [kita] - kam
来る / 行く [kuru/iku] - kommen / gehen
枚；一枚の用紙 [mai; ichi-mai no yôshi] - das Blatt; ein Blatt Papier
楽しむ [tanoshimu] - Spaß haben, genießen
橋 [hashi] - die Brücke
機械 [kikai] - die Maschine
欄、題目 [ran, daimoku] - die Rubrik
歌う；歌手 [utau; kashu] - singen; der Sänger
正しく、正確に；直す [tadashiku, seikaku ni; naosu] - richtig; korrigieren
歩いて [aruite] - zu Fuß
歩く [aruku] - gehen, laufen
死ぬ、亡くなる [shinu, nakunaru] - sterben
死んだ、亡くなった [shinda, nakunatta] - starb
残る、とどまる [nokoru, todomaru] - bleiben
殺した [koroshita] - tötete, getötet haben

母、お母さん [haha, okâsan] - die Mutter
母国語 [bokokugo] - die Muttersprache
毎時、１時間ごと [maiji, ichi-jikan goto] - pro Stunde
気に入る；わたしはそれが好きです。[kiniiru; watashi wa sore ga suki desu.] - gefallen; Das gefällt mir.
気持ち、感覚、思い [kimochi, kankaku, omoi] - das Gefühl
気軽に、あっさり [kigaru ni, assari] - einfach
水 [mizu] - das Wasser
求人広告 [kyûjin kôkoku] - die Stellenanzeige
汚い、汚れた [kitanai, yogore ta] - dreckig
決してない、二度とない [kesshite nai, nidoto nai] - nie
決めた [kimeta] - sich entschied für
決める [kimeru] - auswählen, sich entscheiden für
波 [nami] - die Welle
泣いた、叫んだ [naita, sakenda] - rief, gerufen haben
泣く、叫ぶ [naku, sakebu] - weinen, schreien, rufen
泥棒 [dorobô] - der Dieb, der Diebstahl
泥棒（複数）[dorobô (fukusû)] - die Diebe (Plural)
注ぐ [sosogu] - schütten, gießen
注意 [chûi] - die Aufmerksamkeit
注意してきく、注意深くきく [chûi shitekiku, chûibukaku kiku] - zuhören
注意深く [chûibukaku] - vorsichtig
泳ぐ [oyogu] - schwimmen
洗う [arau] - waschen, putzen

洗濯機 [sentakuki] - die Waschmaschine
流れ [nagare] - der Fluss
流暢に、上手に [ryûchou ni, jôzu ni] - fließend
浮く、浮かぶ [uku, ukabu] - treiben
浴室テーブル [yokushitsu têburu] - der Badezimmertisch
海 [umi] - das Meer
海岸 [kaigan] - die Küste
消す [kesu] - ausmachen
混乱した [konran shita] - verwirrt
湖 [mizûmi] - der See
満たす、いっぱいにする [mitasu, ippai ni suru] - füllen
満ち満ちて、いっぱいの [michi michi te, ippai no] - voll
濡れた、びしょびしょ [nureta, bisho bisho] - nass
火 [hi] - das Feuer
無意識に [muishiki ni] - bewusstlos
無言で、何も言わずに [mugon de, nani mo iwazu ni] - wortlos
物語、ストーリー [monogatari, sutôrî] - die Geschichte
特に [toku ni] - vor allem
犬 [inu] - der Hund
犯罪人、罪人 [hanzainin, zainin] - der Verbrecher
状況、シチュエーション [jôkyô, shichuêshon] - die Situation
独身の [dokushin no] - ledig
猫 [neko] - die Katze, die Miezekatze
猿 [saru] - der Affe
獣医 [jûi] - der Tierarzt
現金、キャッシュ [genkin, kyasshu] - das Geld, das Bargeld
理由（複数）[riyû (fukusû)] - die Gründe (Plural)

理解する、わかる [rikai suru, wakaru] - verstehen
瓶 [bin] - der Krug
生徒、学生 [seito, gakusei] - der Student
生徒達、学生達（複数）[seitotachi, gakuseitachi（fukusû）] - die Studenten (Plural)
生活する [seikatsu suru] - leben
生産する、作る [seisan suru, tsukuru] - herstellen
用意する、準備する [youi suru, junbi suru] - vorbereiten
用意できている、準備できている [yôi dekite iru, junbi dekite iru] - fertig sein
用紙、フォーム [yôshi, fômu] - das Formular
男の子、小僧 [otokonoko, kozô] - der Junge
男性、人 [dansei, hito] - der Mann
男性、人（複数）[dansei, hito（fukusuu）] - die Männer (Plural)
男性の〔dansei no〕 - männlich
町 [machi] - die Stadt
畑、フィールド [hatake, fîrudo] - das Feld
留守番電話 [rusuban denwa] - der Anrufbeantorter
番号 [bangô] - die Nummer
異なる、違う [kotonaru, chigau] - verschieden
疲れている [tsukarete iru] - müde
白い [shiroi] - weiß
白髪の [hakuhatsu no] - grauhaarig
皆、全員、全ての、全部の [mina, zen'in, subete no, zenbu no] - alle
盗まれた [nusumareta] - gestohlen wurden
目 [me] - das Auge
目（複数）[me（fukusû）] - die Augen (Plural)
相談にのる [sôdan ni noru] - beraten
真剣に [shinken ni] - ernsthaft
眠る、寝る [nemuru, neru] - schlafen
着る、身に着ける [kiru, mi ni tsukeru] - sich anziehen
着陸する [chakuriku suru] - landen
知っていた、知った [shitte ita, shitta] - wusste
知らせた [shiraseta] - informierte, teilte mit
知らせる [shiraseru] - informieren, mitteilen
知る、知っている [shiru, shitte iru] - kennen, wissen
短い [mijikai] - kurz
石 [ishi] - der Stein
石油 [sekiyu] - das Öl
砂 [suna] - der Sand
破壊する、壊す [hakai suru, kowasu] - zerstören
確認する [kakunin suru] - kontrollieren
秘密 [himitsu] - das Geheimnis
秘書 [hisho] - die Sekretärin
種 [tane] - das Saatgut
種類 [shurui] - die Art
稼ぐ; わたしは時給１０ドルを稼ぎます [kasegu; watashi wa jikyû jû-doru o kasegimasu] - verdienen; Ich verdiene zehn Dollar pro Stunde.
空いている [aite iru] - frei
空き時間 [akijikan] - die Freizeit, freie Zeit
空の、空いている [kara no, aite iru] - leer

空中、空気、エアー [kûchû, kûki, eâ] - die Luft
空欄の、空白の [kûran no, kûhaku no] - leer
突然 [totsuzen] - plötzlich
窃盗、強盗 [settou, gôtô] - der Raubüberfall
窓 [mado] - das Fenster
窓（複数）[mado (fukusû)] - die Fenster (Plural)
立つ [tatsu] - stehen
笑い、微笑み [warai, hohoemi] - das Lächeln
笑う [warau] - lachen
笑った、微笑んだ [waratta, hohoenda] - lächelte, gelächelt haben
箱、ダンボール [hako, danbôru] - die Kiste
簡単な、単純な [kantan na, tanjun na] – einfach
精神作業 [seishinsagyô] - die Kopfarbeit
紙、用紙 [kami, yôshi] - das Papier
素敵な、すごい、素晴らしい [suteki na, sugoi, subarashii] - super, toll, schön
素早く、速く [subayaku, hayaku] - schnell
素晴らしい、良い [subarashii, yoi] - wunderbar, gut
細かい、注意深い [komakai, chûibukai] - sorgfältig
紹介所、代理店 [shôkaijo, dairiten] - die Agentur
終えた、終わらせた [oeta, owaraseta] - beendete
終わった、出来上がった [owatta, dekiagatta] - fertig
経験 [keiken] - die Erfahrung

結晶、クリスタル [kesshô, kurisutaru] - das Kristall
続く、かかる；映画は3時間以上かかります [tsuzuku, kakaru; eiga wa san-jikan ijô kakarimasu] - Fortsetzung folgt, dauern; Der Film dauert mehr als 3 Stunden.
続ける [tsuzukeru] - fortführen
綺麗な；綺麗にする、清潔な、綺麗になった [kirei na; kirei ni suru, seiketsu na, kirei ni natta] - sauber; sauber machen, putzen, gesäubert
緑の [mirodi no] - grün
編集者 [henshûsha] - der Herausgeber
置く；場所 [oku; basho] – legen; der Platz
美しい、綺麗な [utsukushii, kirei na] - schön
考える [kangaeru] - nachdenken
耳 [mimi] - das Ohr
聞いた [kiita] - hörte, gehört haben
聞く、聴く [kiku, kiku] - hören
職業 [shokugyô] - der Beruf
職業紹介 [shokugyô shôkai] - die Arbeitsvermittlung
腕 [ude] - der Arm
自動車免許証 [jidôsha menkyoshô] - der Führerschein
自然 [shizen] - die Natur
自身の [jishin no] - eigen
自転車 [jitensha] - das Fahrrad
自転車で行く [jitensha de iku] - Fahrrad fahren, mit dem Fahrrad fahren
臭い、においのする [kusai, nioi no suru] - stinkend
興味深い、おもしろい [kyômibukai, omoshiroi] - interessant
船 [fune] - das Schiff

花 [hana] - die Blume
芸術、アート [geijutsu, âto] - die Kunst
若い、年下の [wakai, toshishita no] - jung
落ちた [ochita] - abgestürzt, fiel
落ちる [ochiru] - fallen
薬品、薬（複数）[yakuhin, kusuri（fukusû）] - die Chemikalien (Plural)
薬局 [yakkyoku] - die Apotheke
虎 [tora] - der Tiger
蚊 [ka] - die Stechmücke
蛇口 [jaguchi] - der Wasserhahn
行く；私は銀行へ行きます。[iku; watashi wa ginkô e ikimasu.] - gehen, fahren; Ich gehe zur Bank.
行った [itta] - ging
街、市 [machi, shi] - die Stadt
見せた [miseta] - zeigte
見せる [miseru] - zeigen
見た [mita] - sah, schaute, geschaut haben
見つけた、見つかった、わかった [mitsuketa, mitsukatta, wakatta] - gefunden haben
見つける、探す [mitsukeru, sagasu] - finden
見る、理解する [miru, rikai suru] - schauen, betrachten, sehen
見知らぬ、おかしな、変な [mishiranu, okashi na, hen na] - fremd
見続ける [mi tsuzukeru] - weiter schauen
親愛なる [shinai naru] - lieber, liebe
観客 [kankyaku] - das Publikum
解雇する [kaiko suru] - feuern
言う、伝える [iu, tsutaeru] - sagen, informieren

言った、発言した [itta, hatsugen shita] - sagte
言語 [gengo] - die Sprache
訓練する、鍛える；訓練されている、鍛えられている [kunren suru, kitaeru; kunren sarete iru, kitaerarete iru] - trainieren; trainiert
記録する、録音する [kiroku suru, rokuon suru] - aufnehmen
訪問した [houmon shita] - besuchte
許す [yurusu] - entschuldigen
評価した、予想した [hyôka shita, yosô shita] - ausgewertet haben
試みた、やってみた [kokoro mita, yatte mita] - versuchte
話す、喋る [hanasu, shaberu] - sprechen, sich unterhalten
誤って [ayamatte] - falsch
説明する [setsumei suru] - erklären
読む [yomu] - lesen
読んでいる [yonde iru] - lesend
誰 [dare] - wer
誰か [dare ka] - jemand
誰の [dare no] - wessen
誰も、一人も〜ない [dare mo, hitori mo 〜 nai] - niemand
課題、タスク [kadai, tasuku] - die Aufgabe
調書、レポート [chôsho, repôto] - der Bericht
謎、ミステリー [nazo, misuterî] - das Rätsel
警察 [keisatsu] - die Polizei
警察官 [keisatsukan] - der Polizist
警察無線 [keisatsu musen] - der Polizeifunk
貧しい、かわいそうな [mazushii, kawaisô na] - arm
買う [kau] - kaufen

費用がかかる [hiyou ga kakaru] - kosten
賢い、頭のいい [kashikoi, atama no ii] - schlau
質問した、聞いた、頼んだ [shitsumon shita, kiita, tanonda] - gefragt haben
質問する、頼む [shitsumon suru, tanomu] - fragen
質問表 [shitsumonhyô] - der Fragebogen
赤い [akai] - rot
走り去る、逃げ出す [hashiri saru, nige dasu] - weglaufen
走る、動かす [hashiru, ugokasu] - rennen, laufen
起きた、起こった [okita, okotta] - passierte
起きる、起こる [okiru, okoru] - passieren
起き上がる; 起きろ！ [okiagaru; okiro!] - aufstehen; Steh auf!
足 [ashi] - das Bein, der Fuß
路上 [rojô] - die Straße
跳ね返る [hanekaeru] - zurückprallen
踏む [fumu] - treten
踏んだ [funda] - trat
車 [kuruma] - das Auto
農場 [nôjô] - der Bauernhof
農家 [nôka] - der Bauer
近い [chikai] - nahe
近くに、近く、近くの [chikaku ni, chikaku, chikaku no] - in der Nähe
近所の人 [kinjo no hito] - der Nachbar
追跡 [tsuiseki] - die Verfolgung
送った [okutta] - schickte
通じる [tûjiru] - führen
通り、道 [tôri, michi] - die Straße
通り、道（複数）[tôri, michi (fukusû)] - die Straßen (Plural)
通り抜ける [tôri nukeru] - hindurchgehen
通り過ぎる [tôri sugiru] - vorbeigehen
通常の、普段の [itsumo no, tsûjou no, fudan no] - normal
通常は、普段は [tsûjou wa, fudan wa] - normalerweise
通訳、翻訳家 [tsûyaku, hon'yaku ka] - der Übersetzer
連れて行った、[tsurete itta] - gebracht haben
連続ドラマ [renzoku dorama] - die Serie
週 [shû] - die Oche
遊ぶ、する [asobu, suru] - spielen
運ぶ、持ってくる、[hakobu, motte kuru] - bringen
運転した [unten shita] - fuhr
（運転を）始めた [(unten o) hajimeta] - fuhr los
運送；運送する、運ぶ [unsô; unsô suru, hakobu] - der Transport; transpotieren
過ぎていた [sugite ita] - abgelaufen war
道 [michi] - der Weg
道路 [dôro] - die Straße
遠い、離れた [tôi, hanareta] - weit
選ぶ、選び出す [erabu, erabi dasu] - auswählen, sich aussuchen
部、部品、部分；一部 [bu, buhin, bubun; ichi-bu] - der Teil; ein Teil
部屋 [heya] - das Zimmer
部屋（複数）[heya (fukusû)] - die Zimmer (Plural)
金属 [kinzoku] - das Metall
金庫 [kinko] - der Tresor

銀行 [ginkô] - die Bank
銃 [jû] - die Waffe
錠剤、ピル [jôzai, piru] - die Tablette
鍵 [kagi] - der Schlüssel
長い [nagai] - lang
長いあいだ、長いこと [nagai aida, nagai koto] - lange
閉じる、閉める [tojiru, shimeru] - schließen
閉まっている [shimatte iru] - geschlossen sein
開けた、開いた [aketa, hiraita] - öffnete
開けたまま、開いた [aketa mama, hiraita] - geöffnet
開ける、開く [akeru, hiraku] - öffnen
降りる [oriru] - aussteigen
降ろす、荷おろしをする [orosu, nioroshi o suru] - abladen
階段（複数）[kaidan (fukusû)] - die Treppen (Plural)
隠した [kakushita] - sich versteckte
隠れる [kakureru] - sich verstecken
雇い主 [yatoinushi] - der Arbeitgeber
雑誌 [zasshi] - die Zeitschrift
難しい、困難な [muzukashii, konnan na] - schwer
雨 [ame] - der Regen
電気の [denki no] - elektrisch
電波探知器 [denpa tanchiki] - der Radar
電流 [denryû] - der Strom
電線、電気コード [densen, denki kôdo] - das Stromkabel
電話 [denwa] - das Telefon
電話した [denwa shita] - rief an
電話する；コールセンター [denwa suru; kôru sentâ] - anrufen; das Callcenter
電話する；電話 [denwa suru; denwa] - telefonieren, anrufen; der Anruf
電話をかける、呼ぶ [denwa o kakeru, yobu] - anrufen
電話機；電話をする [denwaki; denwa o suru] - das Telefon; telefonieren
電車 [densha] - der Zug
電車の駅 [densha no eki] - der Bahnhof
震える [furueru] - zittern
青い [aoi] - blau
青白い [aojiroi] - blass
静かに、黙って [shizuka ni, damatte] - leise, langsam, ruhig
面白い [omoshiroi] - lustig
音楽 [ongaku] - die Musik
項目 [kômoku] - das Feld
頭の良い、賢い [atama no yoi, kashikoi] - intelligent
頻繁に、よく [hinpan ni, yoku] - oft
頼む、お願いする [tanomu, onegai suru] - bitten
題目、課題 [daimoku, kadai] - die Aufgabe
顔 [kao] - das Gesicht
風 [kaze] - der Wind
飛ばして行った [tobashite itta] - raste vorbei
飛んだ [tonda] - flog
飛行機 [hikôki] - das Flugzeug
食べる [taberu] - essen
食べ物 [tabemono] - das Essen
飲み込む [nomikomu] - (hinunter)schlucken
飲む [nomu] - trinken

飼育員 [shiikuin] - der Tierpfleger
餌付けする [ezuke suru] - füttern
驚いている [odoroite iru] - überrascht, verwundert
驚かせる [odorokaseru] - überraschen
驚き [odoroki] - Die Überraschung
高い [takai] - hoch
髪の毛 [kaminoke] - das Haar

鳥 [tori] - der Vogel
鳴り渡る [nariwataru] - heulend
鳴る; 電話が鳴る [naru; denwa ga naru] - klingeln; das Telefon klingelt
黄色い [kiiroi] - gelb
黒い [kuroi] - schwarz
鼻 [hana] - die Nase

独日辞書
Wörterbuch Deutsch-Japanish

Abend, der - 夕方 [yûgata]
Abenteuer, das - アドベンチャー、冒険 [adobenchâ, bôken]
aber - でも、しかし [de mo, shikashi]
abgelaufen war - 過ぎていた [sugite ita]
abgestürzt - 落ちた [ochita]
abladen - 降ろす、荷おろしをする [orosu, nioroshi o suru]
ablehnen - 断る、拒否する [kotowaru, kyohi suru]
acht; acht Notizbücher - 8、8冊；8冊のノート [hachi, has-satsu; has-satsu no nôtô]
achten auf - に注意を払う、を尊重する [ni chûi o harau, o sonchô suru]
achter - 8番目の [hachi-ban-me no]
Adresse, die - 住所 [jûsho]
Affe, der - 猿 [saru]
Agentur, die - 紹介所、代理店 [shôkaijo, dairiten]
Alarm, der - アラーム、警報 [arâmu, keihô]
alle - みんな、全員 [minna, zen'in]; 皆、全ての、全部の [mina, subete no, zenbu no]
alles - 全て、全部 [subete, zenbu]
Alles klar? - 大丈夫ですか？ [daijyôbu desuka?]
als; George ist älter als Linda. - より；ジョージはリンダより年上です [yori; jôji wa rinda yori toshiue desu]
älter - 年上の [toshiue no]
Alter, das - 年、年齢 [toshi, nenrei]
Amerikaner, der; die Amerikanerin - アメリカ人 [amerikajin]
Amerikaner, die (Plural) - アメリカ人（複数） [amerikajin (fukusû)]
an, bei - のそばに、で、にて [no soba ni, de, nite]
ander - 他の、別の [hoka no, betsu no]
anderer/andere/anderes/andere - 他の、別の [ta no, betsu no]
ändern; sich ändern; die Änderung - 変える；変わる；変更 [kaeru, kawaru; henkô]
anfangen - 始める、始まる [hajimeru, hajimaru]
ängstlich - 恐れる、怖がる [osoreru, kowagaru]
anhalten - とめる、とまる [tomeru, tomaru]
ankommen - 到着する [tôchaku suru]
anmachen - つける [tsukeru]
Anrufbeantorter, der - 留守番電話 [rusuban denwa]
anrufen; der Anruf; das Callcenter - 電話する；電話；コールセンター [denwa suru; denwa; kôru sentâ]
anrufen - 電話をかける、呼ぶ [denwa o kakeru, yobu]
anstelle von - 代わりに；の代わりに [kawari ni; no kawari ni]
antorten, erwidern; die Antort - こたえる；こたえ [kotaeru; kotae]
antwortete - 応えた、答えた [kotaeta, kotaeta]
Anzeige, die - 宣伝、広告 [senden, kôkoku]
Apotheke, die - 薬局 [yakkyoku]
Arbeit, die; die Arbeitsvermittlung - 仕事；職業紹介所 [shigoto; shokugyô shôkaijo]

Arbeiter, der - 従業員、労働者 [jûgyôin, rôdôsha]
Arbeitgeber, der - 雇い主 [yatoinushi]
Arbeitsvermittlung, die – 職業紹介 [shokugyô shôkai]
ärgern - いじめる、邪魔をする、困らせる [ijimeru, jama o suru, komaraseru]
arm - 貧しい、かわいそうな [mazushii, kawaisô na]
Arm, der - 腕 [ude]
Art, die - 種類 [shurui]
Arzt, der - 医者 [isha]
Aspirin, das - アスピリン（鎮痛剤）[asupirin（chintsûzai）]
auch - また、同じく [mata, onajiku]; も [mo]; 同じく [onajiku]; 同様に [dôyô ni]
auf - の上に、について [no ue ni, ni tsui te]
Aufgabe, die - 課題、タスク [kadai, tasuku]; 題目 [daimoku]
aufmachen - あける [akeru]
Aufmerksamkeit, die - 注意 [chûi]
aufnehmen - 記録する、録音する [kiroku suru, rokuon suru]
aufstehen; Steh auf! - 起き上がる; 起きろ！ [okiagaru; okiro!]
Aufzug, der - エレベーター [erebêtâ]
Auge, das - 目 [me]
Augen, die (Plural) - 目（複数）[me（fukusû）]
aus; aus den USA - から、出身; アメリカ出身 [kara, shusshin; amerika shusshin]
Ausbildung, die - 学歴、教育 [gakureki, kyôiku]
ausfüllen – 埋める、記入する [umeru, kinyû suru]

ausgeben, verwenden - 使う、費やす、かける、過ごす [tsukau, tsuiyasu, kakeru, sugosu]
ausgewertet haben - 評価した、予想した [hyôka shita, yosô shita]
ausmachen - 消す [kesu]
Ausschreibung, die, der Wettbewerb - 応募、コンテスト [ôbo, contesto]
außer Betrieb - 故障中 [koshôchû]
Außerirdische, der - エイリアン [eirian]
aussteigen - 降りる [oriru]
auswählen, sich aussuchen, sich entscheiden für - 選ぶ、選び出す、決める [erabu, erabi dasu, kimeru]
Auto, das - 車 [kuruma]
Bad, das; das Badezimmer; die Badewanne - お風呂、浴室; バスタブ [ofuro, yokushitsu; basutabu]
Badezimmertisch, der - 浴室テーブル [yokushitsu têburu]
Bahnhof, der - 電車の駅 [densha no eki]
Bank, die - 銀行 [ginkô]
Bauer, der - 農家 [nôka]
Bauernhof, der - 農場 [nôjô]
bedienen - サービスする，仕える [sâbisu suru, tsukaeru]
Bediensteter, der - 使用人 [shiyônin]
beendete - 終えた、終わらせた [oeta, owaraseta]
befehlen - 命令する、言いつける [meirei suru, iitsukeru]
Begabung, die - ギフト、贈り物、プレゼント [gifutô, kurimono, purezento]
begann, begonnen haben - はじめた [hajimeta]
beginnen, anfangen - 始める、始まる [hajimeru, hajimaru]
begleiten - 同伴する [dôhan suru]

begleitet haben - 同伴した [dôhan shita]
beibringen - 教える [oshieru]
Bein, das - 足 [ashi]
Beispiel, das - 例 [rei]
beißen - 噛む [kamu]
bekommen - 得る、着く、なる [eru, tsuku, naru]
bellte - 吠えた [hoeta]
beraten - 相談にのる [sôdan ni noru]
Berater, der - コンサルタント [konsarutanto]
Beratung, die - コンサルティング [konsarutingu]
Bericht, der - 調書、レポート [chôsho, repôto]
berichten - レポートする [repôto suru]
Beruf, der - 職業 [shokugyô]
beschützen - 守る [mamoru]
Besitzer, der - オーナー、持ち主 [ônâ, mochinushi]
besser - より良い [yori yoi]
beständig - 一定の、定期的な [ittei no, teikiteki na]
besuchte - 訪問した [houmon shita]
Bett, das - ベッド [beddo]
Betten, die (Plural) - ベッド（複数）[beddo（fukusû）]
beurteilen - 予測する、予想する [yosoku suru, yosô suru]
bewusstlos - 無意識に [muishiki ni]
bezahlen, zahlen - 支払う、払う [shiharau, harau]
bezahlte, gezahlt haben - 支払った、払った [shiharatta, haratta]
Bilder, die, die Fotos (Plural) - 写真（複数）[shashin (fukusû)]
Billionen - １０億 [jû-oku]
bis - まで [made]

bitte - どうか、お願いします [dô ka, onegai shimasu]
bitten - 頼む、お願いする [tanomu, onegai suru]
blass - 青白い [aojiroi]
Blatt, das; ein Blatt Papier - 枚；一枚の用紙 [mai; ichi-mai no yôshi]
blau - 青い [aoi]
bleiben - 残る、とどまる [nokoru, todomaru]
Blume, die - 花 [hana]
Boden, der - 床 [yuka]
brauchen - 必要である、必要とする [hitsuyô de aru, hitsuyô to suru]
Bremse, die - ブレーキ [burêki]
bremsen - ブレーキをかける [burêki o kakeru]
Briefe, der (Plural) - 手紙（複数）[tegami (fukusû)]
bringen - 運ぶ、持ってくる、[hakobu, motte kuru]
Brot, das - パン [pan]
Brücke, die - 橋 [hashi]
Bruder, der - 兄、弟 [ani, otôto]
Buch, das - 本 [hon]
Bücherregal, das - 本棚 [hondana]
Büro, das - オフィス [ofisu]
Bus, der; mit dem Bus fahren - バス；バスで行く [basu; basu de iku]
Butter, die - バター [batâ]
Butterbrot, das, das Sandwich - サンドイッチ [sandoicchi]
Café, das - カフェ [kafe]
CD, die - CD [shîdî]
CD-Spieler, der - CDプレーヤー [shîdîî purêyâ]
Chance, die - チャンス、確率 [chansu, kakuritsu]
Chemie, die - 化学 [kagaku]

Chemikalien, die (Plural) - 薬品、薬（複数）[yakuhin, kusuri（fukusû）]
Computer, der - コンピューター [konpyûtâ]
da, weil - なぜなら、から、だから [naze nara, kara, da kara]
Dach, das - 屋根 [yane]
danach - その後 [sono go]
danken; Danke schön, Danke - 感謝する; ありがとうございます、ありがとう [kansha suru; arigatô gozaimasu, arigatô]
dann - そして、その後 [soshite, sono go]
dass; Ich weiß, dass dieses Buch interessant ist. -（という）こと; わたしはこの本が面白いことを知っています [(to iu) koto; watashi wa kono hon ga omoshiroi koto o shitte imasu]
dauern; Der Film dauert mehr als 3 Stunden. - 続く、かかる; 映画は3時間以上かかります [tsuzuku, kakaru; eiga wa san-jikan ijô kakarimasu]
Davids Buch - デイビッドの本 [deibiddo no hon]
dein/deine/dein/deine; dein Englisch - あなたの; あなたの英語 [anata no; anata no eigo]
der/die/das Gleiche - 同じ [onaji]
Design, das - デザイン [dezain]
deswegen - だから、では [dakara, dewa]
Deutschen, die (Plural) - ドイツ人（複数）[doitsujin（fukusû）]
Deutscher, der, die Deutsche - ドイツ人 [doitsujin]
Dieb, der - 泥棒 [dorobô]
Diebe, die (Plural) - 泥棒（複数）[dorobô（fukusû）]
Diebstahl, der - 泥棒 [dorobô]
dieser/diese/ dieses; dieses Buch - これ、この; この本 [kore, kono; kono hon]
Ding, das, die Sache - もの、こと [mono, koto]
Dorf, das - 村 [mura]
dort - そこ [soko]
draußen - 外で [soto de]
dreckig - 汚い、汚れた [kitanai, yogore ta]
drei; drei Mädchen - 3、3人; 3人の女の子 [san, san-nin, san-nin no onnanoko]
dreißig - 30 [san-jû]
dreißig Minuten, eine halbe Stunde - 30分 [san-jip-pun]
dritter - 3番目の [san-ban-me no]
drücken - 押す [osu]
du - あなたは [anata wa]
du/ihr - あなた [anata]
dumm - ばかげた、ばかな [bakage ta, baka na]
dunkel - 暗い、黒い [kurai, kuroi]
dürfen; Darf ich mich auf Ihr Bett sitzen? - してもよい、することが許可されている; 私は彼女のベッドに座ってもいいですか。[shite mo yoi, suru koto ga kyoka sarete iru; watasi wa kanojo no beddo ni suwatte mo ii desu ka?]
DVD, die - DVD [dîbuidî]
eigen - 自身の [jishin no]
Eimer, der - バケツ [baketsu]
ein; ein Buch - ひとつ; 一冊の本 [hitotsu; is-satsu no hon]
ein anderer/eine andere/ein anderes - 別の、違う [betsu no, chigau]
ein paar, einige; ein paar Menschen - いくつかの、何人かの; 何人かの人々

[ikutsuka no, nan-nin ka no; nan-nin ka no hitobito]
eine Prüfung bestehen - テストに通過する [tesuto ni tsûka suru]
einer nach dem anderen - ひとりずつ [hitori zutsu]
einer von euch - 君たちのどちらか [kimitachi no dochira ka]
einfach - 気軽に、あっさり [kigaru ni, assari]; 簡単な、単純な [kantan na, tanjun na]
einige - いくつかの、何人かの、いくらかの [ikutsu ka no, nan-nin ka no, ikura ka no]
Einkaufszentrum, das - ショッピングセンター [shoppingu sentâ]
einundzwanzig - 2１ [ni-jû-ichi]
einverstanden sein - 同意する [dôi suru]
einzeln - 個別に、別々に [kobetsu ni, betsubetsu ni]
Eis, das - アイスクリーム [aisu kurîmu]
elektrisch - 電気の [denki no]
elf - １１ [jû-ichi]
Eltern, die - 両親 [ryôshin]
E-Mail, die - メール [mêru]
empfehlen - 推薦する、すすめる [suisen suru, susumeru]
Empfehlung, die - 推薦、おすすめ [suisen, osusume]
empfohlen haben - 勧めた、推薦した [susumeta, suisen shita]
Energie, die - エネルギー、元気 [enerugî, genki]
entlang - に沿って [ni sotte]
entschuldigen - 許す [yurusu]
Entschuldigen Sie - すいません [suimasen]

entwerfen, verfassen - （文章などを）書く、作成する [(bunshou nado o) kaku, sakusei suru]
entwickeln - 展開する、開発する、育てる [tenkai suru, kaihatsu suru, sodateru]
Entwurf, der, der Text - 文章、原稿、コンポジション [bunshô, genkô, konpojishon]
er - 彼は [kare wa]
er/sie/es - それ [sore]
Erde, die - 地球 [chikyû]
Erfahrung, die - 経験 [keiken]
erhalten - 取る、手に入れる、得る [toru, te ni ireru, eru]
erklären - 説明する [setsumei suru]
ernsthaft - 真剣に [shinken ni]
erst - はじめに、最初に [hajime ni, saisho ni]
erstarren - 固まる、凍える、凍る [katamaru, kogoeru, kôru]
essen - 食べる [taberu]
Essen, das - 食べ物 [tabemono]
etwa - およそ、ほど [oyoso, hodo]
etwas - 何か [nani ka]; 何か〜するもの、何物か [nani ka surumono, nani-mono ka]
Fachbuch, das - 専門書 [senmonsho]
Fähigkeit, die - スキル、腕前 [sukiru, udemae]
Fahrkarte, die - チケット、券 [chiketto, ken]
Fahrrad, das - 自転車 [jitensha]
Fahrrad fahren, mit dem Fahrrad fahren - 自転車で行く [jitensha de iku]
fallen - 落ちる [ochiru]
Fallschirm, der - パラシュート [parashûto]
Fallschirmspringer, der - パラシュートをする人 [parashûto o suru hito]

Fallschirmspringerpuppe, die - パラシュート人形 [parashûto ningyô]
falsch - 誤って [ayamatte]
Familie, die - 家族 [kazoku]
fangen - 捕まえる、掴む [tsukamaeru, tsukamu]
Feier, die - 式典 [shikiten]
Feld, das - 畑、フィールド [hatake, fîrudo]；項目 [kômoku]
Fenster, das - 窓 [mado]
Fenster, die (Plural) - 窓（複数）[mado （fukusû）]
Fernsehen, das - テレビ局 [terebikyoku]
Fernseher, der - テレビ [terebi]
fertig - 終わった、出来上がった [owatta, dekiagatta]
fertig sein - 用意できている、準備できている [yôi dekite iru, junbi dekite iru]
Feuer, das - 火 [hi]
feuern - 解雇する [kaiko suru]
fiel - 落ちた [ochita]
Film, der - 映画 [eiga]
finden - 見つける、探す [mitsukeru, sagasu]
Firma, die - 企業、会社 [kigyô, kaisha]
Firmen, die (Plural) - 企業、会社（複数）[kigyô, kaisha (fukusû)]
fließend - 流暢に、上手に [ryûchou ni, jôzu ni]
flog - 飛んだ [tonda]
Flugschau, die - エアーショー [eâ shô]
Flugzeug, das - 飛行機 [hikôki]
Fluss, der - 流れ [nagare]
Formular, das - 用紙、フォーム [yôshi, fômu]
fortführen - 続ける [tsuzukeru]
Fortsetzung folgt - 続く [tsuzuku]

fotografieren; der Fotograf - 写真をとる; カメラマン、写真家 [shashin o toru; kameraman, shashinka]
Fragebogen, der - 質問表 [shitsumonhyô]
fragen - 質問する、頼む [shitsumon suru, tanomu]
Frau, die - 女性 [josei]
Fräulein - ミス、さん [misu, san]
frei - 空いている [aite iru]
freisetzen - 放す、自由にする [hanasu, jiyû ni suru]
Freizeit, die; freie Zeit - 空き時間 [akijikan]
fremd - 見知らぬ、おかしな、変な [mishiranu, okashi na, hen na]
Freund, der; die Freundin - 友達 [tomodachi]; 彼氏、男の子の友達 [kareshi, otokonoko no tomodachi]
Freundin, die - 彼女、女の子の友達 [kanojo, onnanoko no tomodachi]
freundlich - フレンドリーな [furendorî na]
froh - 嬉しい [ureshii]
Frühstück, das - 朝食 [chôshoku]
frühstücken - 朝食をとる [chôshoku o toru]
fuhr - 運転した [unten shita]
fuhr los - （運転を）始めた [(unten o) hajimeta]
führen - 通じる [tûjiru]
Führer, der - リーダー [rîdâ]
Führerschein, der - 自動車免許証 [jidôsha menkyoshô]
füllen - 満たす、いっぱいにする [mitasu, ippai ni suru]
fünf; fünf Banken - 5、5つ；5つの銀行 [go, itsutsu; itsutsu no ginkô]
fünfter - 5番目の [go-ban-me no]
fünfundzwanzig - 25 [ni-jû-go]

fünfzehn; fünfzehn Jahre alt - １５；１５歳 [jû-go; jû-go-sai]
für - ために [tame ni]
Fuß, der - 足 [ashi]
füttern - 餌付けする [ezuke suru]
gab - 与えた、渡した、あげた [ataeta, watashita, ageta]
Garten, der - 庭 [niwa]
Gas, das - ガス [gasu]
Gaspedal, das - アクセル [akuseru]
Gast, der - ゲスト [gesuto]
Gastfamilie, die - ホストファミリー [hosuto famirî]
gearbeitet haben - 働いた [hataraita]
geben - 与える、渡す [ataeru, watasu]; 差し上げる [sasiageru]
gebracht haben - 連れて行った、 [tsurete itta]
gefallen; Das gefällt mir. - 気に入る；わたしはそれが好きです。 [kiniiru; watashi wa sore ga suki desu.]
gefragt haben - 質問した、聞いた、頼んだ [shitsumon shita, kiita, tanonda]
Gefühl, das - 気持ち、感覚、思い [kimochi, kankaku, omoi]
gefunden haben - 見つけた、見つかった、わかった [mitsuketa, mitsukatta, wakatta]
gegen - に対して [ni taishi te]
Geheimnis, das - 秘密 [himitsu]
gehen, fahren; Ich gehe zur Bank. -歩く [aruku]; 行く；私は銀行へ行きます。 [iku; watashi wa ginkô e ikimasu.]
gelb - 黄色い [kiiroi]
Geld, das, das Bargeld - 現金、キャッシュ [genkin, kyasshu]; お金 [okane]
geöffnet - 開けたまま、開いた [aketa mama, hiraita]
gesäubert - 綺麗な、綺麗になった [kirei na, kirei ni natta]
Geschichte, die - ストーリー、物語、話 [sutôrî, monogatari, hanashi]
Geschlecht, das - 性別 [seibetsu]
geschlossen sein - 閉まっている [shimatte iru]
Geschwindigkeit, die; rasen - 加速、スピード；加速する、スピード違反をする [kasoku, supîdo; kasoku suru, supîdo ihan o suru]
Geschwindigkeitbegrenzung, die - 制限時速 [seigen jisoku]
Gesicht, das - 顔 [kao]
gestern - 昨日 [kinô]
gestohlen wurden - 盗まれた [nusumareta]
gesund pflegen - リハビリする [rihabiri suru]
Gesundheit, die - 健康 [kenkô]
getanzt haben - ダンスした，踊った [dansu shita, odotta]
getroffen haben, kennengelernt haben - 会った、合った [atta, atta]
gewesen waren - であった [de atta]
gewöhnlich - 普通の、普段の、いつもの [futsuu no, fudan no, itsumo no]
ging - 行った [itta]
Glas, das - ガラス [garasu]
glauben; seinen Augen nicht trauen - 信じる；自分の目を信じない [shinjiru; jibun no me o shinjinai]
gleichzeitig - 同時に [dôji ni]
Glück, das - 幸せ [shiawase]
glücklich - 喜んでいる [yorokonde iru]
grau - グレー、灰色 [gurê, haiiro]
grauhaarig - 白髪の [hakuhatsu no]
groß - 大きな、大きい [ôki na, ôkii]

groß/größer/am größten - 大きい／より大きな／一番大きい [ôkii/yori ôkina/ichiban ôkii]
größer - より大きな [yori ôkina]
grün - 緑の [mirodi no]
Gründe, die (Plural) - 理由（複数）[riyû (fukusû)]
Gummi, der - ゴム [gomu]
gut - よい、おいしい、上手に [yoi, oishii, jôzu ni]；素晴らしい、良い [subarashii, yoi]
Haar, das - 髪の毛 [kaminoke]
haben; er/sie/es hat; Er hat ein Buch. - 持っている、飼っている、ある；彼／彼女／それは持っている；彼は本を一冊持っている [motte iru, katte iru, aru; kare/kanojo/sore wa motte iru; kare wa hon wo is-satsu motte iru]
halb - 半分の [hanbun no]
hallo - こんにちは [konnichiwa]
Handarbeit, die - 手作業 [tesagyô]
Handschellen, die - 手錠 [tejô]
Handy, das - 携帯電話 [keitai denwa]
hassen - いやがる、嫌う [iyagaru, kirau]
hatte, gehabt haben - あった、持っていた [atta, motte ita]
Haupt-, zentral - 中心の、真ん中の [chûshin no, mannaka no]
Haus, das - 家 [ie]
Hausaufgaben, die - 宿題 [shukudai]
Haustier, das - ペット [petto]
heimlich - こっそり、密かに、秘密に [kossori, hisoka ni, himitsu ni]
Helfer, der - 助手 [joshu]
Herausgeber, der - 編集者 [henshûsha]
Herd, der - レンジ、かまど [renji, kamado]
Herr, Hr. - さん、氏 [san, shi]

herstellen - 生産する、作る [seisan suru, tsukuru]
heulend - 鳴り渡る [nariwataru]
heute - 今日、本日 [kyô, honjitsu]
Hey!, Hallo! - おい！、やあ！ [oi!, yâ!]
hi - やあ、こんにちは [yâ konnichiwa]
hier (Ort) - ここ [koko]
hier ist - こちらは [kochira wa]
hierher (Richtung) - ここに、こちらに [koko ni, kochira ni]
Hilfe, die; helfen - 手伝い、助け；助ける、手伝う [tetsudai, tasuke; tasukeru, tetsudau]
hindurchgehen - 通り抜ける [tôri nukeru]
hinter - の後ろ、のあと [no ushiro, no ato]
(hinunter)schlucken - 飲み込む [nomikomu]
hoch - 高い [takai]
Hochachtungsvoll - 敬具 [keigu]
Hof, der - 庭 [niwa]
Hoffnung, die; hoffen - 希望；願う [kibou, negau]
hören - 聞く、聴く [kiku, kiku]
hörte, gehört haben - 聞いた [kiita]
Hose, die (Plural) - ズボン（複数）[zubon （fukusû）]
Hotel, das - ホテル [hoteru]
Hotels, die (Plural) - ホテル（複数）[hoteru （fukusû）]
Hund, der - 犬 [inu]
hundert - １００ [hyaku]
Hunger haben; Ich habe Hunger. - お腹がすいている；わたしはお腹がすいています [onaka ga suite iru; watashi wa onaka ga suite imasu]
Hut, der - 帽子 [bôshi]
ich - わたしは [watashi wa]

Ich höre Musik. - わたしは音楽を聞きます。 [watashi wa ongaku o kikimasu.]
Idee, die - アイディア、考え、案 [aidia, kangae, an]
ihm - 彼に [kare ni]
ihr/ihre/ihr; ihr Buch - 彼女の；彼女の本 [kanojo no; kanojo no hon]
ihr/ihre/ihr/ihre; ihre Fracht - 彼らの；彼らの荷物 [karera no; karera no nimotsu]
Imbiss, der - おやつ、スナック [oyatsu, sunakku]
immer - 常に [tsune ni]
in - に、で [ni, de]；の中に [no naka ni]；中に、中へ [naka ni, naka e]
in der Nähe - 近くに、近く、近くの [chikaku ni, chikaku, chikaku no]
in der Zwischenzeit - 一方で、その間に [ippô de, sono kan ni]
Information, die, die Angabe - 情報 [jôhô]
informieren, mitteilen - 知らせる [shiraseru]；言う、伝える [iu, tsutaeru]
informierte, teilte mit - 知らせた [shiraseta]
Ingenieur, der - エンジニア [enjinia]
Inserat, das - 広告 [kôkoku]
intelligent - 頭の良い、賢い [atama no yoi, kashikoi]
interessant - 興味深い、おもしろい [kyômibukai, omoshiroi]
irgendwelcher/irgendwelche/irgendwelches/irgendwelche; irgendwelche Bücher - 何らかの；何らかの本 [nanra ka no; nanra ka no hon]
ja - はい、はい、そうです [hai, hai, sô desu]
Jacke, die - 上着 [uwagi]

Jahres)zeit, die - 季節 [kisetsu]
jeder/jede/jedes; jeden Morgen - 全ての、それぞれの；毎朝 [subete no, sorezore no; maiasa]
jemand - 誰か [dare ka]
jene (Plural) - それら、あれら（複数）[sorera, arera （fukusû）]
jener/jene/jenes - あの、あれ [ano, are]
jetzt, zurzeit, gerade - 今、現在 [ima, genzai]
Journalist, der - ジャーナリスト [jânarisuto]
jung - 若い、年下の [wakai, toshishita no]
Junge, der - 男の子、小僧 [otokonoko, kozô]
Kabel, das - ケーブル [kêburu]
Kaffee, der - コーヒー [kôhî]
Kaffeemaschine, die - コーヒーメーカー [kôhî mêkâ]
kalt - 冷たい [tsumetai]
Kälte, die - 冷たさ [tsumetasa]
kam - 来た [kita]
Kanada - カナダ [kanada]
Kanadier, der, die Kanadierin - カナダ人 [kanadajin]
Kanadier, die (Plural) - カナダ人（複数）[kanadajin (fukusû)]
Känguru, das - カンガルー [kangarû]
Kapitän, der - キャプテン [kyaputen]
Karte, die - 地図 [chizu]
Kasse, die; der Kassierer - レジ；レジ係 [reji; rejigakari]
Kätzchen, das - 子猫 [koneko]
Katze, die - 猫 [neko]
kaufen - 買う [kau]
kennen, wissen - 知る、知っている [shiru, shitte iru]

kennengelernt haben - について知った、について学んだ [ni tsui te shitta, ni tsui te mananda]
Kessel, der - やかん [yakan]
Kilometer, der - キロメートル (km) [kirômêtoru (km)]
Kind, das - 子供 [kodomo]
Kinder, die (Plural) - 子供たち（複数）[kodomotachi (fukusû)]
Kindergarten, der - 幼稚園 [yôchien]
Kiste, die - 箱、ダンボール [hako, danbôru]
Klasse, die - クラス、授業 [kurasu, jugyô]
Klassenzimmer, das - 教室 [kyôshitsu]
Kleidung, die - 服 [fuku]
klein - 小さい、少ない [chîsai, sukunai]; 少しの、小さな [sukoshi no, chîsa na]
klingeln; das Telefon klingelt - 鳴る；電話が鳴る [naru; denwa ga naru]
klingelte - なった [natta]
Knopf, der - ボタン [botan]
kochend - 料理をしている [ryôri o siteiru]
Kollege, der - 同僚、仕事仲間 [dôryô, shigotonakama]
kommen / gehen - 来る / 行く [kuru/iku]
kommen in - 参加する [sanka suru]
können; Ich kann lesen. - してもよい、することができる；わたしは読むことができる。 [shite mo yoi, suru koto ga dekiru; watashi wa yomu koto ga dekiru.]
könnte, kann - かもしれない [ka mo shirenai]
kontrollieren - コントロールする [kontorôru suru]; 確認する [kakunin suru]

Koordination, die - 協調、調和 [kyôchô, chôwa]
Kopf, der - あたま、長、リーダー [atama, chô, rîdâ; e mukau]
Kopfarbeit, die - 精神作業 [seishinsagyô]
kosten - 費用がかかる [hiyou ga kakaru]
kreativ - 創造的な [sôzôteki na]
Krieg, der - 戦争 [sensô]
Kristall, das - 結晶、クリスタル [kesshô, kurisutaru]
Krug, der - 瓶 [bin]
Küche, die - 台所、キッチン [daidokoro, kicchin]
Kunde, der - お客さん、カスタマー [okyaku san, kasutamâ]
Kunst, die - 芸術、アート [geijutsu, âto]
Künstler, der - アーティスト、芸術家 [âtisuto, geijutsu ka]
Kurs, der - コース [kôsu]
kurz - 短い [mijikai]
küssen - キスをする [kisu o suru]
Küste, die - 岸 [kishi]; 海岸 [kaigan]
lächeln - 微笑む [hohoemu]
Lächeln, das - 笑い、微笑み [warai, hohoemi]
lächelte, gelächelt haben - 笑った、微笑んだ [waratta, hohoenda]
lachen - 笑う [warau]
laden - 搬入する、積む [hannyû suru, tsumu]
Laden, der - お店 [omise]
Läden, die (Plural) - お店（複数）[omise (fukusû)]
Land, das - 国 [kuni]
landen - 着陸する [chakuriku suru]
lang - 長い [nagai]

lange - 長いあいだ、長いこと [nagai aida, nagai koto]
langsam - ゆっくりと [yukkuri to]
Laser, der - レーザー [rêzâ]
lass uns; Lass uns zusammen gehen! - しよう；一緒に行こう！ [shiyô; issho ni ikô!]
Lastwagen, der - トラック [torakku]
laufen - 歩く [aruku]
laut - 声に出して [koe ni dashite]
leben, wohnen - 住んでいる [sunde iru]；生活する [seikatsu suru]
Leben, das - 命 [inochi]
lebte - 住んでいた [sunde ita]
lecker - おいしい [oishî]
ledig - 独身の [dokushin no]
leer - 空の、空いている [kara no, aite iru]；空欄の、空白の [kûran no, kûhaku no]
legen; der Platz - 置く；場所 [oku; basho]
Lehrer, der, die Lehrerin - 先生 [sensei]
Lehrer, die (Plural) - 先生（複数）[sensei (fukusû)]
leicht - わずかに [wazuka ni]
leid tun; Es tut mir leid. - 悪いと思う；申し訳ありません、ごめんなさい [warui to omou; môshiwake arimasen, gomennasai]
leise, langsam, ruhig - 静かに、黙って [shizuka ni, damatte]
lenken - ハンドルをきる [handoru o kiru]
lern - 勉強していた、習っていた [benkyô shiteita, naratte ita]
lernen - 学ぶ、習う [manabu, narau]
lesen - 読む [yomu]
lesend - 読んでいる [yonde iru]
Liebe, die - 愛 [ai]

lieben; um sich zu lieben - 愛する；愛するために [aisuru; aisuru tame ni]；大好き [daisuki]
lieber, liebe - 親愛なる [shinai naru]
Lieblings- - お気に入りの、好きな [okiniiri no, suki na]
Lieblingsfilm, der - お気に入りの映画 [okiniiri no eiga]
liebte, geliebt haben - 愛した [aishita]
links - 左に [hidari ni]
Liste, die - リスト；リストする [risuto; risuto suru]
Lösung, die - こたえ、解決策 [kotae, kaiketsusaku]
Löwe, der - ライオン [raion]
Luft, die - 空中、空気、エアー [kûchû, kûki, eâ]
lustig - 面白い [omoshiroi]
Mach dir keinen Kopf! - 心配しないで！[shinpai shinaide!]
machen - する、やる、行う [suru, yaru, okonau]；作る、料理をする [tsukuru, ryôri o suru]
machte an - つけた [tsuketa]
Mädchen, das - 女の子 [onnanoko]
Mama, die Mutter - お母さん、母親 [okâsan, hahaoya]
manchmal, ab und zu - ときどき、たまに [tokidoki, tamani]
Mann, der - 男性、人 [dansei, hito]
Männer, die (Plural) - 男性、人（複数）[dansei, hito (fukusuu)]
männlich - 男性の [dansei no]
Mannschaft, die - チーム [chîmu]
Maschine, die - 機械 [kikai]
Matratze, die - マットレス [mattoresu]
medizinisch - 医療の [iryô no]
Meer, das - 海 [umi]

mehr - さらに、もっと、より [sarani, motto, yori]
mein/meine/mein/meine - わたしの、自分の [watashi no, jibun no]
Mensch, der - 人間 [ningen]
Menschen, die - 人、人々 [hito, hitobito]
Metall, das - 金属 [kinzoku]
Meter, der - メートル [mêtoru]
Methode, die - 方法、やりかた [hôhô, yarikata]
mich - わたしに、わたしを [watashi ni, niwatashi o]
Miezekatze, die - 猫 [neko]
Mikrofon, das - マイク [maiku]
Minute, die - 分 [fun]
mit - と一緒に、で [to issho ni, de]
Mitglied, das - メンバー [menbâ]
mitmachen - 参加する [sanka suru]
Möbel, die - 家具 [kagu]
mögen; sie mag grünen Tee. - 好き；彼女は緑茶が好きです。 [suki; kanojo wa ryokucha ga sukidesu.]
möglich - 可能である [kanô de aru]
Möglichkeit, die - 可能性 [kanôsei]
Moment, der - 一瞬、その時、その瞬間 [isshun, sono toki, sono shunkan]
monoton - 単調な [tanchô na]
Montag - 月曜日 [getsuyôbi]
morgen - 明日 [ashita]
Morgen, der - 朝 [asa]
Motor, der - エンジン [enjin]
müde - 疲れている [tsukarete iru]
Musik, die - 音楽 [ongaku]
müssen. Ich muss gehen. - しなければならない；わたしは行かなければなりません。 [shinakereba naranai; watashi wa ikanakereba narimasen.]

Mutter, die - 母、お母さん [haha, okâsan]
Muttersprache, die - 母国語 [bokokugo]
nach - あとで、あとに [ato de, ato ni]; の後 [no ato]; の後で [no ato de]
nach Hause gehen - 家に帰る [ie ni kaeru]
nach unten - 下に [shita ni]
Nachbar, der - 近所の人 [kinjo no hito]
nachdenken - 思索する、考える [shisaku suru, kangaeru]
nächste - 一番近くの [ichiban chikaku no]
Nacht, die - 夜 [yoru]
nahe - 近い [chikai]
Nähe, die - 付近 [fukin]
näher - より近い [yori chikai]
nahm - 乗った、取った、使った、食べた、飲んだ [notta, totta, tsukatta, tabeta, nonda]
Name, der; nennen - 名前；名前を挙げる、教える [namae; namae o ageru, oshieru]
Nase, die - 鼻 [hana]
nass - 濡れた、びしょびしょ [nureta, bisho bisho]
Nationalität, die - 国籍 [kokuseki]
Natur, die - 自然 [shizen]
natürlich - もちろん [mochiron]
nehmen - とる、使う、持って行く、食べる、飲む [toru, tsukau, motte iku, taberu, nomu]
nein - いいえ、いいえ、ちがいます [iie, chigaimasu]
neu - 新しい [atarashii]
neun - 9 [kyû]
neunter - 9番目の [kyû-ban-me no]
nicht - ではない [de wa nai]

nicht dürfen - してはいけない [shite wa ikenai]
nicht müssen － する必要はない [suru hitsuyô ha nai]
nichts - 何も〜ない [nani mo nai]
nichts tun - 何もしない [nani mo shinai]
nie - 決してない、二度とない [kesshite nai, nidoto nai]
niemand - 誰も、一人も〜ない [dare mo, hitori mo 〜 nai]
noch, weiterhin - まだ、それでも、引き続き [mada, soredemo, hiki tsuzuki]
noch einen - もう一人 [mou hitori]
Nordamerika und Eurasien - 北米とユーラシア [hokubei to yûrashia]
normal - 通常の、普段の [itsumo no, tsûjou no, fudan no]
normalerweise - 通常は、普段は [tsûjou wa, fudan wa]
Notiz, die - メモ [memo]
Notizbuch, das - ノート [nôto]
Notizbücher, die (Plural) - ノート（複数）[nôto （fukusû）]
Nummer, die - 数字 [sûji]; 番号 [bangô]
nur - たったの、唯一の [tatta no, yuiitsu no]
obohl, trotzdem - ども、ているのに [domo, te iru no ni]
Oche, die - 週 [shû]
öffnen - 開ける、開く [akeru, hiraku]
öffnete - 開けた、開いた [aketa, hiraita]
oft - 頻繁に、よく [hinpan ni, yoku]
Oh! - わあ！ああ！[wâ! â!]
ohnhaft - 住んでいる [sunde iru]
Ohr, das - 耳 [mimi]
Okay - わかった、オーケー [wakatta, ôkê]
Öl, das - 石油 [sekiyu]
ollte - したかった [shitakatta]
Panik, die; in Panik versetzen, in Panik geraten - パニック；パニックにおちいる [panikku; panikku ni ochiiru]
Papa - パパ、お父さん [papa, otôsan]
Papier, das - 紙、用紙 [kami, yôshi]
Park, der - 公園 [kôen]
Parks, die (Plural) - 公園（複数）[kôen （fukusû）]
passend - 合っている、ぴったりの、ふさわしい [atte iru, pittari no, fusawashii]
passieren - 起きる、起こる [okiru, okoru]
passierte - 起きた、起こった [okita, okotta]
Patrouille, die, die Streife - パトロール、[patorôru,]
Pause, die - 中断、休憩 [chûdan, kyûkei]
Person, die - 人 [hito]
Personalabteilung, die - 人事部 [jinjibu]
persönlich - 個人的な、個人の、自分の [kojinteki na, kojin no, jibun no]
Piepton, der - ピーという音 [pî toiu oto]
Pilot, der - 操縦士、パイロット [sôjûshi, pairotto]
Plan, der - 予定、計画 [yotei, keikaku]
planen, vorhaben - 予定している [yotei shite iru]
Planet, der - 惑星 [wakusei]
Platz, der - 広場 [hiroba]
plötzlich - 突然 [totsuzen]
Polen - ポーランド [pôrando]
Polizei, die - 警察 [keisatsu]
Polizeifunk, der - 警察無線 [keisatsu musen]

Polizeihauptmeister, der - 巡査部長 [junsabuchô]
Polizist, der - 警察官 [keisatsukan]
Position, die - ポジション、場所 [pojishon, basho]
Preis, der - 値段、価格 [nedan, kakaku]
pro Stunde - 毎時、1時間ごと [maiji, ichi-jikan goto]
Problem, das - 問題 [mondai]
Programm, das - プログラム [puroguramu]
Programmierer, der - プログラマー [puroguramâ]
prüfen - テストをする [tesuto o suru]
Prüfung, die - テスト、試験 [tesuto, shiken]
Publikum, das - 観客 [kankyaku]
pünktlich - 時間通りに [jikan dôri ni]
Puppe, die - 人形 [ningyô]
Rad, das - タイヤ [taiya]
Radar, der - 電波探知器 [denpa tanchiki]
Radio, das - ラジオ、無線 [rajio, musen]
Raser, der - スピード違反者 [supîdo ihansha]
raste vorbei - 飛ばして行った [tobashite itta]
Rätsel, das - 謎、ミステリー [nazo, misuterî]
Ratte, die - ねずみ [nezumi]
Räuber, der - 強盗、盗賊 [gôtô, tôzoku]
Raubüberfall, der - 窃盗、強盗 [settou, gôtô]
Raumschiff, das - 宇宙船 [uchûsen]
rechts - 右に [migi ni]
Rede, die - スピーチ [supîchi]

Regel, die - ルール、規則 [rûru, kisoku]
Regen, der - 雨 [ame]
Rehabilitation, die - リハビリ [rihabiri]
reiben - こする [kosuru]
reisen - 旅行 [ryokô]
rennen, laufen - 走る、動かす [hashiru, ugokasu]
Reporter, der - レポーター [repôtâ]
retten - 助ける、救う、救助する [tasukeru, sukuu, kyûjo suru]
Rettungsdienst, der - 救助サービス [kyûjo sâbisu]
Rettungstrick, der - 人命救助のトリック [jinmei kyûjo no torikku]
richtete - 向けた [muke ta]
richtig; korrigieren - 正しく、正確に;直す [tadashiku, seikaku ni; naosu]
rief, gerufen haben - 泣いた、叫んだ [naita, sakenda]
rief an - 電話した [denwa shita]
rot - 赤い [akai]
Rubrik, die - 欄、題目 [ran, daimoku]
rund - まるい [marui]
Saatgut, das - 種 [tane]
sagen - 言う [iu]
sagte - 言った、発言した [itta, hatsugen shita]
sah, schaute, geschaut haben - 見た、みた、目撃した [mita, mokugeki shita]
Samstag, der - 土曜日 [doyôbi]
Sand, der - 砂 [suna]
Sandwich, das - サンドイッチ [sandoicchi]
Sandwichs, die (Plural) - サンドイッチ（複数）[sandoicchi (fukusû)]
Satz, der - フレーズ、文 [furêzu, bun]

sauber; sauber machen, putzen - 綺麗な、清潔な；綺麗にする [kirei na, seiketsu na; kirei ni suru]
schauen, betrachten - 見る [miru]
schaukeln - 揺れる [yureru]
schickte - 送った [okutta]
Schiff, das - 船 [fune]
schlafen - 眠る、寝る [nemuru, neru]
schlagen - たたく、あてる [tataku, ateru]
Schlange, die - 列 [retsu]
schlau - ずるい、いたずらに、ずる賢い [zurui, itazura ni, zurugashikoi]; 賢い、頭のいい [kashikoi, atama no ii]
schlecht - 悪い、良くない [warui, yoku nai]
schließen - 閉じる、閉める [tojiru, shimeru]
Schlüssel, der - 鍵 [kagi]
schnell - 素早く、速く [subayaku, hayaku]
schon - もうすでに [mô sudeni]
schön - 素敵な、素晴らしい [suteki na, subarashii]; 美しい、綺麗な [utsukushii, kirei na]
schoss; angeschossen haen - 撃った [utta]
schreiben - 書く [kaku]
Schreibtisch, der - 机、デスク [tsukue, desuku]
schrieb - 書いた、手紙を書いた [kaita, tegami o kaita]
Schriftsteller, der - 作家、ライター [sakka, raitâ]
schütten, gießen - 注ぐ [sosogu]
Schwanz, der - しっぽ [shippo]
schwarz - 黒い [kuroi]
schwer - 大変な [taihen na]; 難しい、困難な [muzukashii, konnan na]

Schwester, die - 姉、妹 [ane, imôto]
schwimmen - 泳ぐ [oyogu]
sechs; sechs Notizbücher - 6、6冊、6つ；6冊のノート [roku, roku-satsu, muttsu; roku-satsu no nôto]
sechster - 6番目の [roku-ban-me no]
sechzig - 60 [roku-jû]
See, der - 湖 [mizûmi]
sehen - みる、見る、わかる、理解する [miru, wakaru, rikai suru]
sehr - たいへん、とても [taihen, totemo]
sein - なる [naru]
sein/seine/sein/seine; sein Bett - 彼の；彼のベッド [kare no; kare no beddo]; その [sono]
seit - から [kara]
Sekretärin, die - 秘書 [hisho]
selten - ほとんどない [hotondo nai]
Serie, die - 連続ドラマ [renzoku dorama]
sich anschnallen - シートベルトをしめる [shîtoberuto o shimeru]
sich anziehen - 着る、身に着ける [kiru, mi ni tsukeru]
sich bewegte - 動いた、揺れた [ugoita, yureta]
sich bewerben - 応募する [ôbo suru]
sich drehte - 向いた、曲がった [muita, magatta]
sich entschied für - 決めた [kimeta]
sich erinnerte - 思い出した、覚えていた [omoi dashita, oboete ita]
sich hinsetzen - 座る、着席する [suwaru, chakuseki suru]
sich kennen - お互いを知る [otagai o shiru]
sich kümmern um - を気にかける、を大事にする [o ki ni kakeru, o daiji ni suru]

sich schämen; er schämt sich - 恥ずかしがる、恥じる;彼は恥ずかしがっている [hazukashigaru, hajiru; kare wa hazukashigatte iru]
sich Sorgen machen - 心配する [shinpai suru]
sich umsehen - 周りを見る、見て回る、見渡す [mawari o miru, mitemawaru, miwatasu]
sich unterhalten - 話す、喋る [hanasu, shaberu]
sich verstecken - 隠れる [kakureru]
sich versteckte - 隠した [kakushita]
Sicherheitsgurt, der - シートベルト [shîtoberuto]
sie - 彼らは [karera wa]
sieben; sieben Notizbücher - 7、7冊;7冊のノート [nana, nana-satsu; nana-satsu no nôtô]
siebter - 7番目の [nana-ban-me no]
siebzehn - 17 [jû-nana]
singen; der Sänger - 歌う;歌手 [utau; kashu]
Sirene, die - サイレン [sairen]
Situation, die - 状況、シチュエーション [jôkyô, shichuêshon]
Sitz, der; sich setzen - 座席;座る [zaseki; suwaru]
sitzen, sich setzen - 座る [suwaru]
so oft wie möglich - できるだけ頻繁に [dekiru dake hinpan ni]
sofort - 今すぐに [ima sugu ni]
Sohn, der - 息子 [musuko]
sorgfältig - 細かい、注意深い [komakai, chûibukai]
Spaniel, der - スパニエル [supanieru]
spanisch - スペイン人、スペイン語 [supeinjin, supeingo]; スペイン人の、スペイン語の [supeinjin no, supeingo no]

Spaß haben, genießen - 楽しむ [tanoshimu]
spielen - 遊ぶ、する [asobu, suru]
Spielzeug, das - おもちゃ [omocha]
Sport, der; das Sportgeschäft - スポーツ;スポーツ店 [supôtsu; supôtsuten]
Sportfahrrad, das - スポーツバイク [supôtsu baiku]
Sprache, die - 言語 [gengo]
sprechen - 話す [hanasu]
springen; der Sprung - ジャンプする、飛び降りる;ジャンプ [janpu suru, tobi oriru; janpu]
Stadt, die - 街、市 [machi, shi]
Stand, der; der Familienstand - ステータス、事態、関係;家族関係 [sutêtasu, jitai, kankei; kazoku kankei]
Standard, der, Standard- - スタンダードの、普通の [sutandâdo no, futsû no]
starb - 死んだ、亡くなった [shinda, nakunatta]
stark - 強く [tsuyoku]
stattdessen - の代わりに [no kawari ni]
Stechmücke, die - 蚊 [ka]
stehen - 立つ [tatsu]
stehlen - こっそり手に入れる、取る、盗む [kossori te ni ireru, toru, nusumu]
Stein, der - 石 [ishi]
Stellenanzeige, die - 求人広告 [kyûjin kôkoku]
sterben - 死ぬ、亡くなる [shinu, nakunaru]
Stern, der - 星 [hoshi]
Sternchen, das - 星印（*）[hoshijirushi（*）]
Stift, der - ペン [pen]
Stifte, die (Plural) - ペン（複数）[pen（fukusû）]

Stimme, die - 声 [koe]
stinkend - 臭い、においのする [kusai, nioi no suru]
Straße, die - 路上 [rojô]; 通り、道 [tôri, michi]; 道路 [dôro]
Straßen, die (Plural) - 通り、道（複数）[tôri, michi （fukusû）]
Strom, der - 電流 [denryû]
Stromkabel, das - 電線、電気コード [densen, denki kôdo]
Student, der - 生徒、学生 [seito, gakusei]
Studenten, die (Plural) - 生徒達、学生達（複数）[seitotachi, gakuseitachi （fukusû）]
Studentenwohnheim, das - 寮 [ryô]
studieren - 勉強する [benkyô suru]
Stuhl, der - いす [isu]
Stunde, die; stündlich - 時間; 毎時、一時間毎に [jikan; maiji, ichi-jikan goto ni]
super, toll - 素敵な、すごい [suteki na, sugoi]
Supermarkt, der - スーパー [sûpâ]
Tablette, die - 錠剤、ピル [jôzai, piru]
Tag, der; jeden Tag; täglich - 日; 毎日; 毎日の、日々の [hi, nichi; mainichi; mainichi no, hibi no]
Tanker, der - タンカー [tankâ]
tanzen - ダンスする、踊る [dansu suru, odoru]
tanzend - ダンスしている、踊っている [dansu shite iru, odotte iru]
Tasche, die - かばん [kaban]; ポケット [poketto]
Tasse, die - カップ [kappu]
Tastatur, die - キーボード [kîbôdo]
tat - した、やった、行った [shita, yatta, okonatta]

tausend - 1000 [sen]
Taxi, das - タクシー [takushî]
Taxifahrer, der - タクシードライバー [takushî doraibâ]
Tee, der - お茶 [ocha]
Teekessel, der - やかん [yakan]
Teil, der; ein Teil - 部、部品、部分; 一部 [bu, buhin, bubun; ichi-bu]
Teilnehmer, der - 参加者 [sankasha]
Telefon, das; telefonieren - 電話 [denwa]; 電話機; 電話をする [denwaki; denwa o suru]
Telefonhörer, der, der Hörer - 受話器 [juwaki]
telefonieren, anrufen - 電話する [denwa suru]
Teller, der - お皿 [osara]
Text, der - 本文、文章、原稿 [honbun, bunshou, genkô]
Tier, das - 動物 [dôbutsu]
Tierarzt, der - 獣医 [jûi]
Tierpfleger, der - 飼育員 [shiikuin]
Tiger, der - 虎 [tora]
Tisch, der - テーブル、机 [têburu, tsukue]
Tische, die (Plural) - テーブル、机（複数）[têburu, tsukue （fukusû）]
Tochter, die - 娘 [musume]
tödlich - ひどい、命とりの [hidoi, inochitori no]
Toilette, die - トイレ [toire]
tötete, getötet haben - 殺した [koroshita]
trainieren; trainiert - 訓練する、鍛える; 訓練されている、鍛えられている [kunren suru, kitaeru; kunren sarete iru, kitaerarete iru]
Transport, der; transpotieren - 運送; 運送する、運ぶ [unsô; unsô suru, hakobu]

trat - 踏んだ [funda]
Traum, der - 夢 [yume]
träumen - 夢を見る [yume o miru]
traurig - 悲しい [kanashii]
treffen; kennenlernen - 会う；知り合う [au, shiri au]
treiben - 浮く、浮かぶ [uku, ukabu]
Treppen, die (Plural) - 階段（複数）[kaidan （fukusû）]
Tresor, der - 金庫 [kinko]
treten - 踏む [fumu]
Trick, der - トリック、技 [torikku, waza]
trinken - 飲む [nomu]
trocken - 乾かす [kawakasu]
tschüss - さようなら、じゃあまた [sayônara, jâ mata]
Tür, die - ドア [doa]
über - の上の、以上の、をこえた [no ue no, ijô no, o koe ta]；を横切って、を渡って [o yoko gitte, o wattate]
übergreifen - 広がる、移る [hirogaru, utsuru]
überraschen - 驚かせる [odorokaseru]
überrascht, verwundert - 驚いている [odoroite iru]
Überraschung, Die - 驚き [odoroki]
Übersetzer, der - 通訳、翻訳家 [tsûyaku, hon'yaku ka]
übrigens - ところで [tokoro de]
Uhr; Es ist zwei Uhr. - 時；２時です [ji; ni-ji desu]
um halb neun - ８時半に [hachi-ji-han ni]
und - と [to]
Unfall, der - 事故 [jiko]
ungerecht - 不公平 [fukôhei]
Universität, die, die Uni - 大学 [daigaku]

uns - わたしたちに [watashitachi ni]
unser/unsere/unser/unsere - わたしたちの [watashitachi no]
unter - の下に [no shita ni]
unterstreichen - 下線を引く [kasen o hiku]
usw. - など、等 [nado, tô]
Vater, der - パパ、お父さん [papa, otôsan]
Verbrecher, der - 犯罪人、罪人 [hanzainin, zainin]
verdammt - ちくしょう [chikushô]
verdienen; Ich verdiene zehn Dollar pro Stunde. - 稼ぐ；わたしは時給１０ドルを稼ぎます [kasegu; watashi wa jikyû jû-doru o kasegimasu]
Verein, der - クラブ [kurabu]
Vereinbarung, die - 契約書 [keiyakusho]
Vereinigten Staaten, die, die USA - アメリカ [amerika]
Verfolgung, die - 追跡 [tsuiseki]
vergessen - 忘れる [wasureru]
verkaufen - 売る [uru]
Verkäufer, der, die Verkäuferin - 店員 [ten'in]
verladen, beladen; der Verlader - 搬入する、積む；搬入作業員 [hannyû suru, tsumu; hannyû sagyôin]
Verlag, der - 出版社 [shuppansha]
verlassen - 去る、なくなる、出る [saru, nakunaru, deru]
verlassen haben - 去った、いなくなった [satta, i naku natta]
verlieren - 失う、なくす [ushinau, nakusu]
verschieden - 異なる、違う [kotonaru, chigau]

verstanden haben - わかった、理解した [wakatta, rikai shita]
Versteckspiel, das - かくれんぼ [kakurenbo]
verstehen - 理解する、わかる [rikai suru, wakaru]
versuchen - ためす、してみる [tamesu, shite miru]
versuchte - 試みた、やってみた [kokoro mita, yatte mita]
verwirrt - 混乱した [konran shita]
Videokassette, die - ビデオカセット [bideo kasetto]
Videothek, die - ビデオショップ [bideoshoppu]
viel / viele - たくさん [takusan]; たくさんの、多くの [takusan no, ôku no]
viel zu tun haben - 仕事がたくさんある [shigoto ga takusan aru]
viele - たくさんの、多くの [takusan no, ôku no]
vielleicht - おそらく [osoraku]
vier; vier Bücher - 4、4つ、4冊；4冊の本 [yon, yottsu, yon-satsu; yon-satsu no hon]
vierter - 4番目の [yon-ban-me no]
vierundvierzig - 44 [yon-jû-yon]
Vogel, der - 鳥 [tori]
voll - 満ち満ちて、いっぱいの [michi michi te, ippai no]
vor - 前 [mae]; の前に [no mae ni]; 前に、前の [mae ni, mae no]
vor allem - 特に [toku ni]
vor einem Monat - 一ヵ月前 [ik-kagetsu mae]
vorbeigehen - 通り過ぎる [tôri sugiru]
vorbereiten - 用意する、準備する [youi suru, junbi suru]
Vorderräder, die - 前輪 [zenrin]

vorgeben; so tun, als ob - ふりをする [furi o suru]
vorsichtig - 注意深く [chûibukaku]
wackelte - 揺れた [yureta]
Waffe, die - 銃 [jû]
während - している間、その間 [shite iru aida, sono kan]
Wal, der; der Schwertwal - くじら, シャチ [kujira, shachi]
war - だった [datta]
warm - 暖かい [atatakai]
wärmen, aufwärmen - 暖める [atatameru]
warten - 待つ [matsu]
wartete - 待った [matta]
was, welcher/welche/welches/welche; Welcher Tisch? - なに；何のテーブルですか？ [nani; nan no têburu desu ka?]
Was ist los? - どうしたの？、何があったの？ [dô shita no?, nani ga atta no?]
waschen, putzen - 洗う [arau]
Waschmaschine, die - 洗濯機 [sentakuki]
Wasser, das - 水 [mizu]
Wasserhahn, der - 蛇口 [jaguchi]
Website, die - インターネットのサイト [intânetto no saito]
weg - から去って、から離れて [kara satte, kara hanarete]; なくなる [nakunaru]
Weg, der - 道 [michi]
weg sein, verschwinden - いなくなる、消える [i naku naru, kieru]
weglaufen - 走り去る、逃げ出す [hashiri saru, nige dasu]
weiblich - 女性の [josei no]
weil - なぜなら、ので [naze nara, no de]

weinen, schreien, rufen - 泣く、叫ぶ [naku, sakebu]
weiß - 白い [shiroi]
weit - 広い [hiroi]; 遠い、離れた [tôi, hanareta]
weiter - より遠く、さらに [yori tôku, sarani]
weiter schauen - 見続ける [mi tsuzukeru]
Welle, die - 波 [nami]
Welpe, der - 子犬 [koinu]
Welt, die - 世界 [sekai]
Weltall, das - 宇宙、スペース [uchû, supêsu]
wenig; ein paar - 少ない; 若干の [sukunai; jakkan no]
weniger - より少ない [yori sukunai]
wenigstens - 少なくとも [sukunakutomo]
wenn - とき [toki]; もし [moshi]
wer - 誰 [dare]
Werbung, die - 広告 [kôkoku]
werden - なる、（これから）する [naru, （korekara） suru]
werfen, stoßen - 押す [osu]
wessen - 誰の [dare no]
wichtig - 大事な [daiji na]
wie - どう、どういう [dô, dô iu]; と同じように、同じ程度に [to onaji yô ni, to onaji teido ni]
wie viel - どれだけ [dore dake]
wieder - また、再び、もう一度 [mata, futatabi, mou ichido]
Wind, der - 風 [kaze]
wir - わたしたちは [watashitachi wa]
wirklich, echt - 本当の、実際の [hontô no, jissai no]; 本当に [hontô ni]
wo - どこ、どちら [doko, dochira]

wollen; Sara will etwas trinken. - したい; サラは何か飲みたいです。 [shitai; sara wa nani ka nomitai desu.]
Wort, das, die Vokabel - 単語、言葉 [tango, kotoba]
Wörter, die (Plural) - 単語、言葉（複数） [tango, kotoba （fukusû）]
wortlos - 無言で、何も言わずに [mugon de, nani mo iwazu ni]
wunderbar - 素晴らしい [subarashii]
wusste - 知っていた、知った [shitte ita, shitta]
wütend - 怒った [okotta]; 怒っている [okotte iru]
zahlen - 支払う [shiharau]
Zebra, das - シマウマ [shimauma]
zehn - 10 [jû]
zehnter - １０番目の [jû-ban-me no]
zeigen - みせる、しめす [miseru, shimesu]
zeigte - 見せた [miseta]
Zeit, die - 時間 [jikan]
Zeitschrift, die - 雑誌 [zasshi]
Zeitung, die - 新聞、新聞社 [shinbun, shinbunsha]
Zentrum, das; das Stadtzentrum - 中心; 中心街 [chûshin; chûshingai]
zerstören - 破壊する、壊す [hakai suru, kowasu]
ziehen - 引っ張る、引く [hipparu, hiku]
ziemlich - とても、かなり [totemo, kanari]
Zimmer, das - 部屋 [heya]
Zimmer, die (Plural) - 部屋（複数） [heya （fukusû）]
zittern - 震える [furueru]
Zoo, der - 動物園 [dôbutsuen]
zu Fuß - 歩いて [aruite]

Zug, der - 電車 [densha]
Zuhause, das; nach Hause gehen - 家、家庭; 帰宅する、家に帰る [ie, katei; kitaku suru, ie ni kaeru]
zuhören - 注意してきく、注意深くきく [chûi shitekiku, chûibukaku kiku]
zukünftig - 将来の [shôrai no]
zum Beispiel - 例えば [tatoeba]
Zum Joggen - ジョギングする [jyogingu suru]
zurückkommen - 戻って来る [modotte kuru]

zurückprallen - 跳ね返る [hanekaeru]
zusammen - 一緒に [issho ni]
zwanzig; zwanzig Jahre alt - ２０；２０歳 [ni-jû; ni-jus-sai, hatachi]
zwei - ふたつ [futatsu]
zweimal - 二度 [ni-do]
zweite Name, der - ミドルネーム [midoru nêmu]
zweiter - ２番目の [ni-ban-me no]
zwischen - の間 [no aida]
zwölf - １２ [jû-ni]

Buchtipps

Das Erste Japanische Lesebuch für Anfänger
Stufen A1 A2 Zweisprachig mit Japanisch-deutscher Übersetzung

Das Buch enthält einen Kurs für Anfänger und fortgeschrittene Anfänger, wobei die Texte auf Deutsch und auf Japanisch nebeneinanderstehen. Die Motivation des Schülers wird durch lustige Alltagsgeschichten über das Kennenlernen neuer Freunde, Studieren, die Arbeitssuche, das Arbeiten etc. aufrechterhalten. Die dabei verwendete Methode basiert auf der natürlichen menschlichen Gabe, sich Wörter zu merken, die immer wieder und systematisch im Text auftauchen. Sätze werden stets aus den in den vorherigen Kapiteln erklärten Wörtern gebildet. Das zweite und die folgenden Kapitel des Anfängerkurses haben nur jeweils etwa dreißig neue Wörter. Die Audiodateien sind auf www.lppbooks.com/Buch/Japanisch-Band1/ inklusive erhältlich.

Kaufoptionen

Erste Japanische Fragen und Antworten für Anfänger
Stufen A1 A2 Zweisprachig mit Japanisch-deutscher Übersetzung

Das Buch enthält einen Kurs für Anfänger und fortgeschrittene Anfänger, wobei die Texte auf Deutsch und auf Japanisch nebeneinanderstehen. Die Lektionen sind in zwei Blöcke unterteilt: zweisprachige Texte und Verständnisfragen zu den Gesprächsinhalten. Das Buch enthält einige einfache Beispiele für Fragen und Antworten im Japanischen. Die dabei verwendete Methode basiert auf der natürlichen menschlichen Gabe, sich Wörter zu merken, die immer wieder und systematisch im Text auftauchen. Sätze werden stets aus den in den vorherigen Kapiteln erklärten Wörtern gebildet. Die Audiodateien sind auf www.lppbooks.com/Buch/Japanisch-Band5/ inklusive erhältlich.

Kaufoptionen

Das Erste Japanische Lesebuch für Kaufmännische Berufe und Wirtschaft
Stufen A1 A2 Zweisprachig mit Japanisch-deutscher Übersetzung

In jedem Kapitel wird eine Anzahl an Vokabeln vermittelt, die anschließend direkt in kurzen, einprägsamen Sätzen und Texten veranschaulicht werden. Dabei handelt es sich durchgehend um alltagstaugliches Material für Berufssituationen wie Telefonate, Besprechungen, Geschäftsreisen und Geschäftskorrespondenz. Die Übungen bauen logisch aufeinander auf, sodass die Texte allmählich komplexer werden. Die Audiodateien sind auf www.lppbooks.com/Buch/Japanisch-Band12/ inklusive erhältlich.

Kaufoptionen

Das Erste Japanische Lesebuch für Studenten
Zweisprachig mit Japanisch-deutscher Übersetzung Stufe A1 und A2

Die Dialoge sind praxisnah und alltagstauglich. Die dabei verwendete Methode basiert auf der natürlichen menschlichen Gabe, sich Wörter zu merken, die immer wieder und systematisch im Text auftauchen. In jedem Kapitel wird eine Anzahl an Vokabeln vermittelt, die anschließend direkt in kurzen, einprägsamen Texten und Dialogen veranschaulicht werden. Die Audiodateien sind auf www.lppbooks.com/Buch/Japanisch-Band10/ inklusive erhältlich.

Kaufoptionen

Japanische Vokabelkarten Kana

110 Karten (85 x 54 mm) mit Hiragana und Katakana und mit Beispielwörter. Mit Smartphone QR-Codes scannen und Audiodateien aufrufen, damit Sie Ihre japanische Aussprache verbessern können. Eine Kartenseite enthält ein Kana-Zeichen von Hiragana und Katakana und Strichreihenfolge. Die andere Kartenseite enthält Romaji und Übersetzung. Gelegentlich wird zusätzlich Beispiel in Kanji angegeben. Die kompakte Kartengröße erlaubt es, die Lernkarten in einer Hand zu halten.

Kaufoptionen

Japanische Vokabelkarten Set 1

Diese Vokabelkarten beschreiben viele Gegenstände, die uns zu Hause umgeben. Da das Lernen im Kontext interessanter ist, wird jedes Nomen durch eine Beschreibung ergänzt, wie z. B. groß, klein, aromatisch etc, zum Beispiel: 彼女のデオドラントは香が良い。/ かのじょのでおどらんとわこうがよい。(Ihr Deodorant ist aromatisch). Possessiv- und Demonstrativpronomen wie ihr, mein, dieser erweitern die Möglichkeiten neue Vokabeln zu verwenden. Jede Vokabelkarte enthält Kanji und Kana der Vokabeln und des Beispielsatzes. Scannen Sie QR-Code auf den Vokabelkarten mit Ihrem Smartphone und hören Sie sich entsprechende Audio-dateien an.

Kaufoptionen

Kaufoptionen

Das Erste Japanische Lesebuch für Medizinische Fachangestellte
Stufen A1 / A2 Zweisprachig mit Japanisch-deutscher Übersetzung

Die Lektionstexte und Vokabeln behandeln Themen wie Patientengespräche, Diagnostik, die Beschreibung von Symptomen und vieles mehr, was man im Kontakt mit Ärzten und Patienten braucht. Die Lektionen sind in mehrere Blöcke unterteilt: Vokabelliste mit Lautschrift und Übersetzung, kurze Übungsdialoge und Texte (zweisprachig) und meistens im Anschluss einige Verständnisfragen zu den Inhalten. Es ist ein praktisches Lesebuch, das die typische Situationen in Krankenhaus und Arztpraxis behandeln. Die Audiodateien sind online inklusive erhältlich.

www.ingramcontent.com/pod-product-compliance
Lightning Source LLC
Chambersburg PA
CBHW080332170426
43194CB00014B/2532